利根沼田の人物伝

高山　正

『利根沼田の人物伝』に序す

金井　竹徳（群馬歴史散歩の会利根沼田支部長）

長い歴史の中、一家を成した者や一芸に秀でた者は多い。しかし、その輝きや存在は、一部を除き一般的に知られることは少なく、その一部さえ、いつの間にか忘れられてしまう。

「温故知新」とあるように、古いものに支えられ、新しいものは育つのだが、その根底は意識されにくい。

著者の髙山正氏は、郷土の先人を意欲的に研究され、その存在に光を当て、積極的に史料や作品・著作の収集に当たられた。

本書は、そんな長年の取り組みの集大成であり、大きく花開いたものである。

髙山氏の郷土へのこだわりは尋常ではない。名誉市民である林柳波の一千近い詩作を完璧に網羅したことを始め、利根沼田の文学碑の位置を地図上に印した。

また、郷里の書画家たちの作品・文筆家の書籍などをまとめたり、工芸家の貴重な玩具などを蒐集するなど、業績は枚挙にいとまない。

そして、こだわりに裏打ちされた知識や教養が、広い引き出しや高いアンテナとなり、人間性の高まりに及んでいる。これは、民芸を愛した柳宗悦や美術館を建てた大原孫三郎にもつながる。

利根沼田地方を舞台に、政治・経済・教育・信仰・文化などの先人が、それぞれの分野や立場で、時代をどう駆け・どう生き・何を伝え・何をもたらしたか、本書は「利根沼田学」の人物の手引きであるとともに、当地の歴史・文化の貴重な伝道書でもある。

トルコの艦船「エルトゥール号」遭難に奔走した山田寅次郎・マッサージ医療の道を開いた富岡兵吉、台湾紅茶の父と呼ばれた新井耕吉郎・ユーモア作家の生方敏郎・利根沼田美術協会の創立に尽力した野沢蓼洲など、一部の研究者のみ知る存在であった偉人たちが、きら星の如く輝き始めた今時代、まさに、時を得た大きな事業ではなかろうか。

郷土史学は多岐多彩で、歴史はもとより自然や風土、そして信仰や文化と幅広く奥深い。その根本である人物に対峙した高山正の真骨頂にエールを送りたい。

開春

目次

政治

産業

教育

信仰

スポーツ

文化

利根沼田の人物伝

１

小《お》野《の》 善《ぜん》兵《べ》衛《え》

私財で築いた百間堤防

小野善兵衛という名前は代々名前を引き継ぐ襲名ということをされていますので、ここでは、そのうちの二人についてご紹介いたします。

一人目、小野善兵衛は、江戸後期の沼田藩の豪農商で慈善家と呼ばれた人で、天明2年（１７８２）1月、現在のみなかみ町月夜野に生まれました。

幼くは乙吉、大きくなって要助、俳諧の号は左山でした。

地方の産業・交通などの公共事業に尽くす一方、貧困者や被災者などを援助するために金や品物を配り、従五位の勲章を受賞しました。

まず、事業家としては、特産の沼田煙草を江戸へ出荷する荷主として活躍しました。回送中の変質防止のため、俵のつくり方を考案しました。また、繭商人としても成功しました。

また、慈善家としては、利根川、赤谷川筋に水難防止の石の堤防〈百軒堤防と呼ばれていました〉（利根川分１８０ｍ余、赤谷川分１２０ｍ余）を自費で築き、長く水害を防ぎました。また、三国街道に通ずる小袖橋を三回にわたり大修理して交通の利便に供しました。

さらに、天保年間の飢饉に際しては、私財をもって近隣27カ村の生活に困っている人々約１５００人に対し、大麦１３２俵や穀類を救済するとともに、当地方には良い医者がいなかったため、長野・新潟から医者を呼び寄せて開業させ、懇切に診療に当たらせました。文久元年（1861）、80歳でその生涯を閉じました。

二人目、小野善兵衛は、安政5年（1858）生まれで、一人目の孫に当たります。桃野村（月夜野町・現みなかみ町）村長。県会議員2期。農蚕業の発展に尽くしました。その概要は、生産される繭が粗末で質が悪いことを防ぐため、蚕業会社を興し、その社長となり、養蚕業が常にがんばれるように、強く勧め、同志と蚕業集談会を開き、業者を啓発し、協同適蚕組を結び、飼育法を改善し、養蚕講習所を設立しました。また、組合を設けて米麦の改善を勧め、畜産の繁殖を図り農会長となり、農事の改善に尽くしました。明治17年『各郡有志蚕業集談会筆記』を編集発行しています。その他、小学校及び実業補修学校の設立にあっせん尽力しました。それらの功績に対し、公衆の利益、公共の事業で事績著明な人に授与される藍綬褒章を受賞しました。老後は義民杉木茂左衛門の事蹟顕彰に努め、千日堂を建立し、これを祭り広めることに尽力しました。昭和3年、71歳で、その生涯を閉じています。

2

岡《おか》村《むら》　八《はち》弥《や》

白沢村の発展に貢献

岡村八弥は文政12年(1829)に、現在の沼田市白沢町尾合の鶴淵惣次郎の次男として生まれ、26歳の時、同じ白沢の岩室の岡村家の養子になっています。

当時の白沢村には、二つの大切な街道がありました。沼田から高平、追貝、片品を通って福島や日光に行く道と、沼田から下の集落を通って南郷、根利を抜けて桐生、大間々へ続く道です。どの道も幅が狭くて、急な坂もあり、人や馬がやっと通っていました。

人々にとって、大切な生活道路でしたが、台風や雪解け水などによって、崩れたり、橋が流されたりすることがしばしばありました。

そのたびに、近くの人々が農作業を休み、何日もかかって直すのでした。

明治時代になって、農業や林業が盛んになってくると、これらの道は、せまくて不便になってきました。

その頃、岩室に住んでいた岡村八弥は、隣村の南郷に行くたび、奥崎という危険な崖道を通らなければならない様子を見て、安全で広い道をつくろうと考えました。

しかし、そのためには、たくさんのお金と人足を使わなくてはなりません。その日暮らしをしている貧しい人々にとっては、とてもたいへんなことです。

八弥は、「奥崎の道を安心して通れる道にしよう。お金もかかって苦労も多いが、みんなで力を合わせてつくろうではないか」と考えました。

この意見に賛成の人もいましたが、反対の人もたくさんいました。反対の人は「道をつくりたいと思う気持ちは八弥さんと同じだが、人足やお金がたくさんかかるので、自分の暮らしを考えると賛成できない」と言いました。

当時の農家の暮らしぶりを考えると、裕福でなかっただけにそのとおりでしたが、道路が良くならなければ暮らしも良くならないと、八弥は一人また一人と反対者にねばり強く説いて回りました。

次第に賛成する人が増え、南郷の人々の協力も得られ、明治13年には、みんなで力を合わせ、およそ550mの断崖を切り開いて、人や馬が安心して通れる道路をつくり上げました。これが、県道沼田-大間々線がつくられるきっかけになりました。八弥が51歳の時のことでした。

八弥は、橋も架け替えました。尾合から輪組(今の利根町)に架かっている土橋が流されてばかりいるので、大工の千吉と相談し、みんなで立派な吊り橋を架けました。

この橋は人々が感謝の気持ちを込めて、二人の名前をとり『八千代橋』と名付けられました。後には、『文化橋』がこの場所に架け替えられました。八弥が53歳の時でした。

その後も、自分の村の道路や橋を良くするだけでなく、隣の村の危険な崖道を広げたり、新しい道路をつくったりして、近くの村の人々の暮らしが便利になるように努めました。

このような活動が認められ、明治44年、82歳の時、群馬県知事から三つ組木杯を贈られています。そして、この年、その生涯を閉じました。

3 小倉《おぐら》 久《ひさし》

後に和歌山県知事

小倉久は嘉永5年（1852）、沼田藩の江戸見坂の上屋敷に小倉久彝《ひさつね》の長男として生まれました。

生まれながら、抜群の才能があったため、明治3年18歳の時、沼田藩の貢進生として、大学南校（現在の東京大学）に入学します。

この貢進生というのは、明治3年、各藩から、才能などが他の人より特に優れている人を選び、大学南校に入学させ、ここで欧米の学問文化を学ばせて国家の指導的人材を養成しようとしたもので、16歳から20歳の者が選ばれ、学費は藩から全て支給されるものでした。

人数は藩の規模に応じて、15万石以上は3人、5万石以上は2人、5万石未満は1人と定められ、総数318人が選ばれましたので、沼田藩は3万5千石でしたので、一人、小倉久のみが選ばれました。

小倉久は大学南校を出ると、明治5年、20歳で司法省法学校に入学し、明治9年24歳で卒業すると同時にフランスへ留学します。

明治12年、27歳には帰国し、司法省（現在の法務省）御用掛（現在の官僚）兼太政官御用掛として、民法典の編纂に従事します。

明治17年、ポルトガルのリスボンで開かれた万国郵便会議に、駅逓官として出席します。帰国後は、横浜駅逓出張局長兼郵便局長となっています。

明治19年、34歳のとき、大阪控訴院検事となり、法律学士として、関西法律学校（現在の関西大学）創設に尽力し、初代校長となっています。

明治21年、36歳で、検事を辞め、大阪で弁護士事務所を開業します。

明治32年、48歳で和歌山県知事となり、その後、徳島県、富山県、大分県、岐阜県と五つの県知事を歴任し、明治38年54歳のとき、病気でその生涯を閉じてしまいました。

明治17年、ポルトガルのリスボンで開かれた万国郵便会議に出席したと紹介しましたが、その時にフランス・パリのルイ・ヴィトン本社で小倉久が購入したトランクは、明治5年製造のもので、日本に現存する最も古いルイ・ヴィトン製品であり、関西大学の創立期関係資料として、現在も大切に収蔵されています。

4 桑《くわ》原《ばら》 吉《きち》右《え》衛《も》門《ん》

利根の三大尽

桑原吉右衛門は、旧利根村の鈴木喜左衛門、旧川田村の黒岩佐太夫と共に、利根の三大尽として、県内に知れ渡っていました。

桑原吉右衛門という名前は、川場村の名家《めいか》であり、代々襲名しましたので、ここでは、そのうちの二人について紹介します。

一人目は、嘉永7年（1854）に生まれ、慶応元年（1865）、11歳の時から、吉祥寺住職に就いて漢学と算術を学び、明治3年16歳で、久米民之助の父である久米権十郎の門に入り、明治7年12月まで学問に励んだということです。

家は名門でしたが、人物も篤実な人で、明治13年、門前、天神、秋塚三カ村の連合戸長に推された時は、まだ26歳でした。

明治17年、川場湯原、谷地、門前、天神、秋塚の五カ村からなる第2次連合村ができると、また推されて、その戸長となりました。

明治21年、34歳のとき、川場村が誕生すると同時に村長となり、2年ほどでいったん辞めましたが、明治26年、また村長に選ばれました。しかし、翌27年3月病気で、40歳の生涯を閉じてしまいました。

先祖から大尽でしたので、多くの雇い人を使っていましたが、いつも雇い人に負けずに早起きして、自分も田畑へ出て、一生懸命働きました。

また、菩提寺である吉祥寺に行った際には、本堂の傍らで寺子屋教育を受けていた少年たちに、一人一人、机の上にお菓子を載せて、励ましました。子どもたちは吉右衛門の来るのを楽しみに待っていました。


二人目は、明治27年7月に生まれ、幼いときは寿と呼ばれ、旧制沼田中学校を卒業し、慶應義塾大学へ入学しましたが、途中で退学してしまいました。

大正10年、27歳から大正15年10月まで川場村長を務め、4年11カ月務めました。

また、県会議員にもなりましたが、政治よりも、非常に事業欲が強く、家業の酒造業と農業の他、かなり投機事業にも手を出し、佐渡の金山に投資したり、株にも興味を持っていました。しかし、事業的にはほとんど成功したものがなく、利根の三大尽の一人といわれた財産を失う羽目になってしまいました。

昭和36年2月、その生涯を68歳で閉じました。

利根の三大尽といわれた桑原吉右衛門の家屋は、現在、川場中央公園内の名主の館となり、川場の郷土料理を提供する施設として、現在もその片鱗をうかがうことができます。

5 鈴《すず》木《き》 喜《き》左《ざ》衛《え》門《もん》

利根村の発展に貢献

鈴木喜左衛門は、現在の沼田市利根町日影南郷の鈴木久次の次男として、安政4年（1857）9月に生まれました。当時は、義務教育が徹底していなかったため、10歳の時、親元を離れ、勢多郡黒保根村（現在）の金子逸平氏の門に入り、文武の道を学びました。

幾多の門弟と共に熱心な勉強を続けていましたが、15歳の時、父が病死したため、やむなく生家に戻りました。その3年後には、祖父も亡くなってしまい、18歳で喜左衛門は鈴木家の家督を継ぎました。鈴木家は代々日影南郷の戸長を務めていましたので、喜左衛門も18歳で戸長となり、村政に尽力しました。

明治14年、25歳の時、根利牧場を開設し、社長となって畜産奨励を行いました。

明治19年、30歳の時、消防組合を組織し、自ら組頭となり、15歳から40歳までの男性を取り込み、非常災害へ備える組織づくりを行いました。

明治21年、32歳の時、北勢多郡から県会議員に推され、これを2期務めました。

明治26年、37歳の時、村人に植林を奨励し、共有林へ植える松の苗を1万本寄付しました。

明治34年、45歳の時、村の道路が悪いため、500円（現在で350万円くらい）を寄付し、その他、土地と材料を提供し、赤城根橋を架け、交通の便に力を注ぎました。

明治40年、51歳の時から利根郡会議員に推され、3期務め、うち議長として2期務めました。郡会議長当時の逸話として次のようなものがあります。

ある友人が、「君も地方の豪農だが家の構えはどうかな。僕など自慢じゃないが、この地方では見られない家の構えをしている。ことに家の周囲の塀垣は実に堂々たるものだ」と威張りました。これを黙って聞いていた喜左衛門は、「わしも人には負けないと考えている。一度見に来てくれ」と誘いました。そこで、友人が早速訪ねると、なるほど家は相当大きな家だが、塀垣一つあるではなし、極めて平凡な構えだ。なんだ、こんなものかと馬鹿にすると、「いま、見てもらいたいものがある」と、屋根に上って、火縄銃をドンと一発撃った。するとそれを合図にそれっとばかりに村中の人たちが駆け付けてきた。そこで喜左衛門は友人に、「わしは金に糸目をつけず、大きな塀垣をつくるようなことはしない。ここに集まってくれた人々はわしの家の人垣だ」と、近所付き合いの大切さを説いたといいます。

明治42年、村人の薪炭材(たきぎとすみ・燃料)確保のため、180ha(学校の校庭約90個分)の部分林(国有林を借り受け、木を育て、収益を国と借り受けた人が折半するというもの)を設定しました。

大正元年、56歳の時、沼田-大間々線の改修を企て、700円(現在で500万円くらい)を寄付し、これも成功しました。このような努力が続いたおかげで、白沢村岩室の奥崎新道も開かれ、南郷までの自動車道開通が実現しました。

この開通式の直前、大正9年10月、64歳でその生を閉じてしまいました。

喜左衛門の業績をたたえた石碑が、地域の人々によって、赤城根橋畔に建てられました。

喜左衛門の家は南郷にあり、「曲屋」といって珍しい建物ですが、近年整備されました。

6 今《いま》井《い》 今《いま》助《すけ》

衆議院議員

今井今助は慶応2年（1866）9月、川場村川場湯原の今井悟兵衛の長男として生まれました。家は、代々名主を務めた豪農であり、父悟兵衛も徳のある、慈悲の心深く、多くの困っている人を救いましたので、領主から御紋付《ごもんつき》裃並びに銀10枚を賜り、帯刀《たいとう》御免、御用達《ごようたし》頭取を仰せ付けられていました。

このような家に育ったため、今助は小さい頃から、村人からも期待され、明治25年、今助27歳の時、群馬県会議員に当選し、以来17年間にわたり5回当選となり、県政に尽くしました。

この間、明治29年、32年、36年と連続3回利根郡会議員に推され、活躍しました。

大正6年4月には県会議員を辞任し、衆議院議員の総選挙に立候補し、見事、栄冠を勝ち得ました。この後、再選され、大正13年1月まで在任しました。

これら、村外での活躍も目覚ましいものですが、川場村内においても、明治30年、32歳の時、村長となり、途中県議会議員などで抜けますが、明治40年7月まで、在職8年間を村のために尽くしました。

このような公職を務める一方、同時に多方面において要職を引き受け、明治41年から大正6年まで、群馬県農会並びに利根郡農会の代議員及び評議員、大正5年から13年まで利根郡教育会長を歴任します。

この他、民間の職として、利根貯蓄銀行取締役、群馬県農工銀行取締役、追貝貯蓄銀行取締役、利根林業株式会社取締役、利根軌道株式会社社長、利根製材株式会社社長と多くの要職を務め、利根沼田の発展のために、努力を惜しみませんでした。

その人となりは、軽はずみなところがなく、まじめでおごそかの一言に尽きましたが、和服を好み、外出には、羽織袴で、主に駕籠《かご》を利用したとのことです。

ただ、あまりにも真面目で近寄りがたく、孤独であったようではありました。

親譲りなのか、金銭に淡泊であり、公共のため、多方面に寄付を行いました。

小学校の新築委員長となり、講堂並びに雨天体操場の新築費を寄付するかと思えば、柔剣道の道具の購入費まで心配するなど、細かいところまで気を遣かわれました。

大正11年には、その功績に対し、勲四等瑞宝章を賜りました。

多くの要職を歴任し、公共のために捧げた人生を昭和23年2月、84歳で閉じました。

7

左《さ》部《とり》 彦《ひこ》次《じ》郎《ろう》

足尾鉱毒告発・田中正造の右腕

左部彦次郎は慶応3年(1867)に東京四ッ谷で生まれ、11歳で現在の沼田市奈良町に住む親戚の左部宇作の養子となり、当時の池田村で酒をつくる酒造業を相続しました。

17歳で結婚しますが、26歳の時、妻は亡くなってしまいます。24歳で早稲田専門学校(現在の早稲田大学)を卒業となりますが、早稲田在学中に田中正造を知り、足尾鉱毒被害地の調査をとりまとめ、田中正造の信頼を得るようになりました。

いったん、郷里の池田村へ戻り、家業などを行いましたが、被害地の様子がさらに悪化していくため、29歳には館林に住まいを移し、再び鉱毒事件と闘っていくことになりました。

栃木県選出の代議士田中正造の国会における質問の資料調査や質問の要旨は左部によってつくられたものがほとんどでありました。しかし、そのような活動では、政府当局の対応は生ぬるいため、被害農民を指揮し、大勢で直接政府に押し寄せる「青年尖鋭隊」というデモ隊のような組織のリーダーとなって、田中正造と共に鉱毒事件運動の中心的人物となっていきました。

左部は演説や文章がうまく、法律にも詳しかったため、被害農民から絶大な信頼を得ました。

「足尾銅山鉱毒悲歌」と名付けられた左部作詞の革命歌は鉱毒被害者の団結歌として、気勢を上げ合唱されました。明治33年には「川俣事件」と呼ばれる大衆請願行動で60人が逮捕され、左部はその主導者として、重禁1年、罰金10円の実刑を受けました。

そのような中、明治36年には、栃木県谷中村に大きな池(現在の渡良瀬遊水池のことで、面積は33平方km、山手線の内側の面積の約半分)をつくり、鉱毒水の鉱毒を沈め、その水を薄めて下流へ流すという案が政府から発表され、この案に周辺村は賛成していきました。

しかし、現在のダムと同じように池によって沈んでしまう谷中村は当然反対を続けました。また、田中正造は「鉱毒問題を治水問題にすりかえ、谷中村を潰すとは何事だ」と谷中村住民と共に、その立ち退きに大反対を貫きました。

当初、その動きに同調していた左部は、先祖代々その土地に住んでいるという、土着の考え方にこだわる田中正造に対し、水害常習地で農耕できる条件がなくなった谷中村を別な方策で救済を図らなければと考えるようになり、田中から離れるようになっていきました。

そのような中、左部は、自分の生活を振り返ると、長い刑務所生活や公害反対運動の結果、酒造業である家業が倒産し、2人の子どもを残して妻を失うなど、家庭生活はボロボロの状態でした。

この時、運動地である館林近辺の子持ちの未亡人と結婚することとなり、生活を立て直す必要に迫られ、既に40歳となったこともあり、国の圧力などもあったと思われますが、栃木県の土木職員となりました。栃木県の土木職員となると、今まで公害反対運動を行ってきた谷中村住民に対し、立ち退きを強制し、田中正造を裏切ることとなってしまいました。

このことから、田中正造の記録からはほとんど消えることとなってしまった訳です。

しかし、館林市にある足尾銅山鉱毒事件で闘争の拠点となった雲龍寺の田中正造を祭る救現堂の「大位牌」と、庭にある「足尾鉱毒事件被告の碑」にはハッキリと「左部彦次郎」の名が刻まれ、その歴史を伝えています。

8

松《まつ》井《い》　万《まん》次《じ》郎《ろう》

自分に投票しなかった県会議員

松井万次郎は、明治2年（1869）11月、現在の沼田市屋形原町の黒岩佐太次郎の次男として生まれ、明治19年16歳のとき、現在の沼田市善桂寺町の松井金造の養子となりました。

小学校を卒業すると、勢多郡小暮村にあった県立中学校（現在の県立前橋高等学校）に入学しますが、同校が廃校となるため、中退となります。

明治28年、26歳の時、大釜善桂寺地区区長となり、村の中へ顔を出し、明治29年から村会議員、明治33年助役、明治37年40年まで村会議員。明治41年から大正2年までと、大正12年から昭和2年までの通算8年間、薄根村村長となり、明治末期から昭和の初めの激動期に薄根村をリードしました。

さらに大正4年46歳から大正8年9月まで、1期県会議員となり、民政党に所属しました。

この時の選挙のことが、今でも語り継がれています。

当時は、25歳以上の男子で、国税3円以上を納めている人でなければ、選挙権がなかった時で、旧薄根村では218票があり、217票が松井万次郎に投票されました。残り1票のうわさが村中に流れたとき、「実は私が他の候補者を書きました」と、松井万次郎が言ったそうです。

公職に就きながらも農業を主とし、養蚕は特に大量掃き立てをしたことで知られていました。繭も扱ったことがありましたが、大正の不景気で出荷して大損をしたこともあります。

また、趣味として剣道や、俳句、書道などもたしなみました。

気短の人でしたが、温かで情が厚く、誠実なため、人望は非常にありました。

財産は一度は成功してつくりましたが、政治のために借金し、自分で増やした分だけは減らしてしまいました。

体格がよく、実に朝から晩まで仕事に打ち込んでいないと気のすまない人でした。

その時実現はしませんでしたが、道路開通改修のための測量をしたり、善桂寺町集落へ水をひくための運動を起こすなど、先見の明がありました。

薄根村内の5つの小学校を一カ所にまとめることや、薄根地区内の耕地整理にも奔走し、村の顔役、まとめ役として村を見守ってきましたが、昭和13年3月、70歳でその生涯を閉じました。

9 木《き》村《むら》 喜《き》作《さく》

国有林野所在町村交付金

木村喜作は現在のみなかみ町小日向の農家、木村広吉の次男として、明治5年（１８７２）に生まれました。

10歳の時、木村半七の養子となり、湯原小学校を卒業後は、養父の跡を継いで、農業と養蚕の仕事に励みました。

農業の暇なときは、農家の子供たちを集めて、昔話や童話を話して聞かせ、学問の大切さを教えていました。これが村中の評判となり、35歳の若さで学校の世話をする学務委員に選ばれました。その頃の水上村は、家庭の事情などで、学校へ行けない子供たちがたくさんいました。そこで、喜作は村中の父兄と話し合い、すべての子供たちを学校に行かせる運動を起こし、村の中央部の幸知に小学校をつくる計画を立て、これを実行しました。

36歳で、水上村の収入役となり、41歳で村会議員となります。

52歳、大正13年で水上村長となりますが、その前年に起きた関東大震災には、村内を一軒一軒回って、一品ずつ衣類や食糧を集め、県庁まで届けました。

その活動を通じ、「林産資源の豊富な水上村からも、この震災で壊れた家を建て直すために必要な木材がたくさん運び出されることは明らかだが、今のように貧乏な山間部の村だけが負担して、荒れた道路や橋を直していくのは限界がある」と強く感じ、全国に四千以上もある国有林を抱えている町村のために、国からの補助金を出してくれるように働き掛ける運動を始めました。

その運動のための会である、国有林野所在町村交付金下渡国期成同盟会を結成し、自ら会長になりました。

昭和4年には、それまでの運動の熱意が認められ、法律がつくられ、翌年から補助金が出るようになりました。全国で年に約4億円、水上村で370万円という、当時としては実に多額の財源が村に入りました。これにより、全国の山間部町村は多大な恩恵を受けました。

また、昭和3年には、上越線が水上駅まで開通し、これを機に湯治場であった水上を観光で生きていけるように、水上村振興会をつくり、県内外に宣伝し、村内のすぐれた景観や神社仏閣などを調査し、案内板の設置を行うなど、訪れた人々の案内の利便を図り、観光で生きていくことを自ら実践しました。

さらに、「人は心配事ばかりしていては駄目だから、気持ちを変えるために俳句をつくって楽しもう」と呼びかけて、俳句の会をつくり、県内の俳人とも交わり、文化に対しても深い理解と努力を重ねました。

昭和27年、80歳でその生を閉じてしまいますが、生まれた地である水上の教育、建設、産業、文化と、すべてにわたり突き進んだリーダーであり、再来を夢見たい人物の一人です。

10
横山《よこやま》 桂助《けいすけ》

水道敷設の住民運動

横山桂助は明治10年（1877）8月、現在の昭和村糸井の後藤久七の三男として生まれました。後藤家は旧家で裕福でしたが、兄の金遣いが荒く、桂助が利根北勢多高等小学校に通う頃には、家運が傾いてしまいました。15歳の少年であった桂助は、このとき、豪商となって傾いた家を建て直そうと心に決め、漢学や剣道を始め、商売の道を学ぼうと村の富豪であった加藤東四郎に弟子入りし、三年ほど商売のイロハを学びました。そして、18歳の時には、農家から梅を買い集め、一夜にして大きな利益を得るなど、商売に対する才能の一端をうかがわせました。また、大麦や大豆などを村の農家から買い取り、前橋などへ売り歩き、わずか半年の間に70銭の資本で300円余りの利益を得ました。

商売の道を学んだ師匠である加藤東四郎の媒介により、沼田中町の荒物商を営んでいた横山家へ婿入りの話があり、22歳の時、横山の家に入りました。横山家は享保の頃から230年余りの旧家でありましたが、当主の謙助氏は、商売よりも上毛孤児院や山谷孤児院などのため寝食を忘れて飛び回っていたため、家運は傾き始めていました。ここで持ち前の商売への熱意から、繭糸の仲介業を行うことによって、家運の挽回を図ろうと考えましたが、相場は反対になってしまい、かえって借金が増える結果となり、家屋敷を売り払っても、まだ、借金が残っているような事態となってしまいました。婿に入ってから6年の間に、旧家の家屋敷も失ってしまい、同時に、妻も病床に伏せるようになってしまい、どん底の状態でした。

しかし、桂助は決死の覚悟をし、働かざれば食えず、との必死の奮闘の結果、ようやく周りの人たちからの信用も得られ、資本金を借入、国庫債券の売買に乗り出し、借金も返せるような状況になりました。しかし、病床に伏せていた妻は、とうとう亡くなり、6歳と4歳の子供が残されてしまいました。このようなどん底にいながらも、生まれた糸井で生活苦の人がいたのを知ると寒い冬の中、沼田町153軒を訪ねて募金を集め、送るといった活動を行いました。また、産業の開発上、資金を潤沢にし低利に融通するためには、商業銀行設立が必要と、資本金の株式募集に飛び回るなど、一貫して世の中のためにという姿勢は続きました。

中でも、沼田台地に水道を引こうという実現のために努力を惜しみませんでした。

基礎団体となる博友会という組織を立ち上げ、「10年間で1万円つくる秘訣出世暦」というものを作成し、全戸へ配布し、水道実現の機運を盛り上げ、大正6年、41歳の時、中町区長となった横山桂助は、沼田用水改善期成同盟会を町につくり上げるとともに、自ら現在の100万円相当の寄付を行い、資金難で頓挫していた沼田町水道計画の実現に大きく貢献しました。

水道のような公共事業実現のためには、なんといっても住民の合意形成があって進められることは、昔も今も変わりはありません。その住民の合意形成、資金の一部供出といった横山桂助の活躍は、現在も学ぶべきところが大きいものと思われます。大正13年には、沼田町町会議員となり、上越南線の開通などの問題にも活躍するなど、時代の動きとともに華々しいものがありました。一方で、勤王志士の橋本香坡の事績を研究し、碑を建ててこれを後世に伝えようとする文化的な活躍も、見習うべきものがあります。

11 高山《たかやま》 和助《わすけ》

警察署長出身の県会議員

高山和助は明治16年（1883）9月、片品村土出の吉野忠次郎、志めの次男として生まれました。地元の土出尋常小学校を卒業後、家業に就きましたが、明治37年12月、21歳の時、日露戦争に従軍しました。大陸各地で華々しい戦果を上げ、帰還しました。明治40年、24歳の時、当時の片品村助役の高山良吉にその人柄を見込まれ、婿養子となりました。

明治42年、群馬県巡査を拝命し、警察官としての生活となりました。以後、順調に大正8年36歳で警部、昭和2年44歳には群馬県下で数人という警視にまで昇進しました。

この間、境、下仁田、富岡、館林、太田、伊勢崎、桐生と各警察署長を歴任し、県警本部保安課長の要職にも就くなど、警察幹部として活躍しました。

和助は意志が固く、みだりに信念を曲げない性格でしたが、ものにこだわらないサッパリとした気性で、人の面倒も実によくみたため、非常に信望がありました。

そのため、昭和5年47歳で、警察官生活を辞めましたが、その見識と人柄を買われ、周囲の強い要請を受けて、利根蚕繭《さんけん》組合長、利根漁業組合長、利根畜産組合長、利根養鶏組合長など、地元団体の役員を歴任しました。

こうした頼りになる存在であった和助は、昭和10年52歳の時、県会議員に当選します。

県会議員になるや、利根地方のほとんど未開発の森林地帯に道路の整備が不可欠との考えから、その運動に忙しく走り回り、昭和16年、三国国道の改修工事に着手しました。また、同じ時期に、金精峠の開通事業にも熱意を注ぎ、その実現に努力しました。

こうした活躍に県議会議員としての責務も増し、昭和24年から2年間、県会議長に就任し、群馬県政の中枢に身を置き、通算4期19年間、県会議員として活躍しました。

三国国道は昭和34年、金精峠は昭和39年に開通し、共に観光資源の開発や陸上輸送の増加、森林の開発など、計り知れない経済効果をもたらした訳ですが、高山和助は、自ら手掛けた事業の完成を眼にすることなく、昭和29年7月70歳でその生涯を閉じました。

12

前《まえ》田《だ》 多《た》門《もん》

「利根郡報」の創始者

前田多門は、昭和期の政治家、実業家、教育者と、多彩な面を持っていた人です。

明治17年（1884）、大阪の裕福な商家に生まれ、立教中学、一高、明治42年に東京帝国大学を卒業し、内務省に入り、群馬県庁に勤務し、翌年10月に26歳で利根郡長に就任しました。

明治45年5月までの1年7カ月余りの間ですが、足跡をいくつか残しています。

特に地方自治体の広報紙として『郡報』の発行を行いました。これは非常に先駆的なもので、その後、『地方自治のはなし』という書籍を著し、その基礎となるものでした。

また、郡長時代に新渡戸稲造の媒酌で結婚し、後にフランス文学者となる長男陽一は、その経歴の中で、出生地を群馬県沼田町としています。

多門は郡長退任後、大正9年、東京市助役となり、大正12年には国際連盟の外郭団体ＩＬＯ（国際労働機関）の日本政府代表に任命されて、スイスのジュネーブに赴任します。その後、大使館参事官として、フランスに赴くことになります。

大正15年、帰国後は東京市制調査会専務理事を務め、自由党総裁の緒方竹虎に請われて東京朝日新聞論説委員となりました。

昭和13年、悪化する日米情勢を好転させるべく、日本文化会館館長としてニューヨークへ渡米し、太平洋問題調査会会員としてロックフェラー財団と接触しました。この日本文化会館は、中国大陸における日本の行動を原因とする反日感情の高まりを、何とか鎮めようと設立されたものでした。

昭和16年、日米開戦により帰国し、大政翼賛会事務総長後藤文夫の任命で新潟県知事、その後、貴族院議員に序せられ、大政翼賛会役員となりました。

昭和20年、戦後すぐに成立した東久邇宮内閣において文部大臣に抜擢され、異色の人材を起用し教育改革を推進しました。また、娘の美恵子を秘書とし、GHQ(連合国軍最高司令官総司令部)との折衝及び文書の翻訳作業などに従事させています。

幣原喜重郎内閣でも留任し、幣原喜重郎と共に天皇の人間化宣言に大きく関わりましたが、戦時中の新潟県知事としての勤務を大政翼賛会に関係していたとして咎められ、翌年1月に辞職しました。その後、日本育英会会長、日本ILO協会会長、世界平和アピール七人委員会などを歴任しています。

その間、昭和21年、ソニーの前身である東京通信工業に、知人と共に資本金19万円を出資し、名誉職でありますが初代社長を務めました。井深大が技術担当の専務、盛田昭夫が営業担当の常務となって事業を始めました。なお、井深大にとって多門は義父に当たります。

長男陽一はパスカル研究のフランス文学者、東京大学教授となり、ノーベル文学賞受賞の大江健三郎の東京大学時代の恩師でした。長女はハンセン病患者の治療に生涯を捧げた精神科医の神谷美恵子であり、植物学者の神谷宣郎と結婚しました。次女の勢喜子はソニー創業者の井深大に嫁ぎ、三女は伊藤忠商事の副社長を務めた人物と結婚しました。

多門は昭和30年東京都名誉都民となり、昭和37年78歳でその生を閉じました。

13

細《ほそ》谷《や》 浅《あさ》松《まつ》

初代沼田市長

細谷浅松は明治18年（1885）、細谷波次郎、よしのの長男として、現在の沼田市柳町に生まれました。

旧制前橋中学校利根分校（現在の県立沼田高等学校）を明治36年に卒業し、20歳で沼田町消防組部頭代理となり、その卓越した手腕力量を認められ、22歳で沼田町収入役に任用され、3期10年間、務めました。

この間、沼田町青年団創立の発起人となり、大正2年青年団長に推されました。

また、実業界においても、大正7年、利根倉庫事務取締役、翌年利根郡木炭同業組合長、利根郡木炭産業会社専務取締役となり、その手腕を発揮しました。

これらを基盤として、利根郡会議員に当選し、以降は地方政治に取り組みました。

大正10年に沼田町町会議員に当選、任期1年にして大正12年38歳で沼田町長に立候補、当選しました。

町長になると、すぐに群馬県内では、高崎に次ぎ2番目となる上水道事業に着手し、財政面での苦労も非常に多かったのですが、無事完成を見ました。これによって、赤痢や衛生面で不安の大きかった沼田台地に住む住民は、安心・安全な飲み水を飲むことができるようになり、現在もその施設の一部は現役で、我々の日常を支え続けています。

上水道が完成すると、細谷浅松は町長の座を降り、昭和元年上京し、足立千住町の書記に就職します。そこでの生活は苦難の連続でしたが、戦後、沼田へ戻ると、衣料品店の経営を行います。

昭和24年には、沼田古物商組合長、沼田利根古物商連合会長となり、戦後の地域経済発展に努めました。

昭和26年、66歳で再び町長に返り咲き、昭和29年、沼田市初代市長となり、新生沼田市の多くの事業を手掛け、成し遂げました。

昭和33年5月には、市長を退任し、材木町で静かに隠居生活を送っていましたが、昭和45年、85歳でその生涯を閉じてしまいました。

残された三女の下枝延子さんから見た人物像として、「頑固一筋でお人好し、人を疑わず尊重し、生真面目で実直、信念一徹の人で、家庭のことは省みなかったけれど、世のため、人のために生きた人だと思います」と語られました。

多くの市民に信頼と尊敬で仰がれた証しとして、現在、市役所入口にその顕彰胸像が設置されて、毎日、市役所へ出入りする多くの市民を見守っています。

14

井《いの》上《うえ》 日《にっ》召《しょう》

血盟団事件の首謀者

井上日召は明治19年（1886）、川場村谷地の開業医の三男に生まれました。幼い時の名は四郎、通称尚、のち昭と改め、昭の昭和の昭の字を分解して、日召と名乗ります。旧制前橋中学校（現在の県立前橋高等学校）から早稲田大学を経て、明治42年東洋協会専門学校（現在の拓殖大学）へ入学するも翌年中退し、中国に渡り〝大陸浪人〟となり南満州鉄道へ入社し、参謀本部の諜報活動に従事します。

大正9年に帰国し、日蓮宗の僧侶となり、その教えを説き、同時に国家革新運動に身を投げ出していきます。

日召は40日余りの断食にも耐え、また線香の落ちる音も聞き分けたという神秘性があったため、この神秘性が茨城の農村青年の心を捉え、たちまちに右翼団体の指導者となり、大正14年、護国聖社を結成します。当初の革命方針は非暴力でありましたが、海軍の過激派、藤井斉中尉や五・一五事件の首謀者の一人、愛郷塾塾長橘孝三郎らと知り合い、暴力的改造以外に道はないと説得され、同調します。

昭和6年の十月事件の首謀者らがクーデター後は自分たちが内閣リストに入ることを考えていると知り、日召は決然として野心的な政治軍人と袂を分かち、13人の同志による血盟団を組織し、テロ活動と呼ばれた「一人一殺」による国家革新運動を企画します。

昭和7年、五・一五事件の先駆けとして、右翼による要人暗殺事件であった「血盟団事件」が発生します。

この事件では、小沼正に元蔵相井上準之助が、菱沼五郎に三井合名理事長、団琢磨が殺害されました。井上日召はこの「血盟団事件」の首謀者として無期懲役となります。

昭和15年、皇紀二千六百年の祝典による特赦を受けて仮出所となります。

昭和16年、三上卓、四元義隆、菱沼五郎らと「ひもろぎ塾」を設立し、近衛文麿前首相のブレーンとして活躍します。

しかし、太平洋戦争終結後、連合国の指令により、特定の関係者が公職に就くことを禁止された公職追放の対象となり、農村青年に講演をして回る生活となります。

昭和28年、右翼団体維新運動関東協議会の参与に就任します。

昭和29年、佐郷屋嘉昭、小島玄之らと護国団を結成し、初代団長となり、講演活動を行います。

昭和31年、右翼活動から引退し、黒幕、三浦義一から経済的援助を受け老後を過ごし、昭和42年、80歳でその生涯を閉じました。

後の日本赤軍のリーダー重信房子の父親は血盟団員であり、赤ん坊の房子は日召の膝に抱かれたことがあるといわれています。

また、鹿児島県霧島市を拠点に活動する僧侶、山内日豊は井上日召の孫弟子に当たります。

血盟団事件という、国内においても有名なテロ事件の首謀者ということで、郷土の歴史の上からも難しいものがありますが、ある時期において、日本国内に名前を轟かした事実は、伝えていくべきと思います。

15

武《たけ》井《い》 群《ぐん》嗣《じ》

厚生省次官

武井群嗣は現在の沼田市沼須町の武井捨五郎の次男として、明治22年（1889）に生まれました。

生家は篤農家でしたが、創業した酒造業が振るわず、高等小学校を終えると、代用教員となります。

代用教員2年目に兄が急死し、実家の農業に専念することになります。しかし、教師の道を諦めきれず、群馬師範（現在の群馬大学）へ進み、さらに東京高等師範学校（現在の筑波大学）へ進みます。東京高等師範学校への進学については、師範学校出身者は小学校勤務を経て、師範学校長の推薦で進学するというものでした。

大正6年28歳の時、東京高等師範学校のサッカーチームの一員として、第3回極東選手権東京大会に参加しており、大正10年の大日本蹴球協会結成時には、初代理事の一人となり、サッカー日本代表でした。

東京高等師範学校を卒業後は、四国松山の愛媛師範学校（現在の愛媛大学）と東京高等師範学校に助教授として、それぞれ1年奉職の後、京都帝国大学独法科に進学します。

大正9年31歳で卒業し、同時に内務省に入り、神奈川県足柄上郡長を1年、高座郡長を半年ほどで、青森県学務課長となり、視学官（学校教育に関わる専門的、技術的な指導・助言を行う職）をしていましたが、大正13年2月上京し、内務事務官として、アメリカ、イギリスの視察を行い、半年後に帰国します。

東京府の庶務課長から内務省に入って、土木局道路課長、河川課長を経て、昭和11年47歳で山形県知事、さらに山口県知事を歴任します。

昭和16年52歳で、厚生省の初代人口局長、同年11月には東条英機内閣で、小泉厚生大臣の女房役である厚生次官に就任し、4年間務めました。純粋の官吏(現在の国家公務員)出身の次官就任は初めてということで、故郷では大いに沸き立ちましたが、同じ時期に利南村出身の星野直樹が書記官長(現在の内閣官房長官)に就任しており、利南村での盛り上がりは想像以上のものだったと思われます。

武井群嗣は厚生次官として、戦時中における労働力動員の重責を担いました。

また、昭和16年から昭和34年まで3度にわたり、社会福祉法人恩賜財団済生会の理事長も歴任しています。この済生会といいますのは、明治44年に明治天皇が、時の総理大臣、桂太郎を呼び、医療を受けることができないで困っている人たちに薬を与え、医療を施して生命を救う、済生の道を広めるようにとの「済生勅語」と、お手元金150万円を下賜されたことに始まります。

厚生次官を終戦直前に辞任し、戦後の数年間、沼田の旭が丘(坊新田町)に住んで、衆議院に立候補したこともあります。

昭和25年61歳の時、参議院の地方行政委員会の専門員に任命されますが、この専門員といいますのは、国務大臣と次官の間くらいの実力のある人を選ぶ方針でありました。

昭和31年67歳、品川区内で弁護士を開業していましたが、昭和40年77歳で、生涯を閉じました。

16

星《ほし》野《の》 直《なお》樹《き》

満州の実力者　2キ3スケ

星野直樹は明治25年（1892）、現在の沼田市戸鹿野町の豪農星野家の光多、みねの長男として横浜で生まれました。やがて、京華中学に進学し、その後、明治43年、一高に入学しました。大正5年、24歳で高等文官試験に及第し、25歳で東京帝国大学法学部政治学科を卒業し、大蔵省に入省しました。大蔵官僚時代は、銀行局属官、北税務署副司税官、大正8年には大阪北税務署長、熊本監督局経理部長、大阪監督局部長。大正15年には大蔵事務官に昇進しました。昭和7年から営繕管財局国有財産課長と昇進を重ねました。

組閣大命が東條英機に降り、昭和7年の満州国建国に伴い、関東軍から大蔵省に人材派遣要請があり、星野直樹を団長に、古海忠之、松田令輔などが大蔵省満州国、派遣団の一員として、満州国に赴きました。満州国への転身後は、満州国財政部理事官、財政部総務司長、財政部次長、国務院総務庁長を経て、昭和12年国務院総務長官に就任しました。

日本の傀儡国家（あやつり人形のような）である満州国において、実質上の行政トップの地位に就きました。在任中は、満州国を動かす「二《ニ》機《キ》三介《サンスケ》」（二機とは東条英機と星野直樹、三介とは鮎川義介、松岡洋右、岸信介のことです）の一人として、同国の財政経済を統轄しました。満州国において計画経済の「実験」を成功させた星野直樹は、昭和15年1月の大阪毎日新聞に掲載された寄稿文の中で「満州の面積は独・仏・伊の三国を併せたものに匹敵し、これに支那を加えることで日本の資源・食糧面での自給自足圏は完成する」と記し、賞賛を浴びています。

帰国後は、第2次近衛内閣の下で、企画院総裁に就任し、資本と経営の分離など社会主義的な経済新体制要綱原案を作成しましたが、自主統制を主張する財界との間に激しい摩擦を生じ、昭和16年に辞職しました。

貴族院議員に勅選されましたが、昭和16年10月、東條内閣の成立とともに内閣書記官長(現在の内閣官房長官)に起用され、以後東條英機が退陣する昭和19年まで側近として大きな発言力を保持しました。

その間、総力戦研究所長事務取扱、同参与、国家総動員審議会委員、企画院参与なども務めました。辞任後は大蔵省顧問となっています。

第2次世界大戦が終結すると、A級戦犯として極東国際軍事裁判で終身刑を宣告されましたが、昭和33年に釈放され、後に東京ヒルトンホテル副社長、東京急行電鉄取締役、旭海運社長、ダイヤモンド社会長などを歴任しました。

東京裁判当時のマスコミによると、星野直樹の抜群の記憶力は「ノートを持たねば話せぬ」という東條英機にとって、心強い助っ人だったといいます。また、肉体は非常に丈夫で健康だったため、巣鴨拘置所においても、上半身裸でいることが多かったといいます。

ダイヤモンド社の創業者である石山賢吉は、著書の中で「親しく接触して感じ入ったことは、少しも私心がないことと、非常な勉強家である。星野先生の入社を得たことは、我社近年の収穫である」と評しています。

著書に『見果てぬ夢―満州国外史』『内外私論』『時代と自分』などがあります。

17

星《ほし》野《の》 志《し》か

片品村の女傑

星野志かは明治34年（1901）6月、片品村菅沼の星野政五郎の次女に生まれました。小学校では優秀であったため、6年を終えると、高等小学校へ2年通うことになりました。当時、女性で高等小学校へ進学したのは、村で2人しかいないという時代でした。

義理の叔父に当たる豊吉に育てられ、豊吉が須賀川へ出て宿屋の「梅田屋」を始めると、宿帳書きなどを毎日手伝いました。当時の須賀川は、片品村の役場もある中心地であり、繭の仲買人で宿屋は繁昌し、連日てんてこ舞いであり、志かは友達と遊ぶ間もないほど、手伝いに追われました。

高等小学校を卒業すると、宿屋の仕事に専念しました。

大正7年17歳で結婚しますが、宿屋の仕事は続けました。梅田屋は、大正13年ごろから始まった大滝、片品堰堤、幡谷、千鳥発電所といった上毛電力の工事のための宿屋として繁昌しました。やがて、鎌田の開発が進み、役場、学校、沼田からのバスも鎌田が終点というように鎌田が村の中心地となることが見え始めた時、周囲の心配をよそに、鎌田のメイン通りに梅田屋を移しました。

昭和11年大日本国防婦人会片品支部副会長に選ばれ、戦争へ向かう出征兵士を見送るという婦人会の千人針、慰問袋などに手を取られ、とても宿屋商売をしているどころではありませんでした。

昭和21年終戦後、片品村婦人会会長。昭和24年〜38年民生委員を、昭和24年からは国民健康保険運営委員、昭和25年保護司、煙草小売業婦人部長と多くの役職に引っ張り出され、「おしかあんねえ」と呼ばれて親しまれ、村会議員立候補の話が、志かにまわってきました。この時、弟の晴と妹の夫の姉弟3人で村会議員に立候補するということになってしまいましたが、結果は3人とも当選することができ、片品村で初めての女性議員として、水道、電話の普及に奔走し、生活改善、特に「片品時間」といわれた、決められた時刻に集まったためしがないという、生活習慣の改めに努力しました。それは脅しではなく、真剣さを見せることであり、このことにより、だらだら集まっていたから、計画もだらだらであったものが、定時に始まるため、物事すべてが計画的に進むようになり、村の諸々の活動もスムーズに運ぶようになりました。

昭和28年、尾瀬への観光客が増えることを見込み、「奥日光観光タクシー」会社を立ち上げました。昭和40年、64歳、鉄筋のホテル・旅館への建て替えへと奔走し、県旅館組合が貸出利子が低かったため、組合に加盟すると、戸倉の人たちも融資を希望していた時であり、戸倉の旅館も含め旅館組合に加入することになり、志かは片品旅館組合の組合長になりました。それに続き、タバコ小売業会長、老人会会長と60歳を過ぎて、再び多くの役職に引っ張り出されるようになりました。

昭和43年、夫が亡くなると、夫が社長を務めていた奥日光タクシー会社の社長となり、名称が関越観光となるまで、社長を続けました。

この他、村の中で長い間、もめていた土地の問題などを仲裁し、双方から喜ばれたことも多く、これも双方から信用されていなければできないことで、人望の大きさを物語るものです。

思えば決断、決断すれば行動の梅田屋お志か。頼まれたら親身になって応える。しっかりした性質とすぐれた知恵をもち、実行力に富んだ片品村の女傑、お志かの歴史は、梅田屋の歴史でもあり、片品村の歴史でもありました。

18

木《き》村《むら》 信《のぶ》作《さく》

第3代沼田市長

木村信作は明治35年（１９０２）1月、川場村天神に生まれ、旧制沼田中学校（現在の県立沼田高等学校）を経て、中央大学法学部英法科を大正14年に卒業し、神奈川県健康保険署勤務を振り出しに、内務省理事官防空研究所庶務課長、厚生事務官引揚援護院援護官、総理庁建築監視官、東京都建築局監察課長、監理課長、工務課長などを歴任して、昭和34年56歳で公務員生活を退職しました。

昭和29年4月、沼田町、利南村、池田村、薄根村、川田村の1町4カ村が合併し、沼田市となったわけですが、当時の各村の財政状況は決して豊かではなかった中、合併前の各村ごとに小中学校増改築の要望や、道路や橋の整備などに関して、各村を均等にという考えの下で、行政が行われてきました。

その結果、沼田市の財政は、昭和37年以来、実質的に赤字を続け、その額は当時2億３６００万円を超えていました。

このような赤字財政の中、昭和41年4月63歳で沼田市長に当選した第3代木村信作は、市の財政健全化という大きな課題に取り組み、昭和42年に地方財政再建特例措置法の準用により再建団体の指定を受け、国の援助により累積赤字の解消を図ることにしました。

この財政再建団体とは、企業でいえば倒産ということですので、たとえ話として、よく言われているのは「鉛筆一本買うのにも国にお伺いを立てる必要がある」ということでした。

現在は、省エネや無駄に対する意識も相当高いものがありますが、市役所庁舎内の蛍光灯を昼休みに全部消すことによって、1日1万円減額できるとの号令に、「そんなけち臭いことを」との批判が聞こえた時代でした。

木村信作は、行政三十余年の経験を生かし、一つ話し合いによる明るい市政の確立、二つ市政の運営は和の精神で、三つ健全財政の確立、四つ綱紀《こうき》の粛正《しゅくせい》と人事の刷新、この四つを目標にすべての方針を立てていき、小中学校校舎の増改築や、体育館、プールの建設などを重点に、生活関連整備として、多くの道路の改良舗装工事や第4期上水道拡張工事などを行うとともに、消防車・救急車の補充や各分団すべてに消防車の配備を行うなど、住民の福祉の向上に努めました。

沼田市はこのような財政困難な時でしたが、国内は昭和40年から45年まで続いた高度経済成長時代の好景気、いわゆる、いざなぎ景気と呼ばれた好景気で、経済成長の実質成長率は年平均11.6％に達し、GNPが世界第2位になり、国を挙げて、好景気に踊り浮かれていた時代でした。

そのような中、一番身近な行政体である沼田市役所は「財政再建団体」という事態であった訳で、当然、市民の声は厳しいものが多かったと思われますが、木村信作は、その厳しい声に耐え、努力を続けた結果、年々赤字財政は解消に向かっていきました。

しかし、昭和45年4月に行われた市長選挙では182票差で、46歳の堀江文夫に敗れ、市長の座を降りることとなりました。

19

桑《くわ》原《ばら》鶴《つる》

太平洋戦争に反対した外交官

桑原鶴は明治35年（1902）12月に利根郡川場村門前に生まれました。

大正6年、沼田中学（現在の県立沼田高等学校）3年の時、ロシアに革命が起きて帝政が倒れ、共産主義国家となり、このことに影響され、将来外交官となって国家に奉公しようと決心したといいます。第一高等学校、東京帝国大学法学部（現在の東京大学）を卒業。東大2年で高級官僚の採用試験である高等文官試験の外交科に合格します。

大正15年4月、外務省に入省します。外務省に入ってみると日本は滅亡の寸前でした。天皇自らが政治を行うという親政といいながら、天皇の意思を真っ向から蹂躙《じゅうりん》して大東亜戦争を誘発したのでした。

昭和11年11月、日独防共協定調印時に太平洋戦争の必至と敗戦を予見した桑原は、時の外務大臣に建白書を提出しましたが、「これは一事務官が問題にすべきことではない」と退けられました。意見を聞き入れられなかった失望と怒りによって、その後の叙勲と官等の昇進を辞退しました。そして太平洋戦争の回避と日米交渉の妥結に渾身の努力を傾注していきました。

昭和14年、36歳でエジプト代理公使となりました。

昭和18年、内閣直属の総力戦研究所教官として、各省庁や陸海軍の中堅幹部を薫陶しながら、戦争の早期終結工作に苦心しました。

昭和20年9月外務省を依願退職します。これは、太平洋戦争の敗北過程を外交上、戦争指導上の実践を通して、つぶさに凝視した桑原が、戦後の日本再建は、とても官界から行うことはできないと判断し、民衆の中に分け入って、国家民族の反省を太平洋戦争敗戦の事実に求めて、その事実を明らかにし、教えていくという国体明徴運動を提唱普及し、日本民族に徹底させるため、火を吐くような運動に率先して身を投げ出し、困難な物事に当たっていくための決意でありました。

昭和21年7月、「賠償問題に関する建白書」を吉田総理大臣に提出します。

昭和34年8月、米国がソ連首相を自国に招待するという時勢の変化を重視し、「桑原乞食の心のうち」という明徴小論を述べ、昭和35年8月山形県酒田市の明徴出版社に寄留、自炊し、年中裸の生活をしながら、9年間運動を展開しました。口頭で述べた明徴小論は外交、政治、経済、軍事、教育など万般にわたり、途中から番号を付けた小論だけでも2112号を数えます。

昭和44年7月、酒田市で心不全のため66歳でその生涯を閉じました。日本民族を正しく再建するために、世界に通ずる科学的指導原理を創立し、これに生涯を捧げた、純粋にして高潔清廉な正真正銘の愛国者であり、指導者であったとの紹介をしているものもあります。

山形県の地方新聞である荘内日報では「郷土の先人・先覚」という企画を掲げ、世界あるいは全国で活躍し、各分野での礎を築いた庄内出身の先人・先覚たちを紹介していますが、この中で「生涯を日本民族に捧げた指導者」として桑原鶴を紹介しています。

生まれ育った利根沼田地方においても、桑原鶴の生き様を広く知ってもらいたいものです。

成瀬恭著作の『先見の明』は、桑原鶴の生き様を余すところなく書き記しています。

20 生《うぶ》方《かた》 誠《せい》

初代国家公安委員

生方誠は明治37年（1904）、現在の沼田市上之町の沼田藩御用達の薬屋であった「かどふぢ」に生まれました。

前橋中学（現在の県立前橋高等学校）卒業後、旧制千葉医学専門学校薬学科（現在の千葉大学薬学部）に入り大正5年卒業、家業を継ぐつもりでしたが、ぜひ薬学の研究をしたいと渡米しました。

ところが、薬学など全くやらず、演劇や絵画、文学などを学び、一方、日本文化をアメリカ人に紹介することに熱中し、日本の能や歌舞伎、人形芝居などを知友を介して宣伝していました。

在米6年、薬剤師となって帰国します。

帰国後、能、歌舞伎、人形と海外に紹介していきたいと考えていたところ、シェイクスピア文学の権威であり、海外への伝統芸能を広めようと考えていた坪内逍遥から声が掛かり、交流が始まりました。

また、同時に沼田の文化推進活動の中心となって活躍を続けました。

昭和12年から14年にかけて、月刊『上毛文化』へ「禁芸碑私考」「埴輪の意義においての一考察に就いて」と十数回の論文を掲載しています。

昭和14年、群馬県会議員に当選し、続いて県薬剤師協会長、沼田町長、県町村長会長、全国町村町会監事と務め、昭和23年3月から昭和26年3月までの3年間、全国の町村代表として選ばれ、国家公安委員会の初代5人の中の1人として、任命されました。

昭和28年、全国町村長会長の立場で渡米します。その際、沼田小学校の児童の絵画数十点を持って行き、ニューヨークやロサンゼルスで児童画の展覧会を開いています。

昭和40年には、「若山牧水生誕百年記念」として、「利根牧水会」の代表となり、舒林寺に番傘の複製歌碑を建立すると同時に、冊子『牧水利根の旅』を出版します。

昭和42年、社会・公共のために功労がある者に授与される、勲三等瑞宝章を受けました。

昭和53年、84歳でその人生を閉じました。

昭和54年9月、沼田公園内の旧生方家住宅隣接地に、生方記念資料館が建設されました。

この資料館は、生方誠が収集した資料を展示するため、その遺志に基づき、たつゑ夫人（歌人で沼田市名誉市民）から、収集資料と資料館建設費用と合わせて、沼田市への寄贈があって、建てられました。

また、旧生方家住宅内に、展示されている「かどふぢ」の看板の文字は、正岡子規の弟子の河東碧梧桐の筆によるもので、生方誠の交友関係が一流であったことを示すものの一つであります。

平成21年、テレビなどで活躍中の東京大学大学院のロバートキャンベル教授の一番弟子に当たる、東海大学の出口智之専任講師が来沼した折に、生方記念文庫にある所蔵資料目録を一読したところ、生方誠が遺した貴重な資料の数々に、ぜひ詳しい調査を行いたい旨の意向を伝えてきました。

生方誠が蒐集し、現代まで遺した資料の数々は、これからも埋蔵された宝石のように、掘り起こされる日を待っているのかもしれません。

21 木《き》嶋《じま》 広《ひろ》武《たけ》

市役所の生き字引

木嶋広武は明治38年(1905)7月、現在の渋川市に生まれ、大正9年15歳、旧制中学へ入るために、利根にいる兄の所へ来ました。

兄は、御馬出し通りで下宿屋をしていたので、そこに住み、勉強しようとしていたところ、利根郡役所の人から「将来のためには、5年間学校へ出るより、すぐ郡役所へ入って勉強して、文官試験(現在の高級官僚)や専検(現在の大学入学資格検定)を受けた方がよい」と勧められ、利根郡役所へ入りました。

そこで、5年間勤める間に普通文官試験に合格し、高等文官試験を目指していたところ、大正15年、郡役所が廃止になりました。

当時の郡長から、「群馬県の秘書課に席があるから、そこへ行って将来伸びろ」と言われましたが、「官僚は嫌いで、実務の方が良い」と断り、大正15年7月21歳から沼田町役場に勤めました。

当時は、沼田町役場も20数人の職員数でしたが、県の仕事がだんだん町村へ移されてきましたので、たちまち40人を超える職員数となりました。

昭和10年30歳で沼田町第三課長、昭和13年33歳で第一課長の重職に就き、戦時中は41部隊の進駐に伴い、水不足解消のための上水道拡張工事に当たり、臨時上水道改良工事事務所の財政係長として心魂を傾け、これを完成。

昭和23年、43歳で沼田町助役に就任。それから助役を五期務め、以来昭和42年61歳で助役を最後に退職するまで、45年7カ月にわたって、地方自治の振興に努力しました。

この間、昭和4年からは久米民之助先生が、当時の大不況の救済事業を兼ねて、沼田城址の公園化の事業を行い、久米先生からの指示により、現場や人の手配などに奔走しました。

昭和16年36歳、当時の沼田町役場は、三段の段の上の高い所に役場の職員がいて、小さな窓口から、町民の対応をしていました。これでは時代に合わないし、能率も上がらず、町民にも迷惑が掛かると思い、この窓口を廃止し、カウンターを導入しました。

職員からは、寒くて困るという声があがりましたが、「寒ければストーブをたけば良い」と改造計画を実行しました。

また、同じ昭和16年には、東部41部隊が沼田にできるための土地、資材、人足、全ての調整を行い、終戦時には、200人ほどのアメリカ軍の進駐により、進駐軍の兵士と一般市民との間のトラブル回避に奔走しました。

昭和29年には、市町村合併当時の沼田町助役として不眠不休の努力を高く評価され、沼田市発足後は、総務長、市長公室長、さらに助役の要職を歴任し、7代の町長、2代の市長に仕えました。

市役所退職後は沼田商工会議所専務理事、群馬県選挙管理委員会補充員、前橋地方裁判所調停委員、前橋保護観察所保護司などの要職を歴任し、昭和61年6月、80歳でその生涯を閉じました。

生涯を通じ、市民の目線に立ち、きめ細やかな対応を図る一方で、役場内では、「木嶋学校」と、尊敬と畏《おそ》れを醸し出していた行政マンで、役所の生き字引と呼ばれ、分からないことはないという人でした。

22

高《たか》橋《はし》 幸《ゆき》雄《お》

第2代沼田市長

高橋幸雄は明治42年（1909）12月、現在の沼田市恩田町に生まれました。旧制沼田中学校（現在の県立沼田高等学校）から国士館専門学校（現在の国士館大学）を卒業すると、昭和8年24歳で福岡県立鞍手《くらて》中学校教諭となり、途中兵役《へいえき》にあり、昭和18年34歳で旧制前橋中学校（現在の県立前橋高等学校）、次いで昭和21年37歳で、母校の旧制沼田中学校教諭となり、教鞭をとりました。

昭和26年42歳で旧薄根村村会議員となり、昭和27年薄根村教育委員長、昭和29年町村合併により沼田市議会議員となりました。

昭和33年5月、48歳で第2代沼田市長に当選しますが、この時、初代市長の細谷浅松が73歳ですから、25歳の年齢差の政権交代が行われたのでした。

市長になってからは、困難な市財政の中にあって、発足間もない沼田市の基盤確立のために情熱を傾けて努力し、老朽校舎の増改築、沼田西中学校の新設他、市民にとって潤沢な水の供給は昔から大きな願いであったため、市内13地区の簡易水道事業及び上水道3期拡張工事を完成させるなど、市民生活の向上に努めました。

また、町村合併前に町役場であった建物を現在の市役所庁舎に新築しました。

このような数々の事業を実施し、昭和41年4月までの2期8年間務め、56歳でその職を譲りました。

こうした政治家と同時に、剣道7段、スポーツマン高橋幸雄をご紹介します。

旧制沼田中学校へ入学し、剣道を志してからおよそ10年間、利根沼田剣道界中興の祖と呼ばれた栗原伊勢吉の直接の指導を受け、後継者に仕立て上げるための厳しい稽古を受けたといわれています。

昭和8年には、教員となり福岡県へ行くわけですが、地元の鞍手《くらて》郡宮田町(現在の宮若市)の警察署、さらに三菱貝島炭鉱の剣道教師になっています。

昭和21年、故郷に帰ると山岸治平、阿部重寿《しげとし》と共に、武藤俊章《しゅんしょう》、山口澄雄、間宮栄一、飯塚芳太郎らを育成し、利根沼田剣道界の基礎を盤石のものとしました。

また、群馬県剣道連盟副会長であり、利根沼田剣道連盟会長でもあったことから、長年の願望でありました武道場建設の発起人会を組織し、会長として昭和30年にこれを完成させました。

群馬県なぎなた連盟会長も務めるなど、スポーツを通じた青少年の健全育成に努め、社会体育指導者としても活躍しました。

こうした、文武両道に通じた高橋幸雄も昭和47年5月、病魔に冒され、62歳でその生涯を閉じてしまいました。

23 大《おお》竹《たけ》 尚《ひさ》夫《お》

地域のリーダー県議

大竹尚夫は明治44年（1911）10月、現在の沼田市上川田町の代々朝廷に仕えた名家《めいか》に生まれました。

祖父は村会議員、父は沼田市議会議長という公職を務めた血を引き継ぎました。

父は木材業をしていましたが、その経営はうまくいっていなかったため、尚夫は、県立沼田中学校（現在の沼田高等学校）を5年制のところを3年で中退し、15歳で家業の木材業に入ります。

昭和16年30歳には太平洋戦争で召集され、昭和21年35歳、ニューギニア派遣《はけん》軍から復員します。

復員後は、製材業、製瓦《せいかわら》業を経営し、昭和23年37歳で大竹木材商事株式会社社長に就任します。

昭和30年44歳には沼田製材業協同組合理事長に推され、山林王国利根郡の木材業のトップとなりました。同時に地元薄根町の区長にもなり、地域のリーダーへ足を踏み出します。そして、その区長としての働きぶりを認められ、周囲の人の強力な後押しにより、昭和34年48歳のとき、沼田市議会議員となり、議員活動の道に入ります。

さらに、昭和38年52歳には、沼田ダム建設の構想が国から発表されると、地元民からは反対の叫び声が上がり、やがて大竹尚夫をその反対運動のリーダーへと支持者が推し、県議会議員に当選します。

議員活動を行いながら、昭和42年56歳で利根郡信用金庫理事長として、利根沼田の経済界のリーダーとなり、さらに、群馬県木材組合連合会副会長、全国木材組合会参与、沼田木材組合長と木材関係の役職を務める一方で、沼田ロータリークラブ会長、沼田市観光協会長、沼田市山岳会長、沼田市卓球協会長と、文化やスポーツの面においても理解を示し、関係者の面倒を良くみました。

どちらかといえば、人をリードするより、人の和をつくるタイプで、地元民の相談役であり、県議会に持ち込まれる陳情の数は、5本の指に入り続けていました。

昭和46年、50年の2回の県議会議員選挙は、全市民の圧倒的な支持を受け、無投票当選を果たしました。

「人の話をよく聞いた、まじめに耳を傾けた」「約束を守った」「心のきれいな人だった」。大竹尚夫を良く知る人たちは、口を揃えて、こう言いました。

また、このように社会に尽くしながらも、自分の事業にも決して手を抜くことはしなかったと言います。

県議4期目の昭和52年9月、65歳でその生涯に幕を閉じてしまいました。

かたくなまでに約束を守り、不言実行で他人のために奔走《ほんそう》し、少しも嫌がらなかったという生き様でした。

24

林《はやし》 辰《たつ》衛《え》

農業のために歩き続けた県会議員

林辰衛は大正5年（1916）3月、現在の昭和村貝野瀬の林善吉、たかの次男として生まれました。

地元の小学校から県立沼田中学校へ（現在の沼田高等学校）進み、在学中は柔剣道に抜きんでた素質を見せ、社会に出てからもこの素質に磨きをかけ、柔道5段、剣道3段を持っています。

昭和5年3月、農村不況のために授業料1カ月5円が納入困難となり、両親の苦悩を見るに忍びず、残り2年を残し、自ら中退して14歳の春から、農業に従事し、一所懸命に働きました。

そして農業に励みながら、糸之瀬村青年団に入り、利根郡青年弁論大会で連続3年優勝となるなど、その才能の片鱗ものぞかせていました。

昭和13年糸之瀬村青年団長に就任しますが、翌14年、中国大陸に渡ります。中国では鉄道の建設などに従事し、2年9カ月を過ごしましたが、戦火が拡大し、16年11月に帰国します。

帰国後は、群馬県農会農業技術員として糸之瀬村に駐在し、農業の新技術の普及・導入に尽力しました。また、昭和20年12月には、農民の民主化を目指した農民組合の結成に奔走し、昭和21年5月、村議会議員選挙が行われると、農民組合の強力な応援により当選しました。そして、議長2期を含め、昭和28年まで3期7年間務めました。同時に昭和22年村消防団長、23年から27年まで第一農業組合長を兼任し、糸之瀬村の大黒柱として、荒れ地の赤城高原に野菜栽培の道を開きました。

昭和28年から村助役、4月から教育長を兼務し、昭和29年37歳から33年まで2期、糸之瀬村村長を務めました。

村長時代は、道路の整備と農業の振興、国有林の払い下げ、開拓入植者の援護、農協の合併、村民の治安維持と防災、青少年の教育と村民の親睦、町村長の仲間から県会議員を出すこと、久呂保村との合併と、八つの柱に基づき、若さをぶつけて村政に挑みました。「オートバイ村長」と呼ばれ、文字通りオートバイで、村中を駆け回り、多くの課題の解決と昭和村の誕生に尽力します。

そして、昭和村誕生により、村長職を退き、これまで自分が実践してきた農業政策を、県政の場に持ち込んで、より大きな農政を展開してみたいとの思いから、昭和34年4月、県議会議員に立候補し、当選すると、「真実一路、農民代表として努力する」と支援者に誓いました。

県議になると、すぐ、薗原《そのはら》ダム建設の補償問題にその手腕を発揮し、地元の発展と地元民の救済という二つの問題を解決し、ダムの完成を見ます。

以来連続6期当選し、昭和47年6月に副議長、昭和50年5月には議長となり、県議会の重鎮として活躍を続け、昭和58年4月に満期退任となりました。

退任後は、全国農業共済協会副会長をはじめ、県農業会議会長など、農業団体の数々の要職を務め、中でも群馬県立農林大学校の発足に20年近く尽力し、校門の校名は、林辰衛が揮毫したものとなっています。

平成15年10月、87歳でその生涯を閉じましたが、「裸で生まれ来て不足なし」を座右の銘とし、農業政策を中心とした議員活動は、利根沼田の農業者にとって、大きな心の支えでありました。

25

永《なが》井《い》鶴《つる》二《じ》

アイデア村長

永井鶴二は川場村の蔵元、永井酒造の長男として、昭和10年10月に生まれました。小学校2年のとき、父が太平洋戦争へ召集され、ニューギニアで戦死してしまいました。

県立沼田高等学校を卒業後、日本経済大学経営科に進み、卒業すると灘の老舗、「日本盛酒造(株)」へ一年間、奉公し、他所の飯を食べ、苦労しました。川場へ帰ってくると、家業の酒造業に励んでいましたが、封建的な気風に対し、血が騒いでなりませんでした。

「地主と小作の問題、山林地主とその下働きの人のことなど、村民の生活に格差があり過ぎることに矛盾を感じ、こうした社会を打破しよう」と決意し、昭和38年、27歳の時、川場村村会議員に立候補、当選しました。

しかし、議員ではその活動に限界があると感じ、一期務めると村長選に出馬しました。31歳、全国最年少の村長が誕生しました。

その村づくりの基本は、①豊かな暮らし、②生きがいのある暮らし、③ゆとりある暮らし、④やすらぎのある暮らし、この4つの柱に沿った農業振興、観光開発を進めてきました。

その一つに、「村営・ホテルＳＬ」がありました。Ｄ51機関車に寝台車6台をつなげ、川場村中央公園に隣接して、子どもたちの楽しむ場をつくりました。

また、首都圏の自然レクリエーション拠点として、「武尊高原川場キャンプ場」を設置し、定員7

00人を受け入れました。そして、りんご栽培にも力を入れました。

さらに、何といっても現在も輝かしく継続しています、世田谷区の区民健康村の設置です。締結当時、人口77万人の世田谷区が、人口3900人の川場村に区民の「心のふるさと」づくりのため、多くの投資を行い、お互いの生活・文化を高めていくことを実践していくこととしました。

この世田谷区との深い交流は、多くの生活・文化の財産を川場村へ与え、世田谷区民にとっては、第2のふるさとづくりに大きく貢献し、国からも多くの賞を受賞し、全国のモデルとなりました。

昭和57年、川場中学校を改築しましたが、この事業費は8億240万円という、当時日本一と誇れる内容のものでした。全建物にソーラーシステムを取り入れ、暖房は集中制御。特別教室として美術、理科、音楽、調理、木工、金工があり、英語のLL教室がありました。また、全校生用食堂、武道館、テニスコートなど、至れり尽くせりでした。

これは、「建物をデラックスにしたのは、川場の山の子が外に出て、ものおじしない気風、マナーを体得するため、これからは国際社会で活躍するようになるのだから、語学力を高めなくてはならない。」永井鶴二の自論を生かしたものでした。

昭和58年から県議会議員となり、4期12年余り務めた任期途中の平成8年3月、病気のため、その生涯を60歳で閉じてしまいました。

コンピューター付きブルドーザーとか、政治の宅急便とか、アイデア村長としての卓越した手腕、力量は、夢のある政治家として、多くの人々に夢と希望を与えました。

「道は学ぶ者に開ける」、座右の銘としたこの言葉に、ただ単にアイデアに突き進むことでなく、その影には見えない努力があっただろうことがしのばれます。

26

石井《いしい》 与平治《よへいじ》

清水越え新道計画

石井与平治は寛政元年（1789）、現在の昭和村糸井の代々名主を務めた大きな農家に生まれました。若い頃の与平治は田を耕し、蚕を飼う仕事をしながら、熱心に読み書きそろばんの勉強をしました。

与平治44歳、天保4年、天保の飢饉が利根沼田一帯を襲いました。

夏になっても寒い日が続き、8月なのに谷川岳に霜が降り、田んぼの米も実らず、畑にも何一つ満足に収穫できないという年が4年間も続きました。

食べ物の蓄えもなくなり、飢え死にする人がたくさん出るほどでした。

与平治は「越後の国は米どころなのに、なんとかならないものか。山越えの方法でも考えられたら、米を運び込むことができるのに」

この考えに、沼田城下で知り合った江戸谷中の米商人の領平が、同調した意見を出しました。

「上州の利根川と越後の信濃川の上流を結ぶ道をつくることです。越後でとれる多くの米を上州や江戸へ運ぶのには、これが一番よい方法です」

与平治は領平と力を合わせ、清水峠越えの新道を計画し、山道の調査を始めました。

与平治58歳の弘化元年から4年にかけ、幾度となく道筋の調査を行い、領平の名前で奉行所へ何回となく、新道切り開きのお願いの文書を提出しました。

と、同時に峠の麓の集落の人たちへ説得を行い、人足を1年間に1200人、お金を一人200文（現在で4000円程度）を村負担で出してもらうということを村として決めてもらいました。

与平治74歳、文久3年には、道中奉行の役人に現地調査を行ってもらうことになり、いよいよ実現かと思われた79歳、慶応4年に、それまでの努力もかなえられないまま、与平治は、その生を閉じてしまいました。

時代は明治へと変わり、清水越え新道の工事も明治6年には始まり、翌年には幅2m、長さ30kmに及ぶ山岳道路が完成しました。

明治14年には拡幅工事が着工され、明治18年には清水越え新道（清水国道）として全通し、大いに期待されたのですが、三国峠よりも標高が高い清水峠（1448m）は、積雪による破損がひどく、清水越え新道は短命に終わってしまいました。

その後、時代は移り変わり、上越国境では、上越新幹線の大清水トンネルや、関越自動車道の関越トンネルなどが相次いで開通し、新潟と首都圏を結ぶ最短ルートは、清水越えだということが、形は違ってはいますが、改めて認識されるものであります。

27

桑《くわ》原《ばら》　鼎《てい》美《み》

桐生で地域医療に貢献

桑原鼎美は文化14年（1817）1月に、川場村の桑原作右衛門の子として生まれました。

幼い頃の名前は松太郎といい、家を継ぐに当たって、父の名の作右衛門を名乗り、鼎美と号しました。

頭脳がとても明晰な青年で、学問を好み、農業に飽き足らず、15歳で、家と家業を妹に任せ、江戸に出て、三浦立郷と杉田玄白の娘婿であった宇田川榛斎に就いて、医学を学びました。

そこでは、使い走りから雑事すべてにおいて、自ら進んで働き、何事にも熱心に務めました。そのため、先生の家でも喜ばれ、医学についても他の者よりも良く目をかけられ指導されました。

鼎美は、わずかな時間も惜しんで医学を丹念に研究し、まだ弟子の身分でありながら、名医の声を聞くまでになりました。

21歳の時、6年間の勉強を修め、故郷の川場に戻りましたが、さらに研究を重ねようと各地をまわり始めました。

そして、再び江戸に出て、桐原鳳郷に師事し、そのころ日本に伝わった種痘術（天然痘の予防接種）を修めました。

天然痘とは、世界中で不治、悪魔の病気と恐れられてきた代表的な感染症で、日本においてもその脅威は昔からあり、奈良の大仏を造るきっかけが、この天然痘流行にあったといわれているもので、その恐るべき感染力は、死亡率40％前後といわれるため、時に国や民族が滅ぶ原因となったことすらあるもので、別名、疱瘡《ほうそう》ともいわれています。

安政3年（1856）桐生新町で開業し、明治4年、桐生が岩鼻県に属した時には、岩鼻県種痘医になり、明治6年には桐生種痘所の鑑定官となって、桐生地方の種痘について大いに貢献しました。

これにより、医学者としての名声も高くなり、推薦されて桐生町医師会同所世話役、明治9年11月、桐生医学講習所ができた時には、会頭に推薦されて就任しました。

また、桐生織物の染色技術の第一人者であります森山芳平に、医学に通ずる化学の立場から薬品の扱い方などを教えたのも桑原鼎美でした。

生まれついての勉強好きと責任感は、明治12年に群馬県医学校（現在の群馬大学医学部）で行われた医学試験に63歳で挑戦したことです。従来の開業医はあえて検査を受ける必要はなかったのですが、医学の新しい道を開こうとした鼎美ならではの出来事です。

このような功績を残し、明治30年5月、82歳でその生を閉じました。

桐生市では、市制施行80周年記念として、『明日へ伝えたい桐生の人と心』という書籍が発行され、桐生に関連した人、約120人を紹介していますが、桑原鼎美また、その息子の文作も、その中に紹介されています。

28

群《ぐん》馬《ま》 良《りょう》三《ぞう》

利根郡内の医師を指導

群馬良三は現在の前橋市総社町大渡に、文政2年（1826）、群馬貞助の長男として生まれました。

文久2年（1862）、36歳のとき、大坂の緒方洪庵の適塾《てきじゅく》に学び、西洋医学を広く深く修学した医師となりました。

当時、国内で西洋医学を学ぶところとしては二つあり、一つは順天堂（現在の順天堂大学）、もう一つは、この適塾（現在の大阪大学医学部）でした。

本県で、この適塾に学んだ者は、設楽天僕《しだらてんぼく》と群馬良三の二人だけであり、この設楽天僕は、現在、伊勢崎華蔵寺公園に頌徳碑《しょうとくひ》が建立されており、その功績は明らかですが、反面、群馬良三に関しては、ほとんど知られておりません。

36歳のとき、すでに結婚し、2男1女がありましたが、勉学の意欲抑えがたく、大坂の適塾へ旅立ちました。

前橋の総社には、群馬良三の一族に三浦という者があり、この者が惣社の市日に村人に種痘をした記録があるとのことですので、良三もそのようなことに興味を抱いていたと思われます。

明治元年、40歳には大坂の適塾から戻り、沼田で開業したようです。沼田へ来たのは以前からこの地にいた親戚を頼ったのかもしれません。

同時に、利根郡の郡医に任命され、利根郡内の医師の指導的立場にあり、漢方医学に近代医学の知識を重ねて実力を発揮しました。

東倉内町に居住し、長男、柳太郎は、鶏商を営んでいましたが、明治31年、73歳で良三が、その生涯を閉じてしまいますと、父の死後は東京へ出て、医師の真似事などをしていたようですが、医師の試験を受けることはなかったといいます。

生来《せいらい》病弱であったようで、明治37年に55歳で亡くなっています。

他の子供たちも次々に不幸を見ており、一族のほとんどは、東京などへとこの地を離れたため、群馬家を継ぐ者がおらず、群馬良三の事蹟を伝える人がいなくなってしまいました。

群馬という苗字は、珍しい訳ですが、前橋藩の御用商人として財をなし、多額の御用金を奉納した恩賞として、群馬郡に住んでいたので、「群馬」の苗字をいただいたということで、前橋市総社の元景寺《げんけいじ》には、その祖先が眠り、沼田市西原新町の平等寺には群馬良三とその子供たちが、眠っています。

29 岡《おか》村《むら》 貢《みつぐ》

上越線の開削

岡村貢は天保7年（1836）、現在の新潟県南魚沼郡塩沢町に資産家・岡村清右衛門の長男として生まれました。家は代々名主の家柄で、明治に入ると大区長、郡長を務める家柄でした。

貢は明治10年、41歳の時に上野で開かれた万国博覧会に出かけ、新橋から「陸蒸気」（蒸気機関車）に乗りました。この時、鉄道の重要性を感じ、明治12年、43歳で南魚沼郡長に就任すると、東京―新潟間を結ぶ「上越鉄道」の建設を呼びかけました。一方で、明治政府は鉄道敷設法を公布し、測量隊を新潟県内に派遣しましたが、日清戦争前夜の財政難から上越鉄道は遅々として計画が進みませんでした。貢は上越鉄道建設のため、郡長を3年で辞任し、上越鉄道敷設の世論を喚起するため各地を回りました。貢の運動に、地元の青年たちが賛同し、自前の測量隊を雇い、群馬県との県境一帯を歩き、建設ルートの確定に走り回りました。明治23年には、政府に鉄道敷設免許を申請しました。ところが、政府は翌月、あっさりと申請を却下しました。理由は、地形が厳しく、雪も多いことなどでした。その後、新潟・群馬沿線住民2万人の署名を添えて再申請しましたが、これも却下されました。

明治26年、現在の信越本線、直江津―上野間が開業し、明治31年には信越本線回りで東京と新潟が直通列車で結ばれましたので、現在の上越線ルートの必要性の声は小さくなってしまいました。

明治27年、岡村貢は、大隈重信が党首を務める立憲改進党の衆議院議員となって、上越鉄道建設を進める努力を続けました。明治29年には「上越鉄道会社」として、資本金500万円の募集を行ったところ、申し込みが相次ぎ、応募予定を上回りました。しかし、日清戦争の影響により、物価が高騰し、資本金500万円では敷設できないのではないかと周囲から心配され始めました。この頃から、数人の利権屋が、岡村家から甘い汁を吸うことに終始し、明治33年に政府から念願の上越鉄道敷設の本免状が交付されても、資金の見通しがつかない状況に追い込まれてしまいました。そのため、本免状も取り消され、明治34年4月に上越鉄道会社も破産しました。上越鉄道建設のため郡長を辞職して約18年、田畑山林数百haあった岡村家の財産(現在の価値で数十億円)をつぎ込み、生涯かけて上越鉄道の建設に取り組んだ夢は破れてしまいました。岡村貢はすでに65歳になっていました。

岡村貢の熱意は、後の人々に伝えられ、大正6年に政府は、上越線建設に向けて本格的なルートの調査を始めました。大正9年11月には、宮内—東小千谷(現在の小千谷)間の開業式が行われ、岡村貢も招待され、祝辞を述べております。しかし、岡村貢はその生涯の夢であった上越鉄道の全線開通を見ることなく、大正11年1月、老衰のため87年の生涯を閉じてしまいました。9年後の昭和6年9月、上越線は全線開業となりました。現在、新潟県の石打駅前には岡村貢の功績をたたえるため、銅像が建立され、偉業を今に伝えています。

また、みなかみ町の法師温泉は、秘湯の一軒宿として人気が高いところですが、明治5年ごろは湯治客の利用する建物も荒れ、道も人がようやく通れるほどでした。岡村貢は、明治6年から資金を投じて道路を広げ、屋敷の地ならし、川の石垣積みなどの基礎工事から始めて飯場を建て、作業を進めて温泉宿をつくり上げました。岡村貢は、法師温泉の創業者でもありました。

30

永《なが》井《い》 紺《こん》周《しゅう》郎《ろう》・いと

蚕の先生

養蚕指導家の「永井紺周郎・いと」は、「いぶし飼い」という、蚕《かいこ》の飼い方を考え出し、その指導を行ったことによって、県内4カ所に碑が残っている夫婦です。

永井紺周郎は天保7年（1836）片品村針山に生まれました。

幼い頃から研究熱心で、特に養蚕に力を入れました。蚕の病気であるコシャリ退治に意欲を燃やし、焚火による飼育法にヒントを得て、「いぶし飼い」という飼育法を考案し、紺周郎流と命名しました。給桑（餌である桑の与え方）の方法をはじめ、室温の測り方、桑の品種改良、養蚕技術などを研究し、県内各地にその技術を広めました。

いとは、天保7年に東村追貝（現在の沼田市利根町）で生まれ、縁あって片品村針山の永井紺周郎と結婚しました。

上州は日本で一、二を争う養蚕県で、その主たる労働力は女性の手によって行われていました。

いとは、気性が強くしっかりしている女性ぶりを発揮して、畑仕事から家事一切に精を出し、ことに養蚕には熱心でありました。ちょうどそうした頃、戊辰戦争で官軍が降伏しない会津を攻めることになり、米沢藩などが関東平野からの侵攻の道である尾瀬口確保のため出動したので、図らずも片品村を中心として官軍と会津方の衝突が起こりました。

ちょうど夏の7月でしたが、官軍の手先になった沼田藩の一隊が、雨の降る中に針山の永井家に休憩しました。濡れた衣服や武器を乾かすためにドンドン火を焚いた訳です。蚕は毎日の雨で濡れた桑ばかり与えていたので、八割くらいは病気一歩手前であったといいます。

そこへ火を燃やしたので室内が高温となりました。いとは夫と相談して多量の桑を与えました。そして心配しながら蚕を見ると、蚕を飼っていたゴザは温度が昇ったために乾いていました、蚕そのものも元気づいたように見えました。いよいよ上蔟《じょうぞく》してみると、病気の蚕はほとんどなく上出来という答えが出ました。他の家はほとんど病気ではずれたのに、いとの家だけがよかったのはどういうことだろうか。夫婦はそこで一つの教訓に思い当たりました。これは、おそらく官軍の焚き火が原因であろう。

こうした偶然からうまれた「いぶし飼い」は、大正時代まで養蚕の本道とされたのでした。きっかけは偶然でしたが、確立した技術となるまでには、夫婦で寝る間も惜しんで研究を重ね、安定した飼育方法として広めました。

そのことを聞きつけた県内各地からは、二人を養蚕教師として招き、指導をお願いしました。

その指導に、いかに地元が感謝していたかは、二人を神に祭った報恩碑などが子持村横掘、赤城村勝保沢、前橋市上大屋町、前橋市日輪寺の4カ所にあるのを見ても分かります。

明治20年、紺周郎が亡くなった後も、いとは一人で、養蚕教師として馬の背にまたがり、あちこち忙しく走り回り、活躍しました。「蚕のお医者さん」とか「紺周郎ばあさん」とか言われ、親しまれていました。自分の村に養蚕伝習所を置き、川場村と勢多郡敷島村に支所を設立して、若い青年に養蚕を教えました。養蚕指導所の仕事を民間人の力で行ったわけであります。

明治31年、指導先で倒れ、静養しましたが、明治37年に69歳でその生を閉じました。

31

星野《ほしの》 宗七《そうしち》

横浜貿易に夢を賭けた商人

星野宗七は天保9年（1838）1月、現在の沼田市戸鹿野町の名主星野常右衛門の長男として生まれました。幼い頃は、沼田藩士に手習《てならい》算盤《そろばん》を習うなど、名主としての素養を磨きました。病気の父に代わって、17歳で家業を継ぎ、18歳で結婚しましたが翌年に突如家からいなくなり、半年後にふらっと帰ってきたというような、自由奔放《ほんぽう》な性格でした。

家業を継いで4年後の安政6年21歳には父を失いましたが、国内に目を向けると5カ所の自由貿易港ができ、その一つの横浜は生糸、銅、菜種などを輸出し、織物や薬品などを輸入しましたが、輸出額のうち半分以上を生糸が占めていました。生糸は世界的に見ても質が良く、ヨーロッパ製品の約半値ということで、開港と同時に急激に輸出されました。生糸相場は10年間で4倍以上に急騰したのでした。このため上州の商人は横浜へ生糸を運ぶだけで莫大な利益が得られ、商人の多くは競って生糸貿易に励み、横浜へと出かけて行きました。

宗七は天性商業を好み、手広く煙草・繭などの商売を営み、傍ら、沼田藩御用達《ごようたし》の任務を帯び、繭《まゆ》買《がい》によって資本を増し、しばしば藩政府のために献金していましたので、われも生糸貿易をと、横浜へ食指を伸ばしました。

明治元年31歳、妻子4人を残し、生糸と蚕種《さんしゅ》を輸出する「星野屋」を横浜に出店しました。丸に七つ星の家紋を刻んだ屋根瓦を載せ、堂々とした店構えを誇りました。

しかし、宗七が横浜に出た頃はすでに生糸貿易は危機を迎えていました。その高値といい加減なつくり方の質の悪い製品を、むやみやたらに数多くつくることに加えて、内乱が収まった中国産の生糸や蚕病による打撃からようやく立ち直り始めたヨーロッパ生糸が市場に復活しつつあったためでした。宗七も一攫千金を夢見て出てきた多くの冒険投機商の一人でした。産地と横浜の価格差を利用して一挙に大きな利益を上げることができたのでしたが、多くの者は失敗し、その浮き沈みは甚《はなは》だしく、宗七もわずか16年で倒産しました。宗七が出店時に持参した金は一万両とも三万両ともいわれ、現代に換算すると数億円から数十億円という大金が泡と消えました。

すべてを失った宗七は明治17年46歳で家族を率いて古里に帰りましたが、一つだけ持ち帰ったものがありました。それは次男、光多の心に宿ったキリスト教の精神であり、光多を中心に、星野一族はキリスト教の伝道に突き進み、利根沼田に大きな足跡を残しました。

宗七は生まれつき丈夫な身体でしたので、隠居的な生活を長くすることに満足できず、生まれつきの事業心が湧き出て、明治19年48歳、鷺石新道の辺りにささやかな揚《あげ》器械所を新設し、生糸製造の経営を始めました。しばらくすると、滝坂に家族とも転居し、少し規模を拡張して、老後の思い出の一つにもと大いにその手腕を振るわんとしたとき、不幸にも明治28年58歳、脳溢血で倒れ、妻るいが寝たきりの宗七に8年付き添いましたが、明治34年64歳でその生涯を閉じました。

宗七は、「財産はともかく、子供だけは丈夫に育てたかった」と話したように、長男銀治は県会議員に、次男光多《みつた》は群馬を代表するキリスト教宣教師に、三女あいは津田塾大学学長・沼田市名誉市民にという、素晴らしい子供たちを残しました。

32

林《はやし》 貞《さだ》次《じ》郎《ろう》

赤城山北面の開発先駆者

林貞次郎は天保11年（１８４０）8月、現在の昭和村生越の名主、林惣右衛門の次男として生まれ、14歳で父の代わりに名主役を務め、見事やってのけたというから非凡でありました。

貞次郎は、この狭い山村で、ただアクセクとしているだけでは駄目だ、眼を広く開いて世間を知ることが必要だと痛感し、いろいろな所に旅に出ました。それもただの物見遊山《ものみゆさん》の旅でなく、商売をしながらの旅であったといいます。

安政6年20歳の時、日本が開港貿易を許された横浜港に出向いて仕事を始めましたが、そこでは成功を収めることなく故郷に戻り、故郷ではその非凡の才能が徐々に生かされました。

一つ目として、植林事業を進め、村の共有林確保に努めました。江戸時代まで自由に出入りしていた赤城山北裏の入会地は明治9年政府に没収され、国はこれを民間に払い戻そうとしましたが、大衆の声はお金を出して買い、税金を納める必要はないというものでした。貞次郎は、こうした世論の反対を押し切って40haを村の財産にしました。また、皇室所有の林、２００ha余りを借り、植林を行い、昭和10年にはこの植林地の木を国と交渉した結果、植林した土地と交換することになり、１２０haの山林が村の財産となりました。この共有林は太平洋戦争後の入植開拓地として、政府に買い上げられましたが、採草地として生越村の各家に１・８haずつ分譲されました。

二つ目として、明治12年39歳の時、当時、新しくわが国に導入された乳牛の飼育を、沼田町の金子常七と組んで始めました。これが利根地方における乳牛飼育の最初だといわれています。さらに、明治14年、根利の根利牧社という牧場の経営に着手し、畜産業のために真剣な努力を行いました。明治18年には、青森県から優秀馬を入れ、品種改良に着手し、明治21年には根利牧社、社長となり、明治26年の最盛期には53頭の牛馬を飼育するほどでした。

三つ目として、明治37年64歳の時には、灌漑用水事業を起こしました。赤城山北裏一帯は、水に恵まれていなかったので、何とかして用水を引き、荒れた原野を切り開き、新しい耕地をつくっていきたいという信念の下、赤城大沼からトンネルで途中まで導き、それにつなげて生越まで約15㎞の用水路を引くという「赤城大沼用水引入計画書」を作成したところ、3万7417円という巨額の見積となり、しかも、日露戦争が始まったことから国の許可が下りませんでした。しかし、昭和60年、この計画が一部姿を変え、赤城西麓土地改良事業として行われました。

四つ目として、養蚕業にも力を入れ、子の助次郎と力を合わせ、明治中期に科学的養蚕法を取り入れ、応気社という組合を起こして養蚕改良にも尽力しました。

五つ目として、教育には、特に力を入れ、明治8年学校創立時には保護役となり、学校設備の充実や教員の確保などに努力するとともに、育英資金の道を開きました。また、校舎建築の際には委員長となり、自ら校庭となる用地の寄付を行いました。さらに特筆すべきは、明治39年に村の中央に新聞雑誌縦覧所を設け、村の人々に読書の機会を与えたことです。これは村立図書館の前身ともいうべきことで、現在、その場所は公民館となっています。

大正10年12月、村人のためにささげた、その生涯を81歳で閉じました。これら、林貞次郎の功績を残すため、生越中学校、現在の住民センターに頌徳碑《しょうとくひ》が建てられています。

33

笛《ふえ》木《き》　国《くに》太《た》郎《ろう》

造林育苗の先覚者

笛木国太郎は天保11年（1840）、現在のみなかみ町相俣の笛木彦三の長男に生まれました。幼い頃から木を植えることが好きで、その成長に心を惹かれました。

明治9年、36歳のとき、初めて自分で杉の種子を採り、これを自分でつくった苗を育てるための畑で試作を始めました。寒冷地のための気象の急変や、積雪、乾燥などによる苗の生育状況に対して、苗を蒔いた後、かぶせる土の厚さを大豆を置いて大豆が隠れるまでといったように加減することなどの研究を重ねて、育苗に成功し、自信を得て、相俣村長在職中の明治13年、40歳のとき、県に対し、「山林植木建言《けんげん》書」を提出しました。この内容は、

「広大で空き地の多い、全国の官有地を造植林すれば、国の利益は大きく、地域にあった苗木を選び適地適植を行う。この作業は地元民の労力を活用すれば共に良い。農作物には豊凶があるが、木にはその心配がない。農業が凶作の年に木を伐採すれば、助かる」

というものでした。これには、当時の県知事も感服し、大日本山林会創立総会に笛木国太郎を参画させました。

翌明治14年には、1万3千本の苗を育て上げ、まず、自分の山に植え実験台としたところ、活着率が良く、そこで苗を育てる畑を拡張し、以来年々、数十万本の杉などの苗を生産しました。と同時に、利根、吾妻地域に植林を奨励し、労働力のない人には、植え付け人夫を供給、また1年ないし5

年の保証付造林請負を行いました。これは人手のない人や他に仕事を持っている山林所有者には、安心のできる仕組みであり、現在も学ぶところがあります。

また、三官七民の部分林造林も行いました。これは国有林を民間が借り受けて植林し、その木が成長し、販売できたときに、その利益の三割を土地の所有者である国に渡すというもので、現在も行っている所もあります。この間、明治17年、44歳のときには、新巻村外二カ村連合戸長となり、当時県下に中学校は一校だけでしたが、中等教育の必要を力説し、村の有志を協力させ、三国私立英学校を創立、教師を招き、生徒60人余りを入学させました。しかし、これは満3年で閉校となってしまいました。

また、町村制施行で、湯の原村が誕生し、村長に推され、村の発展にも尽力しました。当時、村人の中には、ばくちが流行しており、これにより、安心安全な村の治安が脅《おど》かされていることに、自ら夜ごとに村の家々を巡視し、ばくちを厳重に取り締まりました。この効果はてきめんで、村人たちは自然にばくちを嫌いになりました。

明治30年、57歳のときには、足尾銅山鉱毒地区の植林も行いました。これは田中正造代議士が国会で鉱毒問題を取り上げ、その結果、足尾町山林７５０haに植林することを決定します。笛木国太郎はこれを請け負い、ひのき、落葉松《からまつ》など、２００万本を植え、楢《なら》の実１８０Lを蒔き付けました。これは、国が行った最初の直営造林事業でした。翌年には、栃木県から県林業実業技師に任命され、群馬県も地方森林議会議員に任命し、採種、育苗、造林から製材法まで指導しました。

明治45年1月、現職でしたが、73歳でその生涯を閉じてしまいました。笛木国太郎が手掛けた植林は、数千haといわれました。

34 宮《みや》下《した》 愼《しん》堂《どう》

海軍軍医3羽ガラス

宮下愼堂は現在の沼田市宇楚井町の宮下三左衛門の子として、天保11年（1840）に生まれました。

幼い頃は、名前を武市といい、穏やかで優しい子どもでしたが、大きな志をもっており、非常に勉強に励み、初めは生方鼎斎を師匠として、書道に集中して励みました。

ところが、働き盛りを迎え、書道では家業として成り立たないと考えるようになりました。

たまたま、漢書をひもといたところ、すばらしい書であっても、名前を書けるだけで書は足りることである、ということが書いてあり、筆や硯を投げ捨てて、志を医術に向けました。

二十歳になり、現在の千葉県佐倉市にあった佐藤舜海の順天塾（現在の順天堂大学）に入り、苦労を重ね、蘭学と外科を勉学すること7年、医療技術を大いに向上させました。

27歳の時、郷里の宇楚井に帰り、医者を開業ましたが、1年経つと住まいを前橋に移し、再び医者を開業しました。

前橋では、評判が良く大いに繁盛しました。

しかし、4年経った明治元年、江戸に大学東校（現在の東京大学医学部）設立の話があり、宮下愼堂は佐藤舜海らに呼ばれて、同校の小教授となり、やがて中教授となり、現在の新潟県柏崎市へ異動して勤務しました。

そこで、2年間、勤めた後、再び東京へ戻り、佐藤舜海、杏雲堂病院設立者の佐々木東洋などと力を併せ、博愛社(現在の日本赤十字社)の設立に尽力します。

明治7年には海軍省に入り、昇進して海軍中医監(中佐相当)、横須賀海軍病院長となり、海軍軍医3羽ガラスの一人といわれるようになりました。

明治14年1月、病気のため、その生涯を47歳で閉じ、東京都台東区の天王寺に眠っています。

35 千明《ちぎら》森《もり》蔵《ぞう》

金精峠開発の先駆者

千明森蔵は弘化4年（1847）4月に片品村東小川の千明藤右衛門《ふじえもん》の三男に生まれました。森蔵15歳の時、父は亡くなり、残された母は40歳で、家の管理や家族の世話を懸命に行ったのですが、森蔵は村中の少年を集めて、たわいもない遊びをしていました。

母は、これを大いに戒めると、森蔵は行いを改め、その後は、心身を苦しめるほどに物事に心を打ち込んで励み、一代で財産を築きました。

明治12年32歳で戸長、明治18年から五カ村連合戸長となると、国・県からの命令もありましたが、村民と協議の上、東小川勤倹《きんけん》貯蓄組合を組織し、自宅を事務所にしました。

これの目的は組合員各自が将来幸福のため、家業に励み節約し、毎日、お金を貯金し、月に3日の定休日と平日の労働時間を定めました。

天災や事故によって受けるわざわいは相互扶助とし、仕事をせず、ぶらぶらしていることを戒め、五節句の時には実質を伴わない外見だけの飾りを廃止しました。

食べ物は麦・あわ・ヒエに米は一割、酒は婚礼だけとし、年2回彼岸の中日に全員集会して、勤勉貯蓄、農耕肥培増産、利水と荒地《あれち》開拓、作物の播種《はしゅ》収穫日を決め、能率化を進める方策など討論研究するというもので、これを実施して成果を上げました。

また、森蔵は、特に金精道路の開発に力を入れました。明治5年に950円（現在の4000万円）の巨費と労力を投じ、延長17㎞の道と、橋5カ所、延長65ｍを架けました。また、その維持修理は容易ではありませんでしたが、これも続けて行いました。

森蔵は戸長となるや、金精峠開発の必要性を強調し、石原利根勢多郡長に要望書を提出して、県道への編入を訴えました。

次いで明治26年から36年まで、3回4年間片品村長となり、その間、郡会議員を2回務め、県道編入の陳情を続けました。（後に森蔵の子である賢治が自動車道路を開設し、県道へ寄付します）

村長当時の明治34年、畑だけであった鎌田に村役場、片品小学校を建設しましたが、社会公共事業にも多額の金を寄付し、紺綬褒章《こんじゅほうしょう》を賜《たま》いました。

森蔵は、村人に病気の人がいれば訪ねていき、大変丁寧に見舞いを行い、毎年60歳以上の村人に、布一反を贈ることを続けました。

これといった趣味もなく、ただ、樹《き》を植えて、人を育てることを楽しみとしたといわれ、赤城山から日光に至る一帯の山林の多くは、森蔵が手がけたものであります。

昭和5年、84歳の時、「植樹と人を養い、村政の功労者」と刻んだ碑が、村役場前に村人たちの感謝の気持ちから建てられました。

この他利根郡内で最初のマスの養殖や馬の改良に努めるなど、多くの事業も行いました。

昭和13年5月、愛馬スゲヌマ号が、第7回ダービーに優勝した報を臨終の耳に聞き、にっこり笑い、92歳の生涯を閉じました。

36

木《き》村《むら》 与《よ》作《さく》

赤城山南面の用水開発

木村与作は嘉永4年（1851）2月、現在の沼田市上発知町に生まれました。6、7歳の頃、実の兄である木村惣吉を頼って、富士見村に移り住みました。

幕末から明治にかけて、富士見村の名主は、上毛かるたで有名な「老農船津伝次平」でありましたが、その船津伝次平は、干ばつに悩む赤城南麓の村々を救うため、赤城山の植林と赤城大沼の水を引くことを考え、植林は実現できたのですが、赤城大沼の水を引くことの運動を始めると、伝次平は、国家事業であった地租改正の仕事を任され、現在の東京大学農学部の教師となるため、東京へ行ってしまったため、用水計画は消えてしまいました。

ところが、この用水計画の話を船津伝次平から熱心に聞いていた木村与作は、明治6年、23歳の時、伝次平がいなくなった後、繰り返される水争いに、ついに発奮し、用水建設の願いを強く抱きました。自分には田畑があるわけでなく、農家の手伝いなどをして生計を立てていましたが、干ばつに悩み、水争いが起きるような村々の様子を見るたびに、大沼の水を引くことの必要性を感じました。暇さえあれば、赤城山から麓の村々の水路や田畑、ため池などの実地踏査を行いました。大正3年も大干ばつに見舞われました。与作はすでに60歳になっていましたが、妻もなく、のし糸（繭から生糸を製造する際、繭の糸口を見つけ出すためにとった糸を引き伸ばしたもの）を買い歩くことや熊手づくり、子供相手に駄菓子を売ったりすることで生計を立てていました。自分自身も決して楽な生活ではなかったのですが、干ばつに苦しむ農民を見るにつけ、船津伝次平が果たせなかった大沼用水を、自分が先頭に立って進めようと決意しました。30年近い実地踏査による自信と、測量を専門家へ依頼して調べたことによって、大沼用水が実現できることに確信を持ちました。しかし、このような大きな事業を一人で実行することは不可能なので、干ばつに苦しむ村々の有力者を訪ね歩き、協力を依頼することから運動を始めました。村々の有力者を訪問する場合は、必ず、わずかばかりではありますが、手土産を持参し、相手が承服するまでは用水論を力説して協力を求めました。赤城大沼から水を引いて、山麓の田へ導くような大工事の実現はとても無理だと思っていても、与作の熱意と根気に動かされ、結局は誰しも許可願いの連名に捺印しないわけにはいかなかったのでした。このようにして集めた陳情書や請願書などを幾度となく県知事宛てに出したのですが、なかなか取り上げられませんでした。人に会いさえすれば、大沼用水論を説いていましたが、ある晩、与作の考えが夢物語だと、けなす人物が現れ、大激論となり、そのときから、昼夜の別なく、老若男女の別なく、用水論をまくし立てるようになってしまい、やむを得ず、座敷牢に入れられてしまいました。それでも与作は、「早く出せ、大沼用水ができ上がるまで、俺の体がどんなに忙しいか知らないか」と叫び続けたといいます。そして、大正15年、75歳、座敷牢の中で、その生涯を閉じることとなってしまいました。

大沼用水事業は、船津伝次平の構想に始まり、木村与作の訴えがあり、樺沢政吉が工事を始め、須田惇一により、昭和32年、ようやく完成をみることとなりました。

勢多郡誌や富士見村誌には、その功績の概要が、また富士見村教育委員会から発行された『郷土の先人たち』には、19頁にわたり、木村与作を紹介しています。

37

生《うぶ》方《かた》 太《た》吉《きち》

塩原太助の顕彰

上毛かるたで有名な「沼田城下の塩原太助」を地元で顕彰したのが、生方太吉でした。

生方太吉は安政2年（１８５５）、現在のみなかみ町羽場に生まれ、明治13年下新田の生方家に婿入りし、商売を営みました。

塩原太助の精神「仕事に励み、つつましやかにし、精一杯努力する」を実践しました。

まず村の経済発展のため、明治32年44歳で、利根銀行を創立して頭取に就任し、郷土の経済発展に尽力しました。創立当時資本金1万円（現在の1億2千万円）で業績を延ばし、１５０万円（現在の75億円）までに増資しました。

大正5年10月には、当時の群馬銀行に合併し、大正7年金融界のパニックにより破産する銀行が続出する中、群馬大同銀行と合併し、株主はもちろん、預金者に少しの損害も与えませんでした。

これにより、銀行界を引退しました。

次いで、赤谷川西岸の久賀村の木桧仙太郎と互いに呼びかけ、自分の村である湯ノ原村との合併に奔走し、明治41年5月53歳の時、新治村を誕生させました。

明治43年55歳、下新田報徳社を設立します。

これは、経済と道徳の融和を訴え、私利私欲に走るのではなく社会に貢献すれば、いずれ自らに還元されると説く精神の振興を提唱し、その母体に部落基本財産を設定して、育成に尽力しました。

これと同時に、区長、村議など公職を18年間務めました。

大正14年70歳で、生方太吉は多くの村民の同意を得て、塩原太助の顕彰活動を行います。

塩原太助を懐かしく思い、その遺徳を顕彰するため、「塩原太助遺跡保存会」を組織して、その顕彰運動は行われました。生方太吉は、土地約5反歩（0．5ha）を寄付して太助公園を造営します。そこに記念碑を建てることとなり、子爵澁澤栄一翁に揮毫《きごう》をお願いするため、3年で8回通い、記念碑の建立を行い、同時に宝物殿を築造しました。そして、現在の塩原太助記念公園は、昭和3年に完成を見ました。

昭和17年1月、88歳で生方太吉はその生涯を閉じましたが、塩原太助記念公園には、昭和41年、報徳太助神社が落成し、平成6年塩原太助の生誕250年を記念して、村内外から多くの人々の浄財を仰いで「太助と愛馬別れの銅像」が建立されました。

塩原太助の偉人としての功績が、このように現在も受け継がれていることは、生方太吉の取り組んできたことが、大きな基盤となっているからです。

38 黒《くろ》岩《いわ》 佐《さ》太《だ》夫《ゆう》

利根沼田産業界の先覚者

常に地方に事業を起こして与えなければ、その地方は栄えないという考えをもって、行動していた黒岩佐太夫は、安政3年（1856）10月、現在の沼田市屋形原町に生まれ、明治22年5月、33歳で初代川田村長となり、一期務め、明治42年6月、53歳で再度川田村長に就任します。

明治25年、下川田の川田神社入口に座繰製糸工場刀川《たちかわ》社を新築経営します。これは専《もっぱ》ら家庭工業として、製糸の原料である繭を供給し、その製品である生糸を集め、南三社（下仁田社、甘楽社、碓氷社）と連合して販売し、生産者の便益を図ったために、川田地域はもちろん、沼田町の在住者でも定職を持たない婦人たちは、これの加工を大いに歓迎し、急速に発展しました。

しかし、南三社においても、外国の要求により、製糸の方法を改革しなければならなくなり、刀川社も一時閉止することとなってしまいました。その後、しばらく空き屋となっていましたが、川田地区内の若手有志が集まり、南三社の改革に同調した製糸所を設け、各自の生産した繭を各自の家の子女を従事させ、加工すれば、加工賃も自分の収入になる。これを聞いた佐太夫は、若い人たちが真にやってみようというならできるだけ応援しよう。しかし、一言肝に命じておく。それは、「金がきより人がき」。これは、お金よりも人脈が大切であるとの例えですが、若い人たちに対し、人と人のつながりの大切さを教えたものでした。

佐太夫は、この事業の筋道が立ってきた時点で、金1万円を数人の理事者に渡して、事業経営の安定化を応援しました。

製糸所は、最初50人の工場でしたが、ついに250人として経営を行うまでになりました。

しかし、再び座繰製糸事業は、大規模工業化による機械製糸の進展の流れの中、立ち後れ、南三社のうち下仁田社川田組として行ってきた同じ仲間は、下仁田社の下だけで160余りの組合があったものが、全て無くなってしまいました。

利根沼田でも、12余りの組合がありましたが、やはり、全てが消えてしまいました。

この解散の時に、佐太夫は、黒岩佐太夫の名義の許に製糸をして最期に損をしたと言われては気の毒と、工場の建屋一切と敷地を処分し、現金に換えて、各出資者に配当を行いました。これにより、各出資者は損害もなく、借金を背負うこともありませんでした。

また、明治30年下之町に株式会社沼田銀行、明治31年材木町に株式会社沼田貯蓄銀行を組織し、自ら頭取社長となりました。さらに、材木町において、黒岩酒造店を開き、花乃賀という清酒を醸造しました。前橋市曲輪町《くるわちょう》(現在の千代田町)に豪壮《ごうそう》な邸宅を新築し、県庁などに出張する人がいれば、「前橋の家が空いているから、留守番に話をして泊まりなさい」と、泊まらせてくれたとのことです。また、親がかりの人がお金を借りに行っても、5円(現在の2000円くらい)までは貸すが、証文はいらないから、返済できる時で良いと言われたそうです。

黒岩佐太夫は、川場の桑原吉右衛門、利根の鈴木喜左衛門と共に、利根の三大尽と言われましたが、その生き様は、単にお金があっただけではなく、世の中のためにお金を使ったということではないでしょうか。黒岩佐太夫という名前は代々、引き継がれ、二代目佐太夫は、明治41年2月に生まれ、昭和11年28歳で川田村長となり、10年間務めました。

39

高田《たか》《だ》 亮一《りょう》《いち》

日野自動車工業会長

高田亮一は明治42年（1909）11月、現在の沼田市利根町に生まれました。

俊敏な頭脳の人で、エンジニアとして確かな腕前を示し、経理の面でも一級の頭の働きや物事をすることがすばやいものを持っておりました。

昭和2年に早稲田実業を卒業し、直ちに第十五国立銀行へ入りましたが、昭和2年の昭和金融恐慌により、初給料の翌日には銀行は倒産してしまいました。

昭和12年、日野自動車工業の前身である東京ガス電気工業に入社し、自動車部の分離に伴い、東京自動車工業の会計課勤務となりました。

昭和17年、日野製造所の分離に伴い、日野ヂーゼルにその業務は引き継がれました。しかし会社は軍需産業からの転換や、乗用車生産の大赤字などで苦労を重ねました。

高田は会計課長となり、昭和26年42歳で取締役、経理部長となりました。そのため、経費に厳しく、仕事にやかましいというので、通称「塩辛閻魔」の異名《いみょう》をとりました。

さらに、経理担当の専務となり、1銭の無駄にも爆弾が落ち、「鬼の高田」と恐れられていました。しかし、その一方で、若い研究者からの開発にかかるお金の交渉においては、「必要な金は使ってよろしい。威張れるものをつくってくれ」と、理解を示してくれたそうです。

この時代の活躍を物語るように、昭和29年には専門雑誌『金融財政事業』へ「会社とともに歩む人」と紹介され、昭和32年には専門誌『実業界』へ「会社の経理はどうあるべきか」、昭和46年には『日野技報』へ「景気見透しと原価意識」といった、経理に関する貴重な意見を残しています。

また、その一方で、趣味は碁と将棋をたしなみ、日野自動車群馬県人会の会長として、毎年、新卒の後輩の歓迎会や青年の面倒を見て、指導に余念がありませんでした。

昭和49年65歳で副社長、昭和53年69歳で会長となり、昭和56年、新田町(現在の太田市)へ敷地を用意して、工場を建設し、鋳物、エンジン部品などの重要な拠点工場と位置付け、日野自動車と群馬県を繋ぐ場所として、現在も工場祭りなどが毎年、開かれております。

高田亮一は、昭和58年74歳で相談役となり、平成7年3月、85歳でその生涯を閉じました。

40

久《く》米《め》 民《たみ》之《の》助《すけ》

皇居二重橋と沼田公園生みの親

久米民之助は文久元年（1861）、現在の沼田市東倉内町に生まれました。父は沼田藩士の久米権十郎正章でしたが、幼い頃に明治維新を迎え、父は武士の身分を失い、家庭の生活は苦しくなってくると同時に、父母そして妹を相次いで失うなど、民之助は家庭環境には恵まれませんでした。明治9年、上京し、慶應義塾に学びますが、2年後には工部大学校（後の東京大学工学部）に転学をしました。大学を卒業後、豪商の高島嘉右衛門の土木工事を助け、まもなく宮内省に入省し、皇居造営事務局御用係となって皇居二重橋の設計、造営に携わりました。

実業への関心が高かったため、宮内省を退職して大倉組に入社します。そして、欧米諸国を視察して見聞を広めた後、明治23年、久米工業事務所を設立します。その後大正の前半にかけて、山陽本線、山陰本線、台湾の西部幹線、朝鮮の京義線、湖南線などの鉄道工事を数多く手掛けました。鉄道工事以外にも代々木商会を興し、マニラから技師、職工を招聘して、タバコ、葉巻の製造販売を手掛けるなど、実業家として幅広い活躍をしました。

事業の多くは成功を収め、明治後半から大正にかけて住んだ代々木上原の家は敷地4万坪もあり、趣味である能舞台をあつらえた豪華な家は代々木御殿と呼ばれたといいます。

民之助は明治31年、衆議院議員総選挙に当選、その後連続4回当選を果たしました。

大正7年、朝鮮半島の金剛山を視察し、景勝地でありながら交通の便が悪いため、未開発であった地に、翌年、金剛山電気鉄道株式会社を設立し、自ら社長に就任しました。会社設立直後、第1次世界大戦後の不況の影響をまともに受け、経営に苦労し、代々木御殿を売却し、その資金を金剛山電気鉄道の運転資金に充てるなど経営に尽力しました。長年、金剛山の観光開発に情熱を注ぎ、登山コース整備や、金剛山協会という金剛山の保護と宣伝を行う機関の創設に尽力し、その功績が認められ、遺骨の一部は金剛山の麓に建立された顕彰碑の下に分骨され、金剛山の最高峰、毘盧峰直下に建てられた山小屋は久米山荘と名付けられています。

また、故郷沼田の荒れ果てていた沼田城址を日本有数の公園にしようとし、私財で土地を買い集め、工事も私費で行い、公園の形がかなりできてきた大正15年に沼田の町へ全て寄付しました。その後全体計画は、昭和6年に71歳で亡くなってしまったため、実現しませんでしたが、沼田公園は現在も市民の憩いの場として親しまれ、公園内には民之助の銅像も置かれています。

民之助の長女である万千代は、父方祖母の実家である沼田藩士五島家に相続人がいなくて、家系が断絶してしまうことになっていたため、養女となり再興することになりました。万千代は小林慶太と結婚し、その子、五島昇は東急社長で日本商工会議所会頭となりました。

長男の民十郎は画家となって将来を嘱望されていましたが、関東大震災で若くして犠牲となってしまいました。次男の権九郎は建築家として成功し、久米建築事務所(現在の久米設計)を設立しました。この久米設計で設計された建物は、利根信本店、市立図書館などが市内にあります。

平成元年、沼田市名誉市民となりましたが、久米民之助の多くの業績はこれからも調べる必要があるものと思われます。東京都立中央図書館木子文庫に所蔵されている263枚にもわたる大正15年当時の「久米民之助邸洋館図面」も、久米民之助を語る上ではかけがえのない資料の一つです。

41

小《お》野《の》 丘《おか》蔵《ぞう》

高平公益社の創立者

小野丘蔵は慶応4年（1868）5月、現在の沼田市白沢町高平の小野茂兵衛の長男として生まれました。小野家は代々、名主の家柄でした。

父茂兵衛は明治10年40歳の時、高平村地主総代に選ばれ、村の将来に備えるため、520haの林野を村の共有林とすることに尽力しました。

この前年の明治9年に地租改正が施行され、それまで田畑を永久に売買することを禁じた令を解き、地価を定めて地券を発行し、土地を不動産としてその所有権をはっきり認めました。

地券には地価が記され、原則として年貢負担者に交付されました。

このとき、村人の間では、林野や荒れている畑などは、高い税金を取られてはたまらないと、酒をおまけに付けて、将来返さないという誓約書も取り交わし、他人に引き取ってもらうといった状況でした。

このような状況の中、広大な林野を村の共有にして税金を払うなどということは、絶対反対だと村人に反対されながらも、村人を説得し、ついに共有林としました。

しかし、維持管理や経理経営の面で苦難は続きましたが、明治40年、茂兵衛の跡を丘蔵が継ぎ、社団法人高平公益社を設立しました。この公益社は、森林資源の維持培養と地区住民の福祉の増進を目的に設立されたものです。

この公益社設立には、丘蔵の妹八重子の夫である、ときの政務次官の井上孝哉の指導助言に大きいものがありました。この井上孝哉は、後に首相となった原敬が内務大臣だったときの政務次官であった人です。

公益社設立により、高平共有林は、全国でも稀な共有林の優良経営を行うことができました。

丘蔵は、郵便局長から、明治32年には白沢村長となり、36年利根郡会議員、44年には県会議員となっています。

丘蔵は、県会議員当時、利根、片品村への交通に関し、栗生峠新道、殊に隧道の開鑿問題に心血を注ぎ、ついに大正9年、その実現を見ることができ、通称東入りの地域全体の活性化に大きく貢献しました。

また、丘蔵は、いつも書画を愛し、所蔵するもの実に数百点、また和漢の書籍もすこぶる多かったといいます。特に書は、趙子昂を学び、白佐波神社の石門に刻まれた「神徳輝乾坤、恩沢普州閭」の文字は、丘蔵の筆跡になります。

昭和2年11月、60歳で、その生を閉じてしまいました。

昭和48年、高平公益社の所有地のうち、115haはゴルフ場へ貸与され、その借地料で、公益社は経営が安定するかに見えましたが、平成バブルにより、そのゴルフ場も一部を縮小することとなり、一時はその敷地についての処分が検討されましたが、約17haについては、平成22年、「新宿の森沼田」の用地となり、新宿区のカーボンオフセットの植林用地となりました。

このカーボンオフセットというのは、経済活動や生活などを通して「ある場所」で排出された二酸化炭素(温室効果ガス)を「他の場所」で吸収しようとする活動をいうものです。

42

富《とみ》岡《おか》　兵《ひょう》吉《きち》

マッサージ医療の開拓者

富岡兵吉は明治2年(1869)、現在の沼田市利根町園原の大農家の四人兄弟の末っ子として生まれました。当時の日本では、現在のように障害のある人たちへの社会の対応は全くできていなくて、偏見や差別があり、勉学に励むことや仕事に就くことなどが非常に難しい社会でした。

そのような中で努力と研究を重ね、日本に近代的なマッサージの道を切り開いたのが、富岡兵吉です。

兵吉は3、4歳ごろ、目の病気をわずらい、失明に近い状態になってしまいました。それでも学校では読み方を全部暗記して、友だちに教えたり、算数の解き方を上級生に教えたりと先生を驚かせていました。12歳になると、「世の中で一人前に生きていくためには、何か仕事をもたなくてはならない」と考え、沼田の深代さんという鍼や按摩の師匠の下へ弟子入りしました。

やがて兵吉は「日本一の鍼灸・按摩師になろう。そのためには東京で高い技術を身に付けよう」と決意し、14歳で東京での一人暮らしを始めました。

暮らしが安定してくると、「もっと技術を高めたい。そのためにはもっと勉強したい」。努力の末、19歳で、設立して間もない東京盲学校に入学することができました。

卒業後、東京帝国大学附属病院のマッサージ師となりました。病院に勤務する日本で最初のマッサージ師でした。

兵吉の仕事に対する情熱は周りの人々から認められ、警視庁が行っていた鍼灸按摩試験の試験官や、文部省が行っていた目の不自由な人のための教育研究会の講師などにたびたび招かれるようになりました。

明治天皇のマッサージを頼まれ、皇居にも行きました。

大正2年44歳の時には文部省から、はりやお灸のつぼの調査研究を行う組織である、経穴調査委員に選ばれ、鍼灸・マッサージ界の代表として活躍しました。

その後、東京盲学校の教師となり、大正六年には『日本按摩術』というマッサージ技術の移り変わりをまとめた本を出しました。また、盲学校では熱心な指導で多くの生徒から慕われました。

ある日、弟子の一人が「先生は、なぜそこまで情熱的に仕事をなさるのですか」と尋ねると、「目が不自由であることを理由に、自分ができることをおろそかにしたくない。せっかくこの世に生まれてきたんだからね」と答えたそうです。

こうした功績が認められ、大正14年には高等官五等従六位という位を与えられましたが、翌年57歳でこの世を去りました。

それから82年後の平成20年、兵吉の偉業を長く伝えるため、点字出版などを行っている東京の社会福祉法人桜雲会から、『富岡兵吉先生の思い出・日本按摩術』という書籍が発行されましたので、ぜひご覧いただきたいと思います。

43

大塚《おおつか》 浩一《こういち》

資生堂絵具社長

大塚浩一は明治22年（1889）7月、現在のみなかみ町高日向に生まれ、明治37年16歳の時、東京日本橋の薬種問屋へ店員として就職します。そこで生まれつきの純粋な追究心、一所懸命に努力し、耐える資質を持ち合わせていたため、約10年間の住み込み生活を送りました。この間、2カ年は兵役により、北海道札幌で軍隊生活を送っています。

大正4年26歳には、日本での組織販売の元祖である星製薬株式会社に入社し、広告部長、営業部長、総務部長と相次いでの職域に頭角を現し、チェーンストア制度（大資本を元手にブランド、経営方針、サービスの内容、外観などに統一性を持たせ、多数の店舗の運営や管理を行う経営形態のこと）のうまみを感じ取り、この制度を完全に自分のものにしたいという念願の下に、大正14年36歳、商業視察の任務を担って、アメリカへ渡り、主としてチェーンストアシステムについて研究研さんを積みました。

日本へ帰ってくると、資生堂へ入社して、アメリカで学んだチェーンストアの実際活用を無理を承知で押し切って行いました。それ以来、25年間、資生堂の組織と共に進展、貢献を続け、アメリカにおけるチェーンストアに比べ、勝るとも劣らぬ地盤を確立しました。

資生堂に入社以来、販売部長、営業部長、昭和18年54歳から昭和27年63歳まで取締役を務め、昭和23年59歳からは常務取締役に昇進し、全力を尽くし、自分のことはかまわずに苦労することを続け、2度目定年に達し、昭和28年64歳で引退を声明しましたが、多大の功績を惜しまれ、推挙されて、同社の理事に就任します。

一方において、資生堂絵具工業株式会社の社長として、ますます革新的持ち味を発揮し、学童用不透明水彩イーゼルペイントやイーゼルパスの絵の具業界において、際立っていました。

その他、郷里を同じくする人たちへ、多くの働き掛けを行い、東京在住の群馬県出身者でつくる「上毛倶楽部」創立当時からの常任幹事を務め、500人を超える名士をまとめ上げ、群馬県人会をつくり上げた原動力となりました。

また、地元にあっては、奥利根温泉地帯の開発を目指し、昭和28年、資本金2500万円の水上温泉相互開発株式会社を発足させました。この会社の特色は、倶楽部組織にあり、株主相互の行楽機関であることを目的とし、高額投資者を避け、多くの株主を集めて、民主的に経営する方針を立て、第一着手として「かの沢館」を直営しました。

大塚浩一は、抱負として3つのことを掲げ、実践しました。

1つ、日本商工業に科学性を持たせ、高能率を挙げること。

2つ、社会奉仕と営利事業の併行の可能をはっきりとした形で行うこと。

3つ、群馬県を日本一の観光地にしたいこと。

これらの抱負を元に書き上げた『執務能率心得』は、小冊子ながら青年指導の名編として好評を博し、東京都が1000部買い上げて関係者に配ったりして、30版を重ねました。その他、『アメリカの商売百話』『米国見物繁昌する商売振り』『チェインストア研究』などの著書が遺されています。

44

木《き》村《むら》 義《ぎ》一《いち》

水上温泉の開発

木村義一は明治22年（1889）10月、現在のみなかみ町小日向の喜作、まつの長男として生まれました。

父喜作は、全国の国有林を抱えている町村に対して、荒れた道路や橋を直して、木材が運び出しやすいようにしてもらうための国からの補助金を出してもらいたいという運動（国有林野所在町村交付金制度）を創り出したリーダーでした。

義一は、弓道が好きで二段を与えられていましたが、仕事が趣味といわれるほど、次々に事業展開していきました。

最初の事業活動は、大正6年28歳で利根運輸株式会社を創り上げました。大正になると、道路は従来の歩く道路から車の走る道路へと変貌を遂げていきました。この時代の波をいち早く感じ、車による物資運搬のための会社に取り組んだのでした。

昭和3年39歳、上越南線が水上まで開通しました。当時の一般的な見方は、「この藪中に汽車を入れてどうする」という状況でした。しかし、義一は水上の発展を信じ、現在の水上館の前身である旅館業を始めました。

どこまでもやりぬく性質から、温泉を自費でボーリングしたところ、高温の温泉が湧出しましたが、湯原方面の温泉が止まって問題になるや、潔く鉛で埋めました。

昭和4年、奥利根温泉組合が創立されると、その中心メンバーの一人として、水上開発に本腰を入れました。

昭和6年には、上越線が全線開通し、水上が新興の温泉地として一躍脚光を浴びることとなりました。谷川岳の開山によって、水上はスキーと登山と温泉の街として大いに売り出しました。この年、義一は温泉組合の第3代組合長に就き、発展途上の水上開発の陣頭指揮《じんとうしき》をします。運輸省に陳情に行き、東京の街頭で宣伝活動をし、スキーの講習会を開き、時には水上駅長や芸者たちを組合の会合に招き、観光宣伝の意見を聴きました。こうした地道で精力的な活動があって、水上は順調に発展していきました。

一方、昭和12年48歳から10年間、水上町会議員を務め、昭和22年(58歳)から8年間、県会議員を務めました。議員を務めながら同時に、終戦後には飛鳥交通株式会社を創立し、本社を東京に置き、社長となります。さらに室井商事株式会社を創立し、社長になります。

竹を割ったような性格で、どちらかというと努力型でした。また、常に県会議員は長くやるものでないと言っており、二期八年で身を引いたのもその現れでした。

昭和32年68歳で9代目の温泉組合長を務め、第一線で活躍し、月夜野水上道路や成田不動尊の勧請《かんじょう》などを行いました。

水上温泉の開発・発展に賭け、観光事業に力を尽くし、自ら上越線電化推進の先頭に立ったその生涯も、昭和36年8月、71歳で幕を閉じました。

みなかみ町湯原にある建明寺《けんめいじ》境内に護持《ごじ》顕彰碑が建てられ、その功績を伝えています。

45

土田《つちだ》国太郎《くにたろう》

清酒誉国光

土田国太郎は川場村立岩で、酒造業を営む土田茂八の長男として、明治22年（1889）に生まれました。

父、茂八は、新潟県生まれで、川場村へ来て貸蔵で酒造を行っていました。

旧制前橋中学利根分校（現在の県立沼田高等学校）を卒業し、大正元年23歳から、下之町において酒造業に従事しました。

大正12年34歳の時、沼田市下之町にあった酒蔵《さかぐら》を買い入れて、土田酒造店を開業し、「誉之国光」の銘板の日本酒を醸造《じょうぞう》販売しました。

地酒の銘酒として県内外からも絶賛を浴び、その後、これまでの「誉之国光」を、現在の「誉国光」と銘板を改名しました。

酒造りのために生きてきたような人で、町民をはじめ、同業者からも信望厚く、大正10年4月から、昭和12年3月まで沼田町町会議員に四期連続当選となりました。

政治力と経営学に長じており、昭和6年利根酒造組合長に選ばれ、二期務めるとともに、税務署管内所得調査員三期、昭和7年から群馬県酒造組合連合会長を八期、利根酒類小売商業組合長二期など、多くの酒造関係の役職を務めました。

さらに、昭和13年には沼田商工会議所の前進である沼田商工会長に選任され、昭和16年には群馬県酒類販売株式会社の社長を5カ年務め、昭和22年には沼田商工会議所会頭に選任され、沼田の商工業発展に尽くしました。

この他、大蔵省酒類委員、酒造組合中央会理事兼関東支部長、同中央会副会長、昭和23年美峰酒類株式会社取締役会長、日本酒造協会代表理事、昭和25年には社団法人日本酒造協会会長に就任するなど、その活躍は全国レベルにわたりました。

その知名度から、昭和28年64歳の時、酒造業界から推され、参議院議員選挙の全国区に出馬して、当選しました。

しかし一期で辞任となってしまいましたが、その後、日本酒造組合中央会会長、同相談役を務め、生涯、日本酒醸造《じょうぞう》業界に尽力しました。

昭和31年には、その功績に対し、藍綬褒章《らんじゅほうしょう》を賜りました。

地元では利根総合開発協会長として、利根沼田の発展に尽力し、まとめ役として活躍していましたが、昭和35年3月、72歳でその生涯を閉じました。

46

小《お》野《の》 喜《き》代《よ》三《ぞう》

宝川温泉開発者

小野喜代三は明治23年（1890）、現在の沼田市白沢町平出の小野伊与吉とさいの三男に生まれました。

父の伊与吉は、まれに見る豪傑で、片品村越本の入沢家の長男として生まれ、きこりなどをしていたのですが、東京に出て、栃木県出身の大物政治家であった横田千之助と親しくなり、さらに明治政界の巨星といわれた星亨に目をかけられ、清国（現在の中国）北部の鉄道敷設に必要な枕木の供給を一手に引き受けました。

しかし、たまたま勃発した義和団事変に巻き込まれ、海外の事業からは手を引き、国内に目を向け、戸倉森林株式会社を設立して、林業開発に乗り出しました。

片品村戸倉から着々と事業は進み、水上町藤原に進出するや、病魔の冒すところとなり、伊与吉は、亡くなってしまいました。

小野家は、長男は農業を継ぎ、次男は鉱山業をしていましたので、伊与吉の後を継いだのは、三男の喜代三でした。

喜代三は、前橋中学校利根分校（現在の県立沼田高等学校）を卒業し、若くして奥利根開発に乗り出し、父伊与吉の事業を引き継ぎ、大正11年、喜代三32歳の時には、宝川温泉一帯の山林を買収して、開発に着手しました。

しかし、当時の宝川は、ひと一人が通れるような山道のみで、徒歩か馬の背に頼らなければ行くことができない場所であり、湯治客も観光客も全くいないところでした。

そこへ、道路と橋を架けることを考え、実行に移すため、第一弾として、県道へ編入し、第二弾として、政治的な方法を行うこととし、県会議員や国会議員を通じて、強力な陳情運動を行いました。

そのため、昭和9年には、県道へ編入し、少しずつではありますが、改修に改修を重ね、さらに、昭和26年からの藤原ダム建設によって、現在のような立派な道路ができている訳です。

喜代三の構想は、藤原湖一周の観光道路計画、藤原、武尊、尾瀬、丸沼も連絡する観光路線計画など、人と馬だけが歩くことができる道しかない時代に、夢のような考えであった訳ですが、その実現に努力を続けました。

また、宝川温泉の開発にも力を注ぎ、父の代からお世話になっていた横田千之助代議士の雅号をそのまま旅館の名前につけた汪泉閣を建て、対岸の清流に沿って大露天風呂を設け、有り余るお湯を活用しました。

そして、その露天風呂に熊を入浴させるという、全国に例のないアイデアで注目されました。

また、大正から昭和にかけて、利根郡政界の有力支援者として、多くの代議士や県会議員を育てたことでも知られていました。

昭和54年8月、89歳で、その生涯を閉じました。

47

永《なが》井《い》 万《まん》吉《きち》

近代商法率先者

永井万吉は明治24年（1891）2月、現在の沼田市下之町の永井吉五郎（永井米穀店）の息子として生まれ、小学校卒業と同時に東京の時計屋に奉公し、技術と商法を身に付けて帰郷、大正元年、「大正堂」の屋号で時計店を開業し、持ち前の商才で店を発展させました。

また、各方面にわたり、常に郡市民一致協力、地域の発展を推進してやまず、将来の商工業の発展を展望した町づくりのリーダー役を買って出て、商店の発展は商店街からと、大正4年に下之町二十商店が加盟する商栄会を結成し、大売り出しなど、新商法を次々と推し進めました。

当時は、沼田の本町通りも小川が流れていたので、これに、そろいの、どぶ板を設けたり、大正7年には大通りに街灯を設置、大正10年には各商店バラバラだった正月の松飾りを統一することや、山間地方の都市では初めてという歩道と銀杏並木をつくるなど、永井万吉のアイデアで新しい商店街づくりが着々と進められました。

大正10年の大火で店を全焼しましたが、焼け跡へ自分で設計した洋館を建てました。当時、地方では初めての洋館であり、入口の両側にはガラスウインドーを設け、ウインドーショッピングができる造りとなっていました。

また、2階建ての屋上には、直径1mを超える大きさの時計が掲げられ、道行く人の目を引きました。

このように、個人店主として活躍した他、昭和12年から22年まで沼田町町会議員、昭和27年沼田町教育委員、昭和25年から40年まで第3代沼田商工会議所会頭を務め、地域発展に尽くしました。

また、昭和30年には全日本時計金属眼鏡《めがね》商組合連合会常任理事、同関東連合会副会長、同群馬県会長、協同組合沼田専門店会理事長、昭和31年沼田市観光協会副会長、沼田ガス株式会社副社長、さらに昭和34年から42年まで利根郡信用金庫理事長も務め、就任時5億円だった預金を五倍に増額させるなど、この方面でも手腕を見せました。

迦葉山にある大天狗の面も永井万吉が発案して、紀元二千六百年祭に寄進したものです。

昭和42年6月、76歳、その生涯を閉じてしまいました。

次から次へと新しい商法を導入し、買い物客の流れを変えるアイデアマンであると同時に、市全体の商工業発展と産業観光の開発に尽力した功績は大きいものがありました。

48

長《は》谷《せ》川《がわ》 万《まん》治《じ》

連続3年高額所得日本一

長谷川万治は、昭和48年、49年、50年と高額所得者日本一となり、沼田税務署に申告したため、沼田市を一躍有名にしました。

長谷川万治は、明治24年（1891）12月、神奈川県横須賀市に生まれ、14歳で材木屋に奉公に出て修行を重ね、34歳で独立開業し、以来昭和51年12月、84歳で天寿を全うするまで、木材一筋に生きた人物です。

大正10年、長谷川万治は、東京江東区の木場において、木材販売業「長谷川萬治商店」を開業しました。昭和の初めは、針葉樹の建築材が中心でしたが、こうした業界の常識とは別に、広葉樹の造船、車両、楽器、家具など特殊用途への開発に力を注ぎ、見事に開花させました。

そして、この広葉樹の需要開拓こそが、後の長谷萬を木材業界の雄として発展させる最も大きな要因となりました。

昭和13年には、名古屋、大阪、大連、樺太に支店・出張所を設置します。

昭和18年には沼田市清水町へ、ブナ材合板工場の長谷川万治ベニヤ工場を新設します。これは、全国のブナ林を見歩き、最も素晴らしいブナの用材が採れるところとして、利根沼田地方を長谷川万治が選んだためでした。

また、昭和19年から21年までの3年間は、市内硯田町に疎開した関係もあり、事業所得関係は沼田税務署を通じて行われ、そのため最初に紹介したように、全国一の高額所得者として有名になりました。

しかし、この時の所得は会社で所有していた膨大な木場の貯木場を東京都へ売却したためのものでした。

こうした華やかに取りざたされる一面とは別に、材木に携わる人たちの将来への遺産もしっかり考えていた人でもありました。

昭和初年から全国の銘木を熱心に収集していましたが、戦災によりこれら全部を焼失。落胆のうちに終戦を迎え、銘木の思いは断ちがたく、将来の銘木資源が尽きてなくなることを懸念し、昭和23年ごろから精力的かつ集中的に、多大の苦心を払って、全国の銘木を再度収集し始めました。以降、30年間に膨大な量の銘木が収集され、集めた銘木を長く保存し、広く公開して、銘木知識の向上や発展に役立てることを常々考え、昭和52年、財団法人日本住宅・木材技術センターの発足に当たり、大半の銘木を寄贈しました。

展示された銘木は、銘木標本館として、質・量共に他に類を見ない貴重なものです。

また、樹木にも命がある限り、神を敬うべきとの考えから、昭和12年、当時の帝室林業局に伺って、樹木の神様はあるのかと尋ねたところ、あると教えられ、その敬うべき神は五十猛命《いたけるのみこと》と教えられ、和歌山県の伊太祁曽《いたきそ》神社へ幾度も参拝を重ね、東京深川へ分霊することができました。

次いで、それを昭和35年に沼田駅前にも分霊しました。しかし、こちらは平成11年、沼田駅前開発で移転を迫られ、みなかみ町相俣へ移しましたが、現在もこの地で大切に祭られています。

49

星《ほし》野《の》 茂《しげ》樹《き》

トンネル建設の第一人者

星野茂樹は、明治27年（１８９４）、現在の沼田市戸鹿野町の豪農星野家の星野光多、みねの次男として横浜に生まれました。

一高、東京大学工学部を卒業し、鉄道省に入り、日本のトンネル工事の大家となりました。

そのきっかけというのは、大学の卒業時、鉄道省の偉い人が教授として来て、この教授が教えたのが橋とトンネルだった訳です。

そこで、学生たちは橋かトンネルかに試験のヤマを賭けました。

大部分の学生は橋でしたが、星野茂樹を含む４人だけがトンネルにヤマを賭けて勉強しました。

そうしたら試験にトンネルが出て、４人とも成績が良く、鉄道省に入れたということです。

大正8年に鉄道省に入り、当初は本省にいましたが、半年ほどして現場に回されました。

当時、上越線の建設中で、渋川までできていたのですが、渋川と沼田の間の棚下トンネルが星野茂樹の最初の工事だった訳です。

その時、優秀な機械を集めて、記録的に早くトンネルを開けたということで、トンネルの技術者として名を上げました。

それから、難工事だった丹那トンネル工事に従事しました。丹那トンネルは、東海道本線熱海－函南間の長さ７８４１ｍのトンネルですが、大正7年着工し、当初工期7年が湧水などにより、16

年かかり、昭和9年に開通し、67人の工事殉職者を出した、わが国の鉄道トンネル工事史上、最大の難工事といわれたトンネルです。

この工事主任として大正12年に着任すると、大正15年までの足かけ4年、学者ぶることなく、毎日毎日、トンネルの視察で奥の底まで入っていったとのことです。

ここでは、わが国で初めてのシールド工法、圧気工法などの導入や、水を抜くための穴を約15㎞も掘って水を抜いたことなど、現在まで語り継がれている話が残っているほどの現場だった訳です。

大正15年から建設局在外研究員としてアメリカ・ヨーロッパ諸国で学び、昭和4年帰国。その後、全国の鉄道敷設現場を回り、上越線の清水トンネルの開発主任になり、昭和16年、関門海底トンネルの下関兼山口工事事務所長になりました。

昭和20年には、第三地下建設部隊長を兼任、終戦後に依願退任しました。

しかし、水底トンネルの調査研究に各方面から嘱託され、国鉄津軽海峡連絡トンネル技術調査特別委員、東京高速電車建設技術委員などの重職に就きました。

私生活では、津田塾出で、兄直樹の妻の操と同級であった鳥居はなと結婚しましたが、はなは体が弱く、子供ができなく、17年連れ添って亡くなってしまいました。

しかし、晩年、きくという女性と再婚し、子供が4人でき、昭和49年80歳でその生を閉じました。

50

平《ひら》田《た》 源《げん》次《じ》郎《ろう》

馬に乗ったお医者様

平田源次郎は明治29年（1896）4月、現在の沼田市善桂寺町の松井萬次郎の次男として生まれました。

県立沼田中学校（現在の沼田高等学校）で学業を磨いていましたが、その優秀さに、父の懇意としていた中之条町伊勢町の医師平田宗三郎氏から養嗣子の話があり、これに従い、平田家の養子となりました。このことにより、医師への道へ進むことを決められてしまいますが、本人は幼い頃から絵を描くことが好きで、画家への道を捨てきれず、一時は美術学校を受験するといったこともあったようです。しかし、養子に行ったからには、当然ながら、家業である医院を継ぐ使命があることを実の父に諭され、苦悩の末、医学の道を志しました。

道を定めた以上は、医術をもってこの世の苦しみから人々を救いたいとの大きな志を抱き、日本医学専門学校（現在の日本医科大学）に進み、苦労して勉学に励み、大正10年卒業しました。卒業後、しばらくは病院勤務をしていましたが、真面目な性格がたたり、無理が重なり病に倒れ、数年間の転地療養生活を続けましたが、大正14年、中之条町へ戻り、平田医院を継ぐことになりました。

生まれつき温和で、がまんできる度量が大きく、謙虚である人柄は、聖人を憶わせるものを持っていました。この人格を支えた生涯の柱は、病院勤務時に倒れ、病と戦っていた頃、入信したキリスト教によるもののようでした。医業をもって天職と心得、その任に気を引き締めて務め励むことに使命を見い出していました。常に物柔らかで怒りを知らない態度で患者に接し多くの人々から尊敬され、親しまれました。厳寒の深夜においても遠い近いや貧乏、豊かを問わず、患者の求めに応じて往診をしました。病める者を治療することに一種の使命感を持っていました。

交通機関の発達しない頃、就寝中にもかかわらず、起きて馬に乗り、山の中まで往診して戻ってきたときは夜が明けて、すぐまた待合室の患者を診察する。一晩中立て続けに往診を頼まれ、一睡もしなかった例も珍しくなかったといいます。貧しい患者の家からは往診代をもらうどころか、ひそかに金銭を恵んでくることもあり、どんな良い行いをしても決して口に出して言うことはしませんでした。出世することを希望せず、名誉と利益を問題にせず、むしろ人の先に立つことを好まなかったにもかかわらず、多くの公職に推薦されました。公平円満な人柄が、大勢の人たちから寄せられる期待・信頼を集めたもので、戦後の新しい公職には、いつもいの一番に推挙されました。いったん就任すれば誠心誠意それに努めました。

吾妻郡医師会長、中之条町教育委員など多くの公職に忙しく立ち働いて暇のないほどでした。穏やかで安らかな日もなく、医業に公職に奔走するかたわら、俳句、絵画、俳画に親しみました。若い頃、画家を志したこともあるほどで、その日本画は一家をなしていました。

俳句は平和を好み、一羊と号し、その作風は自然を愛し、大自然の造り主である神を讃美する温情あふれる作品が多いようです。惜しくも、昭和40年2月病魔に冒され、眠るがごとくその68年の生涯を閉じました。それから、40年後の平成18年4月、『馬に乗ったお医者様』が出版され、その生涯を余すところなく紹介しています。

51

今《いま》村《むら》 満《まん》次《じ》郎《ろう》

蚕養神社建立の養蚕教師

今村満次郎は、明治31年（1898）5月、現在の沼田市奈良町に生まれました。大正2年池田小学校高等科を卒業後、しばらく家業にたずさわっておりましたが、大正11年、24歳の時、佐波郡豊受村（現在の伊勢崎市）蚕業長沼社養蚕伝習所に入所しました。

大正13年卒業すると、新治村へ赴いて実施指導に専念します。

昭和3年、30歳のとき、群馬県令に基づく養蚕教師を拝命し、引き続いて新治村東部養蚕組合を6カ年にわたり専念指導します。

昭和8年、現在の沼田市利根町大原に「大原催青所」を設立し、片品・東・赤城根村にわたって養蚕指導に一生を捧げる覚悟と情熱をもって、夫人と共に現地に在住しました。

その間、独自の「今村式飼育法」を開発し、実績を上げていきました。本人の指導法を物語る逸話が残っています。

「わたしは中途半端の者には教えない。わたしの対象となるのは養蚕方法を知らない人と下手で失敗ばかりしている人だ。一度わたしの弟子になると決めたからには三年間九回の飼育については責任を持つ。その代わり、わたしのいうことには絶対服従の態度をとってもらう」

養蚕という仕事は農家経済の死活問題だったわけですから、三年間の責任を持って教えるということは、絶対の自信があったものと思われます。

こうした指導は、多くの感謝を得ました。その結果として、現在も見ることができますが、昭和15年に奈良町東部の山林に、「蚕養《こがい》神社」が建立されました。これは、利根片品方面の今村式養蚕飼育者有志により、今村満次郎の徳を慕い、茨城県にある日本最初の「蚕養神社」から分霊したものです。

神社内部には、繭でつくられた奉納額が、当時は１２０ほどあったとのことで、現在もその一部を見ることができます。

また、今村満次郎は、太平洋戦争で沼田へ学童疎開してきた中の戦災孤児の一人を、わが家に迎え入れ、養子として生涯を共にしました。

そして、その情はさらに続き、六人の子の里親として、子供の世話を行いました。

このような忙しい合間を縫って、俳句にも精進し、「蚕養神社」の境内に句碑が遺されています。

今では、あまり見ることがない、繭で埋められた奉納額を奈良町の「蚕養神社」に出掛けて、ぜひ、ご覧いただき、今村満次郎の功績を肌で感じていただければと思います。

52

吉《よし》沢《ざわ》 幸《こう》吉《きち》

一生を農具づくりに懸けた鍛冶職人

城下町の沼田は、古くから一つの伝統として、刃物鍛冶の技術は高いものがありました。それは、「沼田打」と呼ばれた刀剣及び各種武器の製造には名を馳せていましたが、明治維新以後は、その伝承技法は、農具を中心とする野鍛冶に引き継がれました。

吉沢幸吉は、明治32年（1899）6月、現在の沼田市榛名町の吉沢代五郎の長男に生まれました。

父代五郎は、鍛冶町で鍛冶職人をしていた吉沢家から分家していましたが、本家を継ぐ人がいなくなってしまったため、鍛冶職を継ぐようになりました。父は若い頃、富岡市で修業し、さらに岡山県辺りまで修業の旅に出て腕を磨き、鍛冶職人とし一本立ちしていました。

吉沢幸吉は、明治45年沼田尋常高等小学校を卒業すると、13歳で早くも家業の鍛冶職の見習いに就きました。

同級生が中学校に進学し、学生服で通学する姿を見るときうらやましく思い、「もっと勉強させてくれ」と、父に申し出たことがありましたが、「鍛冶屋の子は鍛冶屋になるのだ、職人は腕が第一、だから学問などするより腕を磨き、早く一人前になれ」。こう言われた幸吉は進学をあきらめ、その代わり「日本一の鍛冶屋になってみせるぞ」と仕事に打ち込む覚悟が固まってきました。

大正9年21歳で、宇都宮第14師団に入隊した折、ふとした機会に総鉄製の鍬《くわ》に接しました。それからというものはこれを故郷の農家に普及させようと一念発起、除隊すると同時に新型鍬の鍛造《たんぞう》を志し、以来製品の工夫、普及にその生涯を懸けました。

当時は、鍬といえば木の枠に鉄をはめ込んだものを使用しており、総鉄製の鍬などには、誰一人目を向けるものなどいませんでした。

しかし、農家の個別訪問を精力的に行い、「使い具合を試して下さい。もしも折れたり曲がったりしたら、いつでも新品と無償交換します」という保証を付け、さらに次の訪問時には、その使用実態を調査しました。

こうした努力が報われ、やがて、使いよい、よく切れる、長持ちがすると、好評を勝ち得ることができました。

激しかった戦争を乗り越え、若い頃からの念願だった改良鍬も自信をもって製作できるようになると、新潟方面にも販路は伸びて、上《じょう》まる大印《だいしるし》の名は世間に通用するようになりました。

昭和51年77歳には、喜寿を記念し、『農具にかけた私の一生』という自叙伝を出版し、鍛冶職人の一生をまとめました。

53

藤《ふじ》野《の》 良《りょう》平《へい》

永徳屋創業

藤野良平は明治32年（1899）5月、現在の埼玉県児玉郡美里町に生まれ、深谷市の海産物問屋永徳屋本店に店員として住み込み、頭の働きが速く、機を捉えて巧妙にこれを利用し、そのためにこの店は、日一日と顧客を増やして他店を圧倒し、経営者から特別に気に入られ、人気を独占しました。

大正12年24歳で、現在の沼田市に海陸物産商永徳屋を開業、以来40年、群を抜いた、優れた商才は、関東、東北、北陸にその名を高め、市の商業界に新風を吹き込み、財産を成した立志《りっし》伝中《でんちゅう》の人で、商工会議所顧問、利根郡信用金庫理事、市観光協会副会長などの要職にあり、また、県市場協会理事、大洋漁業ＫＫ、北関東マルハ会名誉会長、関東ママニ会会長など、関東における業界の重鎮《じゅうちん》でした。

また、大正9年に創立された沼田魚菜協同組合は、戦争による苦しい食生活の配給時代から、戦後の激動する経済事情の間にあって、組合員の団結によって、これを乗り超え、県内16組合の中でも事業収入といい、整備された堅実な内容といい、群馬県下でモデル組合にふさわしい組合としての評価を与えられました。

この沼田魚菜協同組合は、第2代、3代、4代、8代と藤野良平が理事長を務め、育て上げた、たまものと言えるものでありました。

さらに昭和30年56歳の時、沼田城荒廃のありさまに心を痛め、市の観光事業の一環として沼田城再建を発起《ほっき》し、私財100万円(現在の価値で約6500万円)を建設基金として寄付するなど、市発展に尽くした功績は大きいものがあります。

市議会は、この奇特な志に激しく揺り動かされ、早速これに予算200万円を追加計上し、沼田城復旧造営に乗り出しました。

昭和37年5月、63歳でその生涯に幕を閉じました。

かつて、沼田市で3年連続、多額納税者番付の筆頭に名を連ね、群馬県下で第8位という所得を得た永徳屋も、大手スーパーなどの郊外店進出により、沼田からその名が消えてしまいました。

54 金《かね》子《こ》 重《じゅう》平《へい》

利根シルク（株）社長

金子重平は、現在の昭和村糸井の金子貞寿の長男として、明治34年（1901）7月に生まれました。

金子家は、山林80haを持つ豪農で、父貞寿《さだじ》は糸之瀬村村長を務めるなど、村の政治に長く関わりを持ちました。そのため、重平も政治好きな父の影響を受け、政治家への道を進むことになりました。大正8年、県立沼田中学校（現在の沼田高等学校）を卒業すると、一年間糸之瀬小学校に教員として勤めますが、田舎の生活を嫌って家を飛び出し、数年間東京で放浪生活を送りました。この東京では、当時、朝に巨万の富をつかみ、夕に素寒貧《すかんぴん》になることもある株屋の店員などもして、無鉄砲な性格は、この頃、受けた影響が大きいものがありました。

大正12年22歳の時、政友会の青木精一代議士の門を叩き、大正14年24歳、糸之瀬村の青年団長を皮切りに、利根郡連合青年団理事、糸井区長、消防部頭などを歴任し、若くて意気盛んなことで利根郡に知られる存在となりました。この頃、叔父で政友会の代議士であった増田金作の秘書を務め、その縁で中島飛行機の創立者、中島知久平の知遇も得て、数々の薫陶を受けました。

昭和17年41歳、糸之瀬村会議員に当選。昭和21年まで終戦前後の苦しい村の行政を支えました。

昭和22年46歳、戦後初の県議選に利根郡から立候補して、群馬県議会議員となりました。新人ではありましたが、大正以来の政治活動がものをいい、県会では派閥の旗頭的存在として幅を利かせました。昭和26年の県議選でも再選され、2期8年、県会議員として活躍し、県政界に揺るぎない地位を築きました。

戦後の昭和20年から30年にかけて、名うての議会駆け引きの逸材として活躍し、うるさ型の一人として中央政界にも睨みを利かせるだけの存在になる一方、地元に対しては、昭和29年国有林払い下げに尽力し、糸之瀬村に29ha、久呂保村に18haの払い下げを実現しました。

議会外での活動も活発で、昭和10年代から糸之瀬農業会長、農協組合長、森林組合長、さらに利根郡の各種役員、県の森林組合連合会副会長、蚕糸業協会副会長などを歴任し、農林業界に確かな足跡を残しました。

さらに、自らも事業を興して、地方産業開発の大望に燃え、前橋市に前橋製炭有限会社、高崎市に群馬県重点産業株式会社、沼田市薄根町に利根シルク株式会社を設立し、企業経営にも物事を躊躇することなく、てきぱきと的確に処理する能力を発揮しました。この利根シルク株式会社は、昭和21年12月、資本金1000万円という規模の会社で、利根郡内の繭の重要処理機関と位置付けられ、生糸生産の重要拠点でした。年間の生糸生産量は15000貫《かん》(約5・6t)に上り、県内製糸会社32社中第5位、全国185社中第32位というものであり、従業員男47人、女271人、計318人という利根沼田最大の事業所でした。金子重平は昭和27年まで、この社長として、その経営に当たりました。

昭和30年、県会議員を辞職して、国政の場に立つべく衆議院議員選挙へ立候補しますが、壁は厚く、昭和35年にも再度挑戦しますが、その壁は崩せませんでした。以後、政界の表舞台に立つことはなく、昭和51年2月74歳で、その生涯を閉じました。

55

高《たか》橋《はし》 修《しゅう》司《じ》

日本で一番古い
スピーカーメーカー社長

高橋修司は明治36年（1903）10月、現在のみなかみ町上津の高橋今助の三男として生まれ、独学により英語を修得するなど、苦労して学問の根幹を修めました。

幼少の頃から、金銭的にはあまり恵まれていなかったため、母からの教訓を身に感じ、12歳に上京しました。

以来、人生の荒波にめげず、明朗性、誠実な態度と優れた才能を縦横に働かせて躍進し、成功を収めました。

大正12年20歳に達すると、信仰の世界に目覚め、キリスト教の洗礼を受けました。本人の真っすぐな精神を形成する倫理観は、母からの教訓を本人自身のものとして、しみじみと教育を受けたことによるものでした。

大正13年21歳にはラジオ販売界に入り、昭和3年25歳さらに進んで、当時新しく意気に燃えていたラジオ並びに電気器具界に転出しました。

上野御徒町で独立創業し、物事に広く通じている知識と、決断力に富み物事に対し思い切って行う経営振りで、発展の一途を見ました。

ラジオ、電気設備の普及と共に、事業は拡充を極め、昭和15年37歳には東京都港区に移転し、昭和17年39歳には日之出音響株式会社を創立し、その社長に就任します。

さらに終戦後には、拡声器の需要の激増に応じて、日本拡声器株式会社を創立し、社長としての統率力で抜群の業績を上げ、東京ラジオ電気器具販売界の第一人者として広くその世界で名声を高めました。

この日本拡声器株式会社は、現在、株式会社調所電器と社名を変え、工場は山形市にありますが、事業内容はオーディオ製品のスピーカーを製造しており、日本で一番古いスピーカーメーカーとして、マニアの間では定評があります。

また、高橋修司は、経営にかけては超人的な頭脳の冴えをみせ、関係業者が尋ねていけば、専門の係を呼びもせず、どんな末梢的な数字でも記憶していて、何から何まで万事相手をするという次第であり、社内の問題となると、悉く心得ているため、末端の者が少しも油断ができぬと不平を鳴らすほどでした。

キリスト教精神をモットーとして、すべての人を平等に愛する気持ちが溢れる人であり、全て愛の精神で、事業に邁進していたのも人格を物語る特色といわれました。

釣りや絵画に趣味の道を求め、特に絵画には非常に興味を持ち、仕事の忙しい合間には腕を振るいました。また、有名な浮世絵師、日本画家の伊東深水《しんすい》とは親しく付き合い、日本画の蒐集家としても世間一般に広く知れ渡っていました。

56

新《あら》井《い》 耕《こう》吉《きち》郎《ろう》

台湾紅茶の父

新井耕吉郎は明治37年（１９０４）、新井松五郎、くにの次男として、現在の沼田市利根町園原に生まれました。旧制沼田中学校（現在の県立沼田高等学校）を卒業後、北海道帝国大学農学部へ進み、大正15年、卒業とともに22歳で台湾総督府中央研究所、平鎮茶業試験支所に赴任します。台湾は当時、日本の統治下にありました。

赴任先は、台湾で最も有名な湖である台湾中部の「日月譚《にちげつたん》」近在地であり、一帯はかつて「水沙連」と呼ばれた台湾屈指の観光地でした。この一帯には、元々茶が自生していた記録が残されており、地元の人は今でも、自生している茶樹の葉から茶をつくって飲むことがあるそうです。

新井耕吉郎は、この地区の茶畑の地理環境、土壌、お茶の品質などの要素を評価するとともに、海抜約８００ｍの盆地にある魚池郷の寒暖の差が大きい気候条件などが栽培に適していると判断し、紅茶の試験場の場所を選定する仕事に関与して、昭和11年33歳の時、南投県の茶業改良場魚池分場（魚池紅茶試験支所）を設立しました。これが台湾紅茶産業の発展した源となったものです。

昭和16年37歳、魚池紅茶試験支所の技師に就任して、その業務に邁進します。時期は第２次世界大戦の最中で、台湾の経済は大いに影響を受けて、さらに頻繁な徴兵に加え、経費と労働力が不足する状況の下、インド産アッサムなどと台湾の原種を交配させるなどして独自の紅茶をつくり上げ、日本や欧米に輸出するなどして、台湾紅茶の推進業務を広めさせました。日本の敗戦とともに、家族は日本へ帰しましたが、耕吉郎は台湾へ残り研究を続け、後に所長に任命されて、台湾復帰の昭和20年12月、41歳まで勤めていましたが、病魔に襲われ、昭和21年42歳で病死してしまいました。しかし、台湾の後輩たちが技術を継承し、紅茶産業を発展させてきました。ただ、世代が若くなるにつれて新井耕吉郎という人物像が薄れ、「話で聞く」存在になりつつありました。

一方、日本国内においては、昭和49年、その活躍に対し、勲五等瑞宝章を賜っています。亡くなってから60年経った平成19年、元部下であった東京都小金井市の竹下貝吉さんは、台湾の分場を訪れ、持参した資料により、その功績を紹介し、改めて現地職員が知ることとなりました。また、この話を聞き、新井耕吉郎の功績に感銘を受けた台湾の大手電子産業「奇美」グループ総帥、許文龍氏(この方は世界有数の経済誌である『フォーブス』の世界長者番付にランクインされた人です)が、胸像4体を作製し、現地の茶業改良場魚池分場資料館、日月譚風景地区、奇美博物館、日本の遺族らにそれぞれ一体を寄贈しました。それを遺族関係者により、平成21年10月、故郷の沼田市利根町園原の生家に近い、新井耕吉郎の一人娘の桜井玲子さんの眠る山の斜面に、耕吉郎の業績と胸像が贈られた経緯を記した記念碑と共に建てられました。

渋みを抑えたまろやかな味が特徴で、「ひと味違った紅茶」と国内外から人気を呼んでいます、「日月譚紅茶」。

「紅茶産業が末永く発展するように先を見越して仕事をした」と、台湾で評価されています、新井耕吉郎を偲びながら、味わってみたいものです。

57

山《やまの》内《うち》 一《いち》郎《ろう》

山内工業創業

山内一郎は明治41年（1908）9月、現在の沼田市東原新町に生まれ、昭和2年に旧制早稲田中学校を卒業し、早稲田大学専門部商科に学びましたが、卒業後のサラリーマン生活のむなしさを考え、飽き足らず、学業を中退して実社会に飛び込みました。

狭き門を通過して、せっかく入学したものを惜しいと思う人はあっても、本人にとっては、やはり低迷していた経済から、需要超過経済へと景気浮揚力が高まることを見通してのことであり、幸い、建設業というフランチャイズを抱えて、地盤、看板に不足はなかったため、どちらかというと頑固なまでの一本気が、本人の誠実さと実行力を前面に押し出して、次第に頭角を現しました。

山内工業のスタートは大正11年5月山内一郎が14歳の時、先代の山内喜一が創業した山内組に始まります。

昭和5年22歳で学業を中退して、山内組の一員として参加し、下積みのつらい目や苦しい思い経験しました。

昭和18年35歳の時、日本は戦争の真っただ中、山内一郎は、樺太に進出します。当時、樺太第一の建設業、遠藤組の現場代理人として樺太鉄道建設に率先して身を投げ出し、困難な物事に当たる中、日本は敗戦となり、かろうじて樺太を脱出して日本へ帰ってきました。

昭和20年37歳の時、父の後を継ぎ、山内工務店として再起しました。

昭和23年40歳で、これを法人化して山内工業株式会社を創立、たまたま相前後して、続発した本県災害復旧に全力を集中し、その功績により県知事から表彰されました。

昭和32年49歳、道路舗装部を新設と同時に県営道路改良舗装工事に懸命に取り組みましたので、北毛における業績は顕著であり、特に国道120号改修舗装に残した足跡は大きいものがありました。

昭和39年56歳、東京に支店を開設するなど、土木、建築、舗装各部門とも多くの工事を数え、本県建設業界屈指の存在となりました。

このような会社社長であると同時に、昭和37年月54歳から45年62歳まで群馬建設業協会副会長、沼田支部長、群馬県建設業審議会委員、保証事業群馬地方協議会委員など、業界の役職を多く務めました。

また、昭和42年59歳から平成元年80歳まで21年間、沼田商工会議所会頭を務めるなど、利根沼田の顔役となり、市内を二分するような大きな選挙のたびに、その一つの勢力の中心人物となりました。

山内一郎が設立した会社は、山内工業、山内産業、沼田砕石、上越生コンクリート、沼田梁ドライブイン、沼田測量、沼田ガス、山菱商事、サンピアーなどに上り、これらの社長を務め、趣味であるゴルフ、野球、刀剣蒐集なども、ゆっくり楽しむ時間も少なかったものと思います。

平成11年10月、92歳でその生涯を閉じ、会社存続をバトンタッチしました。

平成20年5月、山内工業関連会社は時代の波に飲まれ、沼田から消えてしまいましたが、利根沼田に遺された多くの土木、建築関連の構造物には山内工業の名前が残っています。

58

平《ひら》井《い》秀《しゅう》一《いち》

髪洗粉社長と川田村村長

平井秀一は明治42年（1909）9月、現在の沼田市下川田町平井の平井好《よしみ》の長男として生まれました。

平井家は名家であり、代々事業家であったため、平井家8代、好のとき、平井鉱業所を営みました。

平井鉱業所は、当時、髪洗粉《かみあらいこ》（現在のシャンプー）の原料として、タカラ髪洗粉、日の丸美人髪洗粉、おかめ髪洗粉、ぼたん園髪洗粉、ミヅホ髪洗粉など、国内で有名な製造本舗にその原料となる原材料を納めていました。そのため、東京へ年間1万俵ほど運び出されており、当時、上越線が渋川までしか来ていなかったため、沼田から馬車で何十台と続いて出荷され、実に壮観であったということでした。また、大正13年、上越線が沼田まで開通されると、沼田駅移出品として、木材と共に、「川田のかべ」として特産品の代表でした。たまたま、第1次世界大戦勃発により、鉛筆の原料を輸入に頼っていた業界は、輸入が完全に途絶えてしまったため、国内の粘土から鉛筆の芯をつくり出すため、その原料を探し求めたところ、この川田村産の髪洗粉の原料が最適であることとなり、以来、昭和34年ごろまでの45年間、鉛筆業界のほとんどが、「川田のかべ」を原料としており、平井鉱業所はその代表的事業所として旺盛を誇っていました。

平井秀一は、先代からこの事業を引き継ぎ、その工場を下川田町、沼田駅前、薄根町と三つ、また、その埋蔵地面積3・9ha、推定埋蔵量120万tという規模のものへと着実に発展させました。

平井秀一は県立沼田旧中学校(現在の沼田高等学校)を卒業すると、平井鉱業所を手伝う傍ら、地元青年団長、消防支部長など地域の役職を務め、学生時代からの柔道で鍛えた身体を認められ、昭和15年30歳のときには、大政翼賛川田村壮年隊副隊長となり、高度国防国家建設のため、大政翼賛運動に邁進しました。

さらに、その人望を買われ、昭和17年32歳で川田村村会議員に当選し、同時に日本の歴史上唯一の「一国一党」体制を樹立した政治団体である翼賛政治会の第3代団長に就任し、地域の顔役へのスタートを切りました。

昭和19年3月、34歳で北支《ほくし》(北部中国)の青島《ちんたお》第五旅団砲兵聯隊に、上等兵として戦地に赴《おもむ》きました。

昭和27年5月、川田村第12代村長となり、川田村の舵取りを42歳の時に任せられました。

昭和29年44歳の時、新しく誕生する沼田市への参画に大きく貢献しました。

当時、町村合併の問題が取り上げられてから、極めて短期間のうちにその結論を出さなければならない状況だったため、村民の一部は、久呂保村(現在の昭和村)との合併に動き、旧川田村の分裂というところまで発展してしまいました。このため、平井村長は、村議会議員をはじめ、各種委員と不眠不休で協議を重ね、村民の意見一致に努力し、村の分裂を回避し、沼田市誕生へとなりました。

合併後は、沼田市参与の他、森林組合長、農業委員長などを歴任し、地域の顔役、まとめ役として活躍を続け、平成6年1月85歳でその生涯を閉じてしまいましたが、長男裕一郎は平井胃腸科院長に、次男良明は石のサンポウ社長として、平井秀一の築いたものを引き継いでいます。

59

深《ふか》代《しろ》 英《えい》寿《じゅ》

県司法書士会会長

深代英寿は明治42年（1909）1月、現在の沼田市下川田町の農家の深代源平、たけの三男に生まれました。

父源平は性格は温和で、黙々と農業に励む人で、怒ったところを見たことがないほどの人でした。一方、母たけは男勝りで、農業仕事の合間には機織りや裁縫の習い手が数多く家に訪れ、いつも賑わっていました。

英寿は川田実業補習学校高等科を卒業すると、大正13年15歳、沼田駅開通と同時に鉄道員として社会生活のスタートを切りました。しかし、半年後に沼田税務署へ転職し、さらに3年後には沼田裁判所に勤務することになります。

この裁判所勤務が、生涯の天職とした司法書士への道を開かせることになりました。

この時期、向学心は極めて旺盛で、働きながら専門学校入学資格検定試験や日本語文章能力検定の受検のため、通信教育で猛勉強しています。

昭和9年25歳には広島文理大学で、高等試験令による裁判官試験にも挑戦しました。

昭和13年29歳、志那事変の戦火が拡がり、国内は戦時色が濃くなります。この年、英寿の転任を嫌う母の意向を受け、裁判所を退職して司法書士を開業します。

昭和16年32歳には戦争拡大する中、防護団の書記長として奉公中、昭和19年35歳で応召《おうしょう》、中国大陸に派遣され、中国北部の各地を転戦しました。

終戦を現地で迎え、1年余りの苦しい捕虜生活を送った後、昭和21年6月にふるさとに戻ることができました。

敗戦により、郷土の復興を決意した英寿は、昭和22年38歳、川田村村会議員に当選し、政治の道に足を踏み入れました。

川田村村会議員の中で、最年少でありながら村政を主導した英寿に、村長にという声と、地域の代表者として県議会にという声が同時に舞い込みました。

昭和26年42歳、英寿は、あえて困難な県議選に挑みましたが、現職議員の壁は厚く、次点に泣きました。昭和30年46歳、再出馬した英寿は見事初当選し、続く34年も当選し、8年間、県議会議員として活躍します。

この8年間は、利根沼田地方にとって、相次ぐダム建設と学校における勤務評定問題が大きな問題となりました。どちらも全国新聞を常に賑わすほどの話題が提供され、それだけに県議会議員にとっても大きな仕事となり、ダム対策委員長、文教委員長と重責を務めました。

昭和38年54歳、選挙において次点に泣いたため、政界から身を引き、司法書士、土地家屋調査士、行政書士、不動産鑑定士の職を全うしました。

群馬県司法書士会副会長を17年、会長を10年、日本司法書士会理事、群馬県漁業協同組合連合会理事などを歴任し、昭和63年12月、79歳でその生涯を閉じました。

60 星野《ほしの》 泰助《たいすけ》

赤城高原へ水を導く

星野泰助は大正3年（1914）7月、片品村須賀川の農家の長男として生まれました。

昭和7年、片品村青年実業補修学校を卒業すると家に入り、農業を行っていましたが、昭和10年兵役《へいえき》にとられ、昭和20年終戦まで務めましたが、従軍中負傷した後遺症の治療のため、糸之瀬村赤城高原開拓地の弟の家で生活し、通院生活を行いました。

ここでの生活中、その生まれつきの温かで情が厚く、誠実であり、口にしたことは何が何でもやり遂げるという人柄を買われ、赤城高原農業協同組合の設立に協力し、1年だけという約束が、2年、3年となり、組合員からの願いが強く、いつしか参事に就任し、自らが開拓者となり、片品村の田畑を解放し、昭和26年開拓入植者となり、赤城高原に住み着きました。

当時の赤城高原は極めて劣悪な環境にあったため、赤城高原の村づくりに新たな決意を持ち、昼夜を問わず、献身的に取り組みました。

昭和30年から赤城高原開拓農業協同組合長を8年、同じく群馬県開拓生産農業協同組合副会長及び理事を8年務め、村内はもとより、群馬県の開拓者のトップリーダーとして生活改善の普及、向上を強力に推進しました。

中でも、昭和35年から46年まで、赤城北麓土地改良区理事長を務めました。

戦後開拓によって拓けた赤城原にとって、最も困難な事柄の一つは水不足でした。特に入植当初はひどく、数キロメートルの道を婦人や子供たちが水汲みに毎日通うことが日常的でした。

開拓農協は陳情と要請活動を続け、畑地かんがい事業が採択となり、昭和32年「赤城北麓土地改良区」を設立し、星野泰助は理事長として、その手腕を奮いました。

この用水の水源は利根村鷹の巣から取水し、約6㎞導き、5カ所の貯水池に分水され、配水管約65㎞を通じて自然流下方式により各圃場へ給水され、スプリンクラーにより散水され、また各家庭に送水され、飲料水として活用されました。

水の不便な赤城の大地に、安全で安定した飲料用水の確保と、100年の大計に立った群馬県で最初の畑地かんがい用水導入で、農業生産基盤の整備を図り、新しい農業振興と生産性の向上に大きく貢献しました。

この事業を成し遂げたことは、昭和村はもとより、全国の開拓者に大きな勇気と希望を与え、大きな足跡として後世に残る出来事でありました。

星野泰助は、この大事業と併行し、教育委員として昭和34年から通算20年、教育委員長、教育長として長きにわたって在職しました。

志がたかく、大衆に抜きんでており、物事を正しく見分ける力が群を抜いて優れていたため、その指導力をもって産業・教育・文化の振興及び福祉の向上に貢献しました。

61

福《ふく》田《だ》祐《ゆう》太《た》郎《ろう》

月夜野焼の創設者

福田祐太郎（本名：湯口義夫）は大正10年（1921）、長崎県の波佐見《はさみ》焼の窯元に生まれ、轆轤《ろくろ》教師の父に少年期から作陶を伝授され、窯焚き職人の母方の祖父、絵付け師の母という境遇の中で育ちました。波佐見《はさみ》焼の修行の後、辰砂《しんしゃ》（銅を着色材として含む赤い釉薬《ゆうやく》のこと）に魅せられて、昭和13年17歳の時に、焼き物の本場、朝鮮・中国で作陶技術を習得しようと考え、朝鮮へ渡りました。

朝鮮各地で1年間修業を重ねた後、さらに中国へ渡り3年間修業を続けましたが、次第に悪化する日中国交の余波を受け、昭和16年、故郷の九州へ戻りました。

昭和23年27歳で上京し、洋画を通じて西洋美術を学び、これを焼き物に取り入れるべく、絵画の世界にも手を伸ばしました。

昭和50年54歳の時、妻の実家に遊びにきた福田祐太郎は、散策の途中、車のタイヤ跡に青白色《あおはくしょく》の粘土を見つけ、なんの気なしに拾い上げてみると、陶土に似た粘りがありました。

タイヤの跡をたどって行くと、上越新幹線の月夜野トンネルから排出された排土の山でした。その土をつまんで口の中に入れ、丹念に噛むと粘りがあり、「いけるぞ、これを持ち帰って、カマに入れてみよう」

早速、東京へ持ち帰り、東京教育大学地質鉱物学教室の須藤俊男名誉教授の協力を得て、分析したところ、陶器質流紋岩《りゅうもんがん》と判定されました。

工事で掘り出される土が、ひょんなことから陶器になることが分かりました。それもありきたりのものではなく、「百年たっても出ない」といわれる渋みのある深い色合いであり、普通の焼き方では簡単に出ない、鈍い黄銅色《おうどういろ》が出た。知り合いの茶人に見せたところ、今の焼き物だと信じてもらえなかった、というくらいに茶道で好まれる「年代」が割合簡単に出せるところが特色でした。以来、研さんを重ねた結果、陶土は月夜野町を中心に大量に分布することを確認しました。お荷物であった、新幹線トンネル工事から排出される土が、焼き物の土になることが新聞発表されると、地元月夜野町は大きな騒ぎとなりました。

また、妻ふみ子の実家である月夜野町小川和名中《わなじゅう》の吉沢松太郎さんは、祐太郎窯の創設に全面協力し、「月夜野焼祐太郎窯伝習所」がつくられ、弟子の養成も試みました。伝習生は、募集すると35人の応募者がたちまち現れ、そのうちの10人を伝習生として、月夜野焼は生み出されて行きました。

さらに昭和52年には、上牧にも伝習所をつくると同時に、上牧温泉郷の真ん中、辰巳館の隣に、月夜野焼の展示即売を行うギャラリー慕陶館《ぼとうかん》をつくり、水上温泉郷へ行き交う人たちへ、月夜野焼を広めています。

福田祐太郎の作品は、慕陶館《ぼとうかん》をはじめ、上毛高原駅正面玄関に「赤い城山《しろやま》」（縦４ｍ×横12ｍ）の大作の陶壁画《とうへきが》を見ることができます。

数ある全国の陶器の中でも、新幹線のトンネル工事から生まれた焼き物というユニークなものは他にはないものです。

62

若《わか》松《まつ》 種《たね》夫《お》

ランドセルのトップメーカー

若松種夫は大正10年（1921）10月に現在の沼田市柳町に生まれ、昭和11年沼田尋常高等小学校を卒業すると、12歳で東京のカバン問屋の丸富に奉公しました。

昭和16年20歳で、兵役《へいえき》によりフィリピンなどを転戦し、昭和21年6月に復員しましたが、マラリアで2年間苦しみ、昭和23年27歳で、丸富社長の長女と結婚し、浅草鳥越で本格的にカバンを製造します。

昭和26年30歳の時、株式会社に改め協和縫製工業を設立し、社長に就任します。

時代は終戦後の物不足から高度経済成長期へと進み、つくれば売れるという時代を迎え、多くの経営者は宵越しの金は持たないといった風潮でした。しかし、若松種夫はそのお金を、工場と店舗の買収に投資しました。これにより、直営の小売店舗を持つことができ、このことが問屋を通さず小売店で直接販売を行う、独自の道を切り開きました。

昭和44年48歳の時には、墨田区に工場を新設し、ランドセルの生産量は業界トップになります。

昭和49年53歳の時、ランドセルのトップメーカーとして会社名を協和に改め、スーツケース、ランドセル、ビジネスバッグを中心にあらゆるカバン、ケース類を企画し、国内・海外の企業とのタイアップにより常に新製品の開発に努め、製造から販売までを行うカバンの総合メーカーに育て上げました。

昭和56年60歳から通信販売大手の旧ムトウの会員会社156社で組織するムトウグリーン会の会長を平成21年まで28年間務め、ムトウの業績拡大に大きく貢献しました。

これらの経営手腕の根幹を次のように語っています。戦後何もないところから始めた会社であるため、日常的に使用するしっかりした実用品を正直につくることにあり、実用品なので、しっかりしたモノで手頃な価格で提供できなくてはならない。そのため、ランドセルなどをつくる時に生ずる端材をいかに活用して商品化し、無駄を出さないかということに力を入れている。一度は不用となった材料でも、アイデアを絞って商品化すれば、手頃な価格の実用品として、生き返らすことができる。筆入れや縦笛ケースなどとなり、売り上げに貢献している。

全国鞄協会理事長など業界団体の役職も務め、業界全体にもその人望は厚いものがあります。その若松種夫の経営姿勢を物語るものとして、東日本大震災の被災地の小学生1・2年生には新しいランドセルを、3年生以上には使用済みのランドセルを修理・清掃の上、新品同様に再生して贈ってきました。さらに、平成23年の発生から今後6年間、東北三県の新入学児童へランドセルを贈り続けることを約束しています。

平成25年6月には、株式会社鴻池製作所の製造販売事業を譲り受け、「He《へ》M《ム》」ブランドも譲り受け、攻めの経営を展開しながらも、消費者の声に耳を傾け、消費者の立場に立ったモノづくりを心掛け、会社は社会に支えられているという感謝の気持ちを常に持ち、社会の健全な発展に寄与できる企業になるべく、さらなる努力を続けています。

それが立証されたように、平成25年、日刊工業新聞社主催の「第3回日本でいちばん大切にしたい会社大賞」の審査委員会特別賞を受賞しました。

63

阿《あ》久《く》津《つ》 哲《てつ》造《ぞう》

人工心臓のテルモ会長

阿久津哲造は大正11年（1922）8月、現在の沼田市中町の阿久津歯科医院の一人息子として誕生しました。

幼い頃から「医者になるんだ」と父親に言い聞かされ、いつの間にか自分でもそう思い込んでいました。

沼田高校を卒業後、名古屋帝国大学（現在の名古屋大学）医学部に進みました。この当時は、「学位が取れれば田舎に帰って開業しよう」と考えていましたが、大学病院の医局で、心臓の手術などに利用する治療器具、人工心肺の開発などの研究テーマが阿久津を待っていました。

昭和25年ごろは、医療材料などの開発が十分ではない時代であったため、阿久津は既存の工業材料で利用できそうなものや研究中の新材料を求めて走り回りました。

成果は翌年の学会で発表され、大きな反響を巻き起こし、人工心肺をきっかけに、人工臓器の研究に取り憑かれた阿久津は、心臓外科の分野で、はるかに日本をリードしているアメリカへ行こうと決めました。

昭和32年、35歳の時、クリーブランド・クリニック人工臓器部に留学します。

「米国では30代でも思い通りに研究をやらせてくれる」。そう語った阿久津は寝る間も惜しみ、人工心臓の研究に取り組み、ついに手づくりの人工心臓が初めて動きました。

この成果はアメリカで一気に名声を高め、アメリカ航空宇宙局（ＮＡＳＡ）にも認められ、共同研究が始まりました。

その後、42歳にはニューヨーク州立大学医学部外科助教授、44歳にはミシシッピー州立大学医学部外科人工臓器研究室準教授、47歳で同教授、54歳でテキサス州立ヒューストン大学生物工学部教授などを経て、昭和56年、59歳で日本へ帰国します。

帰国するや、国立循環器病センター研究所副所長、金沢医科大学教授などの職に就きながら研究を続けることしか考えていなかった阿久津でしたが、循環器病センターに定年制が設けられ、金沢医科大学も平成元年、67歳で退任せざるを得なくなってしまいました。

この時、それまで体温計を細々とつくっていた「テルモ」は、３５０億円かけ、医薬品から人工臓器まで幅広く研究する湘南センターを完成させ、 阿久津は副社長として「テルモ」に迎え入れられます。

平成5年には、21年間テルモ社長をしていた戸沢三雄が亡くなったため、副社長の阿久津に白羽の矢が立ちました。

研究一筋に生きてきた阿久津が、企業経営に乗り出したのは、実に71歳の時でした。

その後、テルモ会長・相談役を経まして、平成19年、85歳でその生を閉じました。

「テルモ」は、体温計の分野から医療機器全般へと事業内容を広げ、世界１６０カ国を相手にテルモグループ1万4千人からの従業員が活躍する、国内有数の企業へと成長を遂げています。

64

佐《さ》藤《とう》 三《さぶ》郎《ろう》

利根沼田のりんご栽培の恩人

利根沼田のりんご栽培の歴史は、明治36年、川場村の青木春吉が蚕の種の取り引き関係から、りんごの苗木を長野県から購入し、年月を重ねて1haの栽培を行った記録があります。

しかしながら、時代は養蚕が主流であり、養蚕は虫を育て、リンゴは虫を殺すという相反するものであったため、りんごの栽培は、広がってはいきませんでした。

また、主食ではなく、現金もなかなか得られない、りんごの栽培については、世間からは冷たい目で見られ、多くのりんごの木は、切られてしまいました。

やがて、太平洋戦争後の食糧不足時代に入ると、りんご伐採を免れた栽培者は、貴重な食糧源として脚光を浴び、ようやくお金を得ることができました。同時に昭和23年には、千葉大学園芸学部利根農場が開設され、りんご栽培の研究機関が地域に設置されるということが、栽培に拍車をかけました。このようにりんご栽培熱が農家の間に高まり、昭和27年には、利根沼田りんご研究会が発足しました。

佐藤三郎は、昭和5年（1930）、静岡県浜松市に生まれ、昭和23年千葉農業専門学校（現在の千葉大学園芸学部）へ入学し、昭和26年、千葉大学果樹研究室に在籍しました。

昭和29年には、千葉大学利根高冷地農場に校外農場助手として着任し、利根沼田の地に初めて足を踏み入れました。そこでは、大学農場のりんごを育てながら、大学の農場が地域に存在する意義が、少しでも高まるように日々努めました。果樹研究室、大学専攻生の実験内容について来場者へ説明することや、下川田町大竹集落への園芸技術の紹介、竹の子子供会の創設、下川田青年団への演劇、弁論などの文化活動指導などを行い、地元に公私共に溶け込みました。

昭和33年には群馬県技術吏員となり、昭和35年、沼田市横塚町に新しくできた沼田果樹試験地に着任します。

昭和37年には、長野県小布施出身の中条忠久技師と共に、りんごの新品種である、あかぎ、陽光を発表し、利根沼田のりんご農家にとって、大きな希望の光を与えました。

このあかぎ、陽光という品種は、今まで栽培していた品種の弱点であった、見た目や酸味、みずみずしさ、さらには収穫時期など、栽培農家が悩んでいたことのほとんどをカバーするものでありました。これにより、利根沼田のリンゴが、大産地長野県の手前でありながら、首都圏のお客を奪い、観光りんご園として、成立する大きな要因となりました。

昭和55年、園芸試験場主任研究員兼農政部長室に勤務し、退職とともに県立農林大学校非常勤講師を勤め、平成3年61歳には利根沼田農協に青年研修所長となり、平成5年にはJA利根沼田、相談役兼常任講師として農家の相談に応じ続けました。

平成5年には、『節気《せっき》と農』という本を出版しましたが、これは季節の移り変わりの特色と、その中で農業がどう関わっているかをまとめ上げたもので、四季を感じやすい利根沼田の良さを改めて、見直すことのできるものです。

65 石川《いしかわ》 宗助《そうすけ》

土岐の一算

石川宗助は、明和5年（1768）に現在の沼田市上発知町で生まれました。

幼い頃の名前は義孝といい、数学を好み、算盤に長けていました。

沼田藩の先手組（馬には乗らず、徒歩にて従う侍で〝かちむしゃ〟という）で、土岐の殿様に仕えていました。

たまたま江戸の上屋敷に命令で上京の途中、熊谷で夜になってしまったところ、怪しい連中に遭遇し、金を出せと言われました。ところが、宗助は少しも騒がず、「私は沼田の宗助と申す者だが……」と言って、おもむろに算盤を出し、「土岐の家臣で少々算盤をたしなむ。今私がこのそろばんの五玉を払うと同時に気の毒だがお前の首が飛びますよ」と言ったところ、その悠々とした態度と堂々たる姿に圧倒され、相手は逃げ去ったといいます。

江戸屋敷に滞在中、肥後島原藩（熊本県）の家臣矢島顕広に算学を学び、研さんを積みました。

よその藩の者とそろばんの競争をした時、よその藩の侍が、「今一算願います」と再計算を求めたところ、「土岐の一算で、二度とはやりません」と自信に満ちた言葉で断ったという逸話があります。

郷里に戻ると、城下の材木町に住み、多くの門弟に算盤を教えました。

また、藩が測量の仕事をするときは、共に測量をしました。このことは晩年まで続いたといいます。

天保11年、73歳でその生を閉じました。

一度そろばんを入れたら、絶対に間違いはない、決して二度と繰り返さないという意味から、「土岐の一算」という言葉が世間に広く知られ、この時代から現代まで伝え残っているということは、それだけ土岐時代における沼田藩の数学の実力は、高度なものであったことが想像できます。

なお、「土岐の一算」と呼ばれた人物は、もう一人います。34歳年下の熊沢葦助元書ですが、土岐の一算の命名は、必ずしも個人に関してのものでなく、土岐氏家臣の数学についての伝統的な技術をたたえる世間の評判と見るべきだと思われます。

66

筧《かけい》 耕《こう》 亭《てい》

私塾帰厚堂の創設者

筧耕亭は大阪の今福の生まれで、生まれた年は不明ですが、早くから仏門に入り、京都東本願寺で修行をした役僧でした。

諸国行脚の修行に出て、その道筋で片品村東小川に来たときに村人からその人徳を慕われて、子弟の教育をひたすらお願いされ、文政４年（１８２１）に私塾（私塾）を開き、「医国堂」と名付けて子弟の指導に努めました。

医国堂とは、国を医する、つまり、国の病気を治すという意味で、そのためには、まず人材の育成からという意味です。

この医国堂で、18年の歳月を子弟の教育に努めていました。ところが、故郷から突然のたよりがありました。

耕亭には故郷に一男一女があり、その男子主逸が大和国（現在の奈良県）の法隆寺で修行の後、一つの寺の住職になったので、戻って来てほしいとのことでした。

耕亭は、天保10年（１８３９）、塾を閉じ、村人に別れを告げて大和の国に帰りました。しかし、２年後に主逸は病に冒され、21歳の若さで病死してしまいましたので耕亭は再び片品村に戻りました。

再び私塾は開かれ、今度は「帰厚堂」と命名され、地元をはじめ近隣の多くの青年たちに教育を行いました。

前後30年にわたり教育に力を尽くし、嘉永4年(1851)7月帰厚堂で、その生涯を閉じました。

帰厚堂の塾舎は、長く保存されていましたが、たまたま火災に遭い、焼失してしまいました。

しかし、村人たちの力で、書籍などはその類焼を免れ、現在も東小川分校に大切に保管されています。

また、書籍以外のものとして、帰厚堂の扁額があります。ケヤキの一枚板で小型なものですが、帰厚堂の文字は「大学頭、林道慶」という、徳川幕府の学問上の最高権威者の書です。このような格式の高い人から授けられることは、耕亭の学識の深さを知ることができるものである、と言われています。なお、これは『扁額「帰厚堂」と寛耕亭先生の墓』として、片品村文化財に指定されています。

また、平成15年には、東小川の龍創院すぐ下に、郷土の義人須藤主税と寛耕亭の2人の事蹟をたたえるため、顕彰碑が建立され、寛耕亭の名前を再認識することができました。

67

橋《はし》本《もと》 香《こう》坡《は》

幕末の儒者　伊丹に明倫堂

橋本香坡は文化6年（1809）、橋本紋右衛門の長男として現在の沼田市東倉内町に生まれました。名前は通《とおる》、字《あざな》は大路、通称は半助。別号に毛山などといいました。15歳のとき父母と共に大坂堀川の沼田藩、倉屋敷に移りました。天保9年（1838）30歳のとき、伊丹（兵庫県）に開かれた「明倫堂」と呼ばれた郷校の初代教頭を務めました。

江戸時代の終わり、封建社会をつぶし、世直ししようとする民衆の心を抑えることができなくなってきた伊丹郷町の町役人らは、領主近衛家に郷校の設立を願い出ました。

郷校とは寺子屋よりも内容が高度な、今でいう高等教育機関のことです。伊丹の中心に近い昆陽口村に開校した明倫堂は、近衛家と町民が拠出した資金によって運営されました。

初代教頭として招かれた橋本香坡は、大坂で篠崎小竹の主宰する梅花社に学び、「篠門の四天王」の一人に数えられていました。

明倫堂とは、人と人との間の道徳的秩序を明らかにするという意味で、この名称の学問所は各地に相次いで建てられていました。明倫堂で教えた学問は、道徳をはじめ、儒教の基本や歴史、漢書が主体で、簡単な読みから漢文の意味解釈に及び、習字は楷書と行書を教えましたが、たいへん好評だったといいます。時間は午前8時ごろから午後2時ごろまで、夜学などは生徒の随意だったようです。生徒数は、寄宿生徒4人、通学生徒56人、職員は教頭である香坡に、助教1人、事務1人の3人でした。安政4年(1857)49歳、明倫堂にあること十有余年で教頭を辞め、家督を継ぎ、大坂で私塾を開きました。

香坡は、王を尊び外圧、外敵を撃退しなければならないとする思想の尊王攘夷論者であって、長州藩(山口県)に好意を寄せていました。そのため、明倫堂教頭を辞職して大坂にいた慶応元年(1865)に、幕末の鳥羽伏見の合戦に敗れた長州藩兵士らに手を差し伸べたのを咎められ、大坂にあった新撰組屯所(当時の警察署)に引き立てられ、逮捕、投獄され、慶応元年10月10日、57歳で獄死してしまいました。香坡は亡くなってしまいましたが、香坡の教えを受けた人たちが、明治期の伊丹の近代教育を担うことになったということです。

沼田においては、坊新田町の了源寺に、橋本香坡の漢詩碑『不二岳』が建てられていますが、昭和18年の建碑当初は、東倉内町の検察庁が香坡誕生の場所ということで、検察庁の所に建てられていました。その後、この碑の意味が敗戦国にふさわしくない内容であり、進駐軍から睨まれる恐れがあるとのことで、土中に埋められました。そして時が経過して、昭和47年、坊新田町の大正会により掘り起こし、香坡ゆかりの了源寺に建てたというエピソードがあります。

また、著作には『皇朝名家詩鈔』『西遊詩稿』『南朝忠臣往来』などがあり、学問に精通した香坡ならではと感じることのできるものです。

沼田では香坡の名前はあまり知られていませんが、明倫堂のあった「いたみ」においては、研究者が香坡の事跡を調べ続け、現在も伊丹市立博物館の研究誌などへの掲載が続けられています。

68 千《ち》明《ぎら》 慶《けい》悦《えつ》

盲目の和算家

千明慶悦は片品村築地に天保3年(1832)、千明新左衛門の長男として生まれました。幼い時の名前は富吉といいましたが、生まれながらにして視力が弱く、2mくらいしか先が見えなかったといいます。

しかし、頭脳明晰で読み書き算盤を習得し、儒教の基本書とされる四書五経にも通じていたといいます。

特に数学を好んで実績を積んだのですが、農業は思うようにできませんでした。そこで、17歳の時、江戸に出て、按摩の修行をする決心をしました。

江戸では、按摩の仕事を覚え、人の援助を受けないで、自分の力で生活することができるようになったのですが、生まれつき学問好きな性格は按摩業に甘んじていることができず、数学の門を訪ね、研さんすることになりました。

5年の修学で免許皆伝となり、22歳の年に故郷の片品築地へ帰りました。

村に戻ると、塾を開いて、子弟の指導に当たりましたが、山村では弟子の数も少なく、どこか良いところはないかと考えて、江戸に出る時、病にかかり、お世話になった三国通りの北牧宿(子持村・現在の渋川市)に出ることにしました。

幸いにも北牧では、熱心に学問に励む鴻田北斎という学者の助力を得まして、塾を開くことができ、北斎が国学と漢学、慶悦は算数を担当して、青少年や学問を好む者たちへ教えることができました。

数年が経ち、働き盛りの年を迎えましたが、病魔に侵され、住み慣れた北牧宿を後にして、片品へ帰り、元治元年（1864）11月に33歳で、その生を閉じました。

その短い生涯を現在まで伝えているものに、安政3年（1856）慶悦24歳の時に、渋川市川島の甲波宿禰神社に奉納され、現在に残っている算額があります。

算額とは和算家が自分で考えた数学の問題や解く方法を書いて神社に奉納した絵馬のことですが、この算額の協力者として、北牧宿近在の者52人、片品村近在の者14人の名前が記されています。

大きさは、縦80㎝、横190㎝ほどで、渋川市指定重要文化財になっていますが、この算額は、利根沼田では、ほとんど知られていませんので、ぜひ、出掛けてみてください。

69

中山《なかやま》 克己《かつみ》

沼田高校の初代校長

中山克己は弘化3年（1846）10月、当時の江戸にあった板倉藩（現在の福島県）の藩邸に、父三左衛門、母政子の長男として生まれました。

藩邸の学問所に学んだ後、現在の岡山県松山の藩校である有終館の漢学教師を経て、明治3年、24歳の時に、藩から英語学修業のために上京を命ぜられ、箕作《みつくり》三叉《さんさ》学舎及び横浜の慶應義塾分校で英語、漢文、地誌科を勉学、明治5年からは英語、漢文の教師として勤務しました。

明治6年27歳には、東京牛込の八幡町《はちまんちょう》（現在の新宿区）で、化成学舎という私塾をつくり、英語、漢文、算術を教え、35歳まで8年間、塾を経営しました。

塾を閉じてからは、朝野《ちょうや》新聞編輯局員、東京地学協会編輯主任書記などを務め、明治18年、39歳の時に、初めて公立学校の教師として、岐阜県高山中学校の教諭となり、学習院教師などを経て、岩手県、宮城県の各高等小学校長を務め、明治29年9月、50歳の時に郡立利根学校長として月給40円（現在の約40万円）で着任しました。

群馬県尋常中学校利根分校（現在の県立沼田高等学校）開設後は、分校主任教諭となり、以後16年間、事実上の利根中学校長として、存分に自己の教育的信念に基づいて、学校経営に当たりました。

中山校長の生涯の中で、最も本人の人格に強く影響したものは、鳥羽伏見の戦いに藩侯《はんこう》（殿様）に従って、幕府軍として参加し、敗れて脱出後、板倉藩老臣《ろうしん》熊田恰《つとむ》が、この責任を一身に負って切腹した場という、重要な事態にたまたま出会ったことでした。

利根中学校に勤めてからも、命日には生徒を控室に集めて、熊田恰の極めて国を愛する意識が厚いことと、正義を重んじようとする心を語っていました。

当時、利根中学校は、選ばれた者の小規模校であったことにもよりますが、中山校長の人格的感化が隅々にまで行き届いて、中山塾ともいえる雰囲気にあったことは、各種の事実から十分に想像することができます。

「利根の山中《さんちゅう》、沼田の塾で、文武《ぶんぶ》鍛えし美少年」という歌がよく歌われたといいますが、この家塾《いえじゅく》的雰囲気は、純朴な地域性と相俟《あいま》って後々まで受け継がれていきました。

幕末から明治初期の動乱の過程で鍛え抜かれた校長の個性と、儒教的、家父長《かふちょう》的権威は、ここに学んだ多くの生徒たちの幼い脳裏に、強烈に印象付けられました。

酒を非常に好み、病気になって、医者から止めるように言われましたが「酒は吾が生命《いのち》なり。酒を禁じて病を癒《いや》せんよりは、寧《むし》ろ酒を飲んで斃《たおれ》るに若《し》かず」と、酒の害を知って酒のために斃《たおれ》、沼田中学校第一回の卒業生を見ることなく、大正2年2月、68歳で、その生涯を閉じました。

70

高《たか》井《い》　清《きよ》忠《ただ》

小学校教育と高井公園

高井清忠は嘉永2年（1849）、高井又助の長男として、現在の沼田市西倉内町に生まれました。

高井家は、沼田藩主土岐家に仕え、剣術と学問に優れた一家でした。

明治5年、後閑村（現在のみなかみ町後閑）の戸長の高橋平次兵衛は、村の子供たちに、ぜひ学問をさせたいと考え、人柄も学問も優れていた高井又助・清忠親子にお願いし、親子一緒に、後閑へ移ってもらいました。

この頃の村人は、学問の大切さを理解できずにいましたので、清忠は家々を回り、学問をすることを勧め、貧しい家の子には、紙や筆を買い与えて、勉学を勧めました。

明治7年7月には、全国各地に小学校がつくられ、後閑村にも徒渉小学校が生まれました。清忠は、この小学校の最初の先生になりました。その職員室は、お城のしきたりそのままに、「お詰所」と呼ばれたそうです。

明治の頃の卒業生の思い出の文章が全てを語っていると思いますので、ご紹介します。

「先生は朝が早い。子どもたちが登校するころには、五つ紋のついた羽織、はかまを着け、お詰所の畳の上にきちんとすわっていた。かたわらの火鉢には、南部鉄びんがチンチンと音をたてている。

子どもたちは、登校すると道具をおいてから、きものの襟をきちんと合わせ、お詰所の入口にすわり、静かに唐紙を開け、両手を八の字について、その上に額をつけて、『先生、おはようございます』と、あいさつをすると、先生は、いつもにこにこしながら『よしよし、よく来た』といって、一人一人頭をなでてやる。それが子どもたちにとっては、何よりもうれしく、身も心も晴々として、外で元気に飛び回っていた」

清忠は、新しい世の中になればなるほど学問の必要なこと、作法やしつけの大事なことなどを、折を見ては村の家々を訪ねて、諭しました。

明治7年から大正10年まで50年間、村の小学校教育ひとすじに打ち込みましたが、大正14年76歳で、その生を閉じてしまいました。

清忠は、漢詩や書道に優れており、号は滌泉といい、いまでも神社の幟や、あちこちの家の奥座敷や床の間に、その書が残されています。

また、古馬牧小学校の裏手の小高い丘の上に、木立に囲まれた広場がありますが、その正面に胸像と石碑が建っています。

この土地は、もと熊野神社の境内でしたが、昭和3年に、高井清忠を偲ぶ像が建てられてから、高井公園と呼ばれ、憩いの場となっています。

また、教え子の一人には、沼田公園を寄付した久米民之助もいました。この民之助が毎年出す年賀状の初めの1枚は、必ず、高井清忠先生へ送ったとのことです。

71

星野《ほしの》 なか

婦人の職業意識変革

星野なかは安政3年(1856)4月、現在の沼田市利根町追貝の星野菊三郎の四女として生まれました。

そして、夫、蔵之助を迎えて家督を継ぎ、五男一女を育てる一方で、村の婦人たちの副業指導と精神教化に努めました。

冬の長い山間地の婦人たちは、養蚕から出てくる不良品である繭の屑繭で糸を紡ぎ、自家用の布を織っていました。

星野なかは、それを自給だけでなく、副業化して収入を上げさせようと考えました。

そのためには、機械を導入して、これを使いこなすことが最も適切であるということだけでなく、精神の修養にも効果が大きいものであるとして、この普及発展に献身の努力をしました。

大正15年4月、個人の財産のみを投じて、この計画の実行に着手しました。それは間口5間、奥行2間半、木造トタン葺き平屋建の機織場《はたおりば》を新築し、高機《たかばた》5台(高機とは手織り機の形式ですが、今まで坐って織っていたものを腰かけて織るようになった、当時は画期的なものでした)、機具12点を整備して、東村(現在の沼田市利根町)に寄付し、広く郷土の婦人たちに、生活を営むための仕事であることを教えました。

昭和2年7月27日、賞勲局《しょうくんきょく》(現在の内閣府の組織の一つ)総裁天岡直嘉《あまおかなおよし》は賞状を授けて、その善行を賞しました。

星野なかは、さらに、この機織りを行うように勧めていくため、専属教師を雇い、材料も自費で買い、受講者に与え、織り上げたものは持ち帰らせ、これを推し進めました。

さらに、機織り場には、機織《はたおり》神社を建立して、精神面からもその必要性を説いていきました。

こうした努力が実り、機織り熱が高まり、農閑期には受講者が多くなってきたので、星野なかは寒さもいとわず、昭和4年の冬から、昭和8年77歳で亡くなるまで、年老いた身体を機織場へ運び、雪の降る日は家の人に背負われて行き、手をとって指導をしました。

こうした献身的な努力のおかげで、冬の間の収入、特に女性たちが自らの手で得ることができたことは、その収入以上に勤労意欲を根付かせることの意義深いものとなり、村の発展に大きく貢献しました。

72

関《せき》 準《じゅん》 蔵《ぞう》

学校林の創設

関準蔵は明治2年（１８６９）、川場村谷地の関助左衛門の長男として生まれました。関家は代々、助左衛門の名前を名乗り、江戸時代を通して、名主を務めた家柄でした。

準蔵は小さい頃母親を亡くしましたが、大勢の家族の中で、みんなが仲良く暮らしていけるように、一生懸命がんばりました。

明治32年、31歳の5月に村の助役となり、9月には村長に選ばれました。

若い頃から、まじめで人のために尽くす人で、子供たちには大変やさしくて、手づくりのおもちゃを与えては、喜ぶ姿を見るのが何よりも楽しみな人でした。

準蔵は生まれながらにして、何一つ不足のない豊かな家に育ったわけですが、「人間、働かざれば食うべからず」を常に心に深く言い聞かせて、働くことを心掛けていました。

明治43年、村長として、村の将来のことを真剣に考え、村が発展するために、その基本となる財産をもっと増やすには、どうしたらよいかと考え、山懐に抱かれた、この村としては山林によることが最も良いことだと考えましたが、その山林をどうやって手に入れるかが大きな問題でした。

ちょうどその頃、国から村へ国有林を払い下げて、各地区に共有林をつくる話がありました。準蔵の住む谷地にも払い下げの話があり、準蔵は谷地地区に払い下げられる山林を、学校林に寄付してくれるように、地区の人々に訴えました。

人々は、なかなか賛成してくれませんでしたが、辛抱強く説得して賛成してもらい、現在の学校林、約42haができました。

準蔵は、その後も役員として長く、学校林の植林や手入れなどを受け持ち、学校林を育てることに力を入れました。その気持ちに応えるように、村の当局や学校の教師、児童もこの学校林の育成に協力をし、数十年にして、立派な森林となりました。

昭和24年になると、川場村でも小学校の隣に新しく中学校を建てようという話が持ち上がりました。戦後、間もない頃でしたので、食糧も物もなく、学校をつくる仕事に当たった人々の苦労は大変なものでした。どこの市町村でも、戦後の貧しさから立ち上がり始めたところで、学校をつくるというお金はどうしたら良いのかということで、頭を痛めていました。

ところが、川場村では、その費用を村の学校林の木を売ったお金で賄うことができ、立派な校舎を新築することができました。

関準蔵は、その校舎の落成式を見届け、翌年、昭和26年、83歳でその生涯を閉じました。

昭和28年、村当局は、その功績を永く残すため、「関準蔵翁顕彰碑」を小学校の校庭に建立しました。

その後も、川場村では、学校林の木を売ったお金で、中学校の体育館や小学校の鉄筋校舎などがつくられ、村の将来を担う子供たちに、すばらしい環境を提供しています。

73 荻野《おぎの》 貞次郎《さだじろう》

私財を投じて女子教育施設を

荻野貞次郎は明治3年（1870）11月、現在の沼田市下川田町田中に生まれました。明治25年3月、群馬県師範学校を卒業し、母校である川田尋常小学校訓導（教員）となり、翌年には23歳で校長を兼任しました。さらに、明治33年30歳で川田尋常高等小学校訓導兼校長となりました。

当時、女子の教育は、はなはだ振るわず、尋常小学校卒業以上の女子に修養すべき教育機関がない現状をみて、婦女子の教育振興を痛感しました。

そこで、地元の有志、黒岩佐五七と相計《あいはか》り、明治35年12月私財を投じ、私立敷島学館を、製糸会社川田組の2階を利用して、創立しました。

これは、農閑期の冬から春の五カ月間、裁縫教師を招き、小学校教員の援助協力を得て、裁縫を中心とした、女子に必要な知識技能を授けることにしたものでした。

教える場所も持家を借りては転々とし、ついに自宅を開放したりして励み苦しみ、10年余り継続しました。

明治36年、県下でも実業補習学校がいまだ創始期である頃、私立敷島学館の生徒並びに村内の男女を勧誘して、川田実業補習学校を創立しました。

荻野貞次郎の川田小学校在職は、明治39年3月までの15年間ですが、その間、児童教育に専念し、質実剛健の教育方針の下に、自ら率先垂範をもって当たりました。

経済的に恵まれない児童には自らのお金を与えたり、借金の受け出しをしたり、夜自宅へ勉強に呼び寄せて励まし、後進の指導に当たるなどしたため、教え子たちは後に多くの教育者となりました。

荻野は明治39年吉井小学校長、明治41年池田小学校長、大正2年桃野小学校長となり、大正7年には多年にわたる教育の功績を認められ、県表彰を受けました。

大正11年52歳で教員を退職しました。

その他の活躍としては、利根郡教育会長として、郡の教育の発展に貢献し、郡制廃止の記念として『利根郡誌』の編纂に着手し、昭和5年に刊行しました。

また、退職後の大正14年、小学校裏四つ角に事務所を置いた川田信用組合(後の農協)が組織されると、初代組合長となり、昭和4年まで非凡な力を示しました。

さらに、和歌、俳句、狂歌の文芸団体である研文社の主幹として村内文化を牽引しましたが、昭和9年12月63歳で、その生涯を閉じてしまいました。

昭和11年12月の二周忌を迎えるに当たり、川田村出身門弟有志一同が、謝恩碑を建て、その遺徳を永く後世に伝えることとしました。

74

秋《あき》山《やま》 吉《きち》次《じ》郎《ろう》

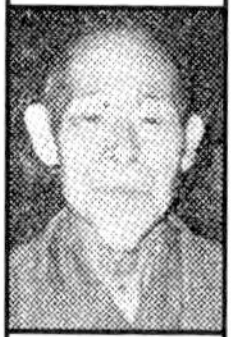

郷土史家

秋山吉次郎は明治7年（1874）7月、現在のみなかみ町月夜野に生まれました。

明治23年16歳から18歳まで、地元の桃野尋常小学校に勤務、明治28年21歳から24歳まで桃野高等小学校に勤務しました。

明治33年26歳で、高等女学校日本史科教員免許を受けています。

同じ年、東京の国民英学会（私立英語学校）へ入学します。

同時に12月には帝国教育会中等教員講習所地歴科へ入学し、明治35年28歳で、富山県立高岡中学校へ勤務します。

明治39年32歳で、中等学校日本史、東洋史科教員免許を受け、大正11年49歳で両親が亡くなったことで、帰郷します。

帰郷後一時、沼田中学校の講師として歴史を教えていましたが、昭和4年55歳から足掛け2年、桃野村村長を務めました。

生涯を郷土史の研究に励み、村誌の編纂にも助言を惜しみませんでした。

それらの功績は、郷土誌『毛野』へ寄稿された「禁芸術売買之輩の塔」「戊辰の役に於ける沼田藩」をはじめ、県内郷土誌の草分けであります『上毛及上毛人』への寄稿、論文も数多く、高橋不可得、青柳琴僊、橋本香坡、金子照泰、塩原太助、関赤城、川場吉祥寺の曇華和尚、加沢平次左衛門、栗原柳庵などの人物研究、さらに名胡桃城址、利根郡桃野村の石器時代遺跡・古墳・金石文字、お駒地蔵とお駒堂、上野国神名帳の小高明神、皇室御料地だった土井出の庄、月夜野神社所蔵鎌倉時代の懸仏などと、現在に至っても決して色あせず、郷土史研究をする上での教科書のような内容と、多岐にわたる研究結果に、大いなる敬意を払うものです。

また、新田義宗戦死の地としての研究はさらに奥深いものがあり、現在の沼田市白沢町において、欠かせない話の一つとなっています。

昭和32年83歳でその生涯を閉じています。

75 林《はやし》胤《たね》吉《きち》

報徳教育に一生を捧げる

報徳教育とは、私利私欲に走るのではなく、社会に貢献すれば、いずれ自らに還元されるという、二宮尊徳が広めた道徳思想を教育の場に取り入れることです。

林胤吉は明治12年(1879)12月、現在のみなかみ町藤原の代々名主を務めた林家の林喜三郎の三男に生まれました。

明治32年、群馬師範学校(現在の群馬大学)を卒業すると教師となり、久呂保小学校、勢多郡粕川小学校、細井小学校を歴任し、明治38年26歳の時には、荒砥小学校長に就任しました。

明治44年32歳の時「職務に一所懸命に努力し、その成績顕著なるもの」として、県から教育奨励規程により表彰を受けました。

大正3年35歳には利根郡に帰り、利南東小学校長となり、小学校裏山の岩井洞に、二宮神社が設立され、報徳思想が広まりました。

大正8年40歳には、新巻小学校長、大正11年43歳、桃野小学校長を歴任して、大正14年46歳の時に池田小学校長になりました。

池田小学校においては、昭和14年までの14年間、多くの実績を残しました。

池田村内の岡谷に居住し、地域の教育に尽力しました。

教育は学校の中だけで授《さず》けるものではならない。農山村の社会教育を青年男女、農家の主婦をはじめ、すべての農民に施さなければならない。

こう考えた林舩吉校長は、来る日も来る日も、風雨にめげず、各集落を説き歩きました。

少しでも住みよい村に、農業に関する知識を求め、工夫や能率の上がる点はないのか。毎日の生活での不合理な点はないのか。こう説き歩く、雄弁で大らかな校長は、信望厚く、村民から深く敬愛されておりました。

退職の年、昭和13年4月、利根郡農業教育研究会長となり、14年には池田村産業組合長に就任しました。

さらに利根教育会長、大日本教育会群馬支部利根分会長、維持財団理事長、利根教育記念会理事長と、農民教育を続け、昭和28年には多年教育に従事し、教導感化の功績によって、文部大臣から表彰を受けました。

昭和29年には、学校教育と社会教育に30年間の月日を池田村に捧げた教え子たち1500人によって、頌彰胸像が建立され、さらにこの村に末長く暮らしたいという本人の希望を聞き、全村民からの資金や材料、労力などの提供により、岡谷町に住宅が建てられ、贈られました。

昭和28年ごろから健康を害し、昭和31年5月に76歳で、その生涯を閉じることとなりました。

教育道楽という言葉をもってたたえられ、教育することが生活のすべてであり、それだけが道楽という人生でした。

76

星《ほし》野《の》あい

津田塾大学の初代学長

横浜で生糸貿易業「星野屋」を営んでいた星野宗七・キリスト教伝道者の星野るいの五女として明治17年（1884）に生まれました。生後まもなく「星野屋」が倒産し、一家は現在の沼田市戸鹿野町に帰郷しました。両親は、この失意のどん底で授かった子を、『神は愛』をもって、試練の最中にも神の御手が差し伸べられていること、希望は決して失望に終わることがないという強い確信と平安を得たことであろうと考え、〝あい〟と名付け、一家はキリスト教信仰をさらに深めました。沼田小学校に学び、兄の光多の助けによってフェリス女学校（現在のフェリス女学院）、明治39年東京の女子英学塾（現在の津田塾大学）を卒業しました。

津田梅子が自身の留学を感謝し、他の日本人学生にも海外留学を推進するため「日本女性のためのアメリカ女性の奨学金」をつくり、あいは、それに選ばれアメリカのブリンマー大学理学部に留学し、明治45年卒業となっています。

帰国後、女子英学塾の教師となり、大正7年コロンビア大学教育学部に留学、学位を得て帰国し、大正8年英学塾の教頭となっています、

大正12年関東大震災により校舎が全焼する危機に遭いましたが、あいは津田梅子と共に支えました。

大正14年、塾長代理を経て、昭和4年津田梅子の死去に伴い、志を継ぎ、女子英学塾第2代塾長に就任しました。

昭和6年、東京府北多摩郡小平村(現在の小平市)に新校舎を完成させ、昭和8年「女子英学塾」から初代塾長の名前を冠とした「津田英学塾」と改称しました。この頃の日本は戦争へと突入している時期であり、女子中等教育における英語は廃止状態となっていました。そのため英語教師の需要はなく、入学志願者も激減しました。

そこで昭和18年、理科(数学科と物理化学科)を増設し、「津田英学塾」から「津田塾専門学校」と名称を改めて、学校の維持に尽力しました。

戦時中は校舎と寮の一つを軍に接収され、生徒は学校工場に働きながら勉強を続けました。

終戦後の昭和23年、前年公布された学制の改革に伴い、津田塾専門学校を大学に昇格させ「津田塾大学」を設立し、その初代学長となりました。また、同年、学芸学部英文学科を設立し、翌年、数学科増設、英文学科と数学科をもつ学芸学部としました。さらに図書館募金の大事業に取り組み、全国の企業を回る募金行脚を行い、図書館のための募金に心血を注ぎました。

この図書館設立をたたえ、「星野あい記念図書館」と命名されました。また同大学では、情報数理科学科の成績優秀な4年生に与えられる「星野あい賞」という賞があります。

昭和27年退任し、名誉教授となりました。この間、汎太平洋東南アジア婦人協会日本委員、国際基督教大学評議委員、日本国際協会婦人部委員なども務めました。

昭和30年には、藍綬褒章及び女性文化賞受賞、また大学婦人協会のホームズ奨学金第1回授与受賞者となり、名誉会員となりました。

津田梅子が印した日本の女子高等教育の第一歩をさらに推進し、拡充させ、一生を女子教育にささげました。昭和47年に88歳で、その生を閉じました。

77 浅田《あさだ》 義祐《よしすけ》

分校に文化を

浅田義祐は明治18年(1885)、勢多郡新里村(現在の桐生市新里町)の農業と酒造業を営む恵まれた家に生まれました。当時、県内では最高の学歴を得られた、前橋の中学に入学しましたが、病気のため中途退学すると、その頃、家運が傾き、自立を強いられたため、銀行へ就職しました。

しかし、まもなく辞めて、富士見村の原小学校に代用教員として勤めました。原小学校在職中、富士見村の昌福寺《しょうふくじ》の娘と結婚し、僧侶を兼業しようと考えたところへ、たまたま片品村大円寺が無住となり、同時に土出分教場に欠員ができる話があり、一家で移住しました。

浅田義祐は、世話好きな性格だったため、村の文化を導き育てる仕事に生き甲斐を感じ、村の人たちに愛され、慕われ、多くのものを残しました。

一つは、分校の教員としての活躍です。用務員のいなかった分校では、毎朝生徒が登校する前に教室の雨戸を開け、ストーブを焚き付けるということに始まり、正月の書き初め、学芸会でのオペラのような芝居、運動会でのお遊戯、薪拾いを兼ねた遠足、野球、テニス、卓球などは道具を買って教え、剣道講習会には剣士を招き、6年生にはローマ字や英語を教えるといった、当時としては画期的な内容にあふれていました。中でも、冬期補習教育の夜学の生徒には、討論や演説の練習をさせて、人前で話すことができる人間づくりを行いました。

二つは、村の青年たちとの交流です。村内で最も早く青年会をつくり、分校の薪割りを請け負わせ、運営資金とし、ほとんど村を出ることのなかった青年たちを二、三泊の旅行に連れ出し、運動会では威勢のいい応援歌をつくり、百人一首のカルタ会で男女交際の場を開きました。また、「土出タイムス」というガリ版刷りの小冊子を発行して、青年たちの文章や俳句短歌などを掲載しました。これの編集、校正、印刷などすべてを行いました。

三つは、村への文化貢献です。蓄音機を買って、村の人たちに流行歌、童謡、落語、浪花節などのレコードを聴かせました。前橋に出るたびにレコードを買ってきて、自分で聞くより人に聞かせて喜んでいました。また、現代のように生活に余裕のあった時代ではない時に、尾瀬小唄、丸沼音頭の作詞を行い、レコードに吹き込み、村人の農閑期を利用しては、唄い、舞い、踊っては、農村生活に楽しみを与えました。また、尾瀬の紹介宣伝に努め、登山者が来ると、宿泊させ、道案内をし、青年会の人たちと共に登山道確保のため草刈りを行い、ゴミの持ち帰り運動を広め、村の分かれ道には、案内板をつくり便宜を図るなど、今日の観光事業の先駆けともいえる出来事を数多く行いました。

さらに、トマトやサツマイモを最初に土出で栽培したのも浅田義祐でした。

昭和7年、日本中が不況に喘いでいた時、村役場から退職を迫られ、大円寺の住職だけでは生活ができなかったため、相当な収入が見込める追貝の海蔵寺へ出ることにしました。追貝へ来て1年で、納豆に付いていた砒素《ひそ》の中毒に冒され、48歳でその生涯を閉じてしまいました。

短い人生ではありましたが、分校主任として教鞭を執り、信頼の高い宗教家でもあり、優れた文化人でありながら、人間性豊かな人で、民主的に事を処理され、大衆に好感をもたれた人でした。さらに、直木賞候補になった作家であり医師の浅田晃彦《てるひこ》という息子を、立派に育て上げました。

78

荒《あら》木《き》 正《まさ》恭《やす》

沼田小学校の名物校長

荒木正恭は明治20年（1887）2月、現在の吾妻郡高山村尻高《しったか》に生まれました。

群馬県師範学校（現在の群馬大学）を明治42年に卒業し、吾妻郡名久田小学校、沢田小学校、群馬県師範学校附属小学校訓導を経て、大正6年30歳で群馬郡新《しん》高尾小学校校長となり、県属《けんぞく》、佐波郡視学などを歴任して、大正12年36歳から昭和18年56歳までの20年間、沼田小学校校長を務めました。

教職年数の大半は、この沼田小学校で過ごし、利根郡学事会長、校長会長の要職を務め、県下教育界の名校長でした。

沼田小学校時代の荒木校長は、どんなに忙しい公務や出張の時でも、毎日、県下のマンモス校といわれる大規模な校舎を必ず一巡し、宿直の教師に声を掛けたり、また、学校の名前入りの提灯を持って街をよく巡視しました。

また、全校児童2800人余りの県下一のマンモス校で、しかも多忙な校長にとって、全校会礼こそ、校長が直接児童に話しかける大切な機会と考え、会礼には非常に心血を注ぎました。

その様子は「各級、級長の号令で整列、先生方を待つ。先生方が見える。声一つなく静まる。校長先生が会礼台に立つ。先生は一回背筋を伸ばし、手を指先まで伸ばし体側につけ、おもむろに礼をされる。右を向き左を向いたりしながら諄々《じゅんじゅん》と説く。声もよく、話は非常に上手だった」と言います。

この他、「退職直後、小使室の下座《しもざ》で正座、小使さんに心よりお礼をのべられた先生」「黒のフロックコートに白手袋と服装を正され、黒の山高帽を手にされた先生、小柄だが鼻下に八の字の立派なひげと、あごひげをはやされ、街でお会いすると、にこやかに朝夕のあいさつに応えてくだされた。先生には町民のどなたにも、また、親子ともどもあいさつされるので、先生は帽子を頭にする暇はなく、常に持ったままだった。このように町の人々と非常に親密であり、やさしい父親のごとく心から親しまれ、尊敬されていたのが先生だった」

という話など、多くの逸話が残されています。

校長勤務20年間は、沼田小学校近くの滝坂の旅館見晴館に居住し、町民として校長として親しまれ、尊敬されていました。

日常の生活、言動に感心して、尊敬の念を抱いたと、長く語り継がれていました。

沼田小学校の校訓10項目、校務要領、処務規程、施設運営に至るまで、緻密な学校経営の実践に当たり、優れた業績を残しました。

昭和18年56歳で校長を退き、昭和20年3月58歳でその生涯を閉じました。

謹厳実直《きんげんじっちょく》の人格者で地域の人々の信望も厚く、退職後「荒木正恭先生顕彰会」が結成され、昭和32年3月、その遺徳をしのんで沼田小学校校庭に胸像が建立されました。

79

望《もち》田《だ》 せん

沼田幼児教育の先導者

望田せんは明治20年（1887）9月、滋賀県蒲生郡蒲生町《がもうちょう》（現在の東近江市《ひがしおうみ》）で生まれ、明治43年、23歳で沼田東倉内の望田留吉と結婚し、望田醤油店を夫と始めました。

大正13年、望田せん37歳の時、坊新田町の妙光寺の佐藤住職から、「日頃、子供たちを集めて話をしてやったり、遊戯をして遊ばせたりしていたが、今度、幼稚園をつくりたい」と、幼稚園開設の話がありました。

幼稚園開設には、ある一定の施設が必要で、その施設が整わなければ、実際の幼稚園は開設できないのだが、沼田の将来を考えた時に、幼児期の教育は必ず必要なので、ぜひとも幼稚園を開設したいとの話でした。

望田せんは、この将来を考えた話に感心感動し、妙光寺の「鬼子母神千人講」を母体にして、先頭に立って、幼稚園建設のための募金を始めました。

一日一銭の「お賽銭寄付」による妙光寺檀信徒の協力や、沼田町の社会奉仕や慈善事業などを熱心に実行、支援する人たちを幾度となく訪ね、寄付をいただくことなどで、開園に必要な遊戯室と講堂を建てる資金を集め、施設設備を整えることができました。

念願の幼稚園開設にこぎつけたものの、当時は幼児教育に対する認識は浅く、入園する園児の数が少なくて定員に満たないことが多く、経営が苦しい時代が続きました。

こうした時にも、望田せんは誰に頼まれたわけでもありませんが、率先して、5歳児の家を一軒一軒歩いて幼稚園へ入ることを勧め、その確保に努めるとともに、園児の父母や保母などの職員、町の有志などによる沼田幼稚園後援会を組織し、園の経営を側面から支えました。

こうした献身的な努力によって、沼田幼稚園の経営も苦難を乗り越え、戦後のベビーブームを迎えて、ようやく安定をみるようになりました。

沼田の幼児教育は、このように、公的な機関の援助のほとんどないままに、民間の人たちの手によって始められ、こういう個人の自己犠牲的な努力によって、支えられたものでした。

望田せんは、こうした功績が認められ、昭和50年に私立学校教育功労者として、群馬県知事から功労章が授与されました。

昭和61年8月、99歳でその生涯を閉じました。

80

後《ご》閑《かん》 祐《すけ》次《じ》

利根商業高校の創立者

後閑祐次は、現在のみなかみ町月夜野の名家小野善兵衛の三男として、明治22年（1889）2月に生まれ、2歳で同じ月夜野の後閑源助の養子となります。

前橋中学校（現在の県立前橋高等学校）、東京高等蚕糸学校（現在の東京農工大）を卒業し、大正7年に宮内省御養蚕所で1年間、養蚕の技術指導に当たりました。

その後、母校の東京高等蚕糸学校で助手を務め、帰郷します。

大正9年31歳で利根郡蚕種同業組合長、翌年、桃野村農会長に就任。

昭和9年45歳で月夜野郵便局長、翌年、全国養蚕業組合連合会議員、昭和13年49歳で群馬社社長に推されました。

この群馬社は当時わが国輸出の大半を占め、群馬県の産業経済の基盤であり、農家経済を支える蚕糸業の組合製糸の県内トップの存在でした。

昭和2年創業し、順調に業績を伸ばし規模を拡大しましたが、昭和5年ごろからの世界的な不況により輸出が減少し、糸の価格が暴落して赤字経営が続くようになってしまいました。そして、経営が上向かないまま、赤字更正計画に対し、社長が退陣するなど混乱が続き、崩壊寸前となっている状況の中、群馬県内の蚕糸業に携わった人の中から役員たちが選びに選んだのが、後閑祐次でした。

この群馬社社長就任時の新聞に人柄が紹介されています。

「後閑氏は別に財があるわけではない。しかし全体主義のイデオロギーと、そして組合大衆の心をとらえて手中におさめるだけの力量を有している。それは農民の生活を知り、誠実さを持っていることだ」

傾きかけた経営は、再建の道を進み始めましたが、昭和16年には太平洋戦争が勃発し、翌年、戦時統制により組合製糸は統合され、社長を辞任します。

しかし、翌年には県議会議員、翼賛会県支部事務局長、県翼賛壮年団長に選ばれました。遮二無二、国民を死へ駆り立てるような愛国者とひと味違い、事務局や壮年団の人事についても文化人や純真な地域指導者を集めるなど、文化を愛する後閑人事を行いました。

昭和27年63歳には、群馬県文化協議会の創設にも加わり、文化振興に尽くしました。

翌年、桃野村村長となり、昭和30年、桃野村と古馬牧村の合併で誕生した月夜野町の初代町長になりました。

昭和33年69歳で全国農山漁村振興協議会長を務め、同時に利根商業高等学校を創立し、理事長になり、翌年から73歳まで校長を務めます。

昭和41年77歳で『磔茂左衛門沼田藩騒動』を刊行し、養父源助が生涯を通して調査研究したものに、祐次がさらにそれを深め、一冊の研究成果としてまとめ上げました。

昭和53年、89歳でその生涯を閉じました。

81

星《ほし》野《の》 鉄《てつ》男《お》

日本における性教育の創始者

星野鉄男は明治23年（1890）2月、現在の沼田市戸鹿野町で星野銀治・はまの三男として生まれました。星野家は祖父母、父母、兄がキリスト教の信徒という家庭でした。

明治36年、県立前橋中学校利根分校（現在の沼田高等学校）に入学。中学時代はキリスト教沼田教会の日曜学校で教えたりもしました。中学卒業後、しばらく利根郡真庭小学校に代用教員として奉職していましたが、明治42年、19歳の時、第二高等学校第三部（現在の東北大学医学部）に入学します。同時に仙台荒町教会の日曜学校教師にもなっています。

大正元年、22歳で東京帝国大学医学部（現在の東京大学医学部）に入学します。同時に、内村鑑三の聖書研究会に入ります。夏休みに帰省した際には、沼田教会で講演などを行いました。

大正2年、内村鑑三門下生の一小団体である「白雨会」に入会します。この会員は7人ですが、密度が濃く、この会のメンバーは生涯を通じた仲間であったようです。

大正6年、東京帝国大学を卒業し、同大学の衛生学教室に入ります。

大正7年、内務省衛生局嘱託として、内務省保健衛生調査会による保健調査（別名：「月島調査」）に参加しています。この月島調査は東京市京橋区月島において実施された実態調査で、大都市の労働者居住地域における労働者生活の総合的調査を町内に調査所を置いて、長期にわたり試みたユニークなものであり、近代日本史の貴重な遺産として、現在も高い評価があるものです。

この傍ら、女子医学専門学校、日本体操学校、関東学園で教えています。

大正9年、内村鑑三の司式により、結婚しました。

大正10年、東京帝国大学医学部助手になりました。

大正11年、文部省派遣により、衛生学研究のため、欧米諸国へ留学します。

大正13年、35歳の時、帰国し、金沢医科大学の初代衛生学教室の教授として赴任します。赴任後まもなくキリスト教主義学校の北陸女学校理事にも就任します。

大正14年、金沢医科大学十全会講話部長に就任し、北陸三県各地並びに青年会・婦人会への講演を始めました。また、金沢日本基督教会の日曜学校長にも就任します。同時に金沢市に新居を設けますが、衛生学見地からのモデルハウスとして自ら設計・監督し、庭先には「青年の家」をつくり、学生たちに開放するとともに聖書講義などを行いました。

昭和2年、わが国における初の性教育の本である『性教育に就て』を刊行しました。

同時にパンフレットによるキリスト教伝道を始めています。

昭和5年、金沢医科大学学生課長に就任。衛生文化についてのリーフレットを創刊し、以後毎月一回発行しました。

昭和6年12月、突如、病に冒され、その生を閉じました。42歳という若さでした。

82

長《は》谷《せ》川《がわ》 ふみ

針供養碑

長谷川ふみは明治25年(1892)1月、現在の沼田市下沼田町の長谷川又左エ門の五女として生まれました。

若くして志を針の道に立て、西倉内須川屋の内弟子となり、裁縫の腕を磨きました。そして、ついにその深技を修得しました。

それ以来、仕立を業とする傍ら、50年間和裁の指導に尽くしました。

長谷川ふみを師匠と仰ぐ者は、およそ1千有余人といわれました。

だいたい沼田で弟子をとりましたが、場所は転々と動きました。冬期などは60人も集まり、それこそ身動きもできないほどの盛況でした。遠くは吾妻辺りからも名声を慕って通って来たものです。

昭和37年、70歳で下沼田の家に引退しましたが、80歳を過ぎても目は確かで、針めどに糸を通すのに眼鏡は使いませんでした。もちろん耳もよく聞こえました。

引退しても、なおその道を究めようという姿勢が常にあったようです。

昭和51年9月に84歳で、その生を閉じましたが、その前日まで針を持っていたといわれます。文字通り、針一筋に全生命を燃やしていた訳です。

腕前もさることながら、千人を超える弟子が集まったということは、長谷川ふみは何か人を引き付ける人徳があったようです。

亡くなった翌月には、「針一筋」報恩供養碑を弟子約70人の寄進で建てました。

この碑は碑であるとともに、お墓でもあり、多くの弟子たちの懐かしく思うための心の結晶となっており、弟子たちの有志は、亡くなられた後も敬針会という集まりを持ち、9月の第一日曜を定例として、墓参と追悼を行っています。

「針一筋」報恩供養碑

83

玉《たま》田《だ》 徳《とく》太《た》郎《ろう》

小学校にプール寄付

玉田徳太郎は明治34年（1901）8月、現在の昭和村森下の曽根音五郎、いくの次男として生まれました。

青年の頃、志を抱いて上京し、玉田家へ婿入りし、苦労しながら勉強し、鉄材方面の仕事に取り組み、一代にしてその成功者となりました。

玉田実業株式会社社長として、ガス器具界の代表的業者として大変繁盛し、従業員200人、堅実明敏な実業家として、その機敏で臨機応変な才能と信望を築きました。

いつも、ふるさとを思い、事業で得たお金をふるさとのために、何か役に立つことはないものかと考え、ふるさとの同級生とも相談し、これからの時代を担う、子どもたちのために、今、学校で一番欲しい物を贈ることが有効であると決めました。

そして、児童生徒の激励と母校への感謝の気持ちを込め、数多くの教材、器具備品などが贈られました。

昭和33年、母校久呂保小学校（現在の昭和南小学校）へ、講堂暗幕、オルガン、テレビ、放送器具などを寄贈し、さらに中学校へはスクーター、放送器具、電気用具その他産業教育資材などが贈られました。

どの品を見ても、当時の学校では、なかなか整備できないものばかりだったので、児童生徒はもとより、先生方も大変喜びました。

中でもテレビは当時、極めて珍しいもので、給料の2年分出さなければ買えない高嶺の花で、学校だけでなく、地域の人々も学校に来てプロ野球を見たり、仕事帰りに大相撲を毎日、見に来たりする人もいました。

また、プロレス中継がある日には、家で夕食を済ませると、近所の子どもたちは、そろって見に行ったものでした。

これらのプレゼントは、村に形の残るものという以上に、村民に夢と感動を与えてくれるものでした。

昭和34年、当時の昭和村を通じ、公益のために多額の私財を寄付した功績のある者に贈られる、紺綬《こんじゅ》褒章が授与されました。

勲章を受けた後も善意の行動は続き、昭和38年、村へブルドーザーを寄付。昭和42年、南小学校へプールを寄付と、本来、地元自治体で行うべき事業に寄付を続けました。

また、実の弟の曽根光雄も兄と同じように若い時、苦労を重ね、大和倉庫株式会社社長となり、郷土母校への寄贈品については、兄と歩調をそろえました。

地元、昭和村森下の遍照寺護摩堂にある不動尊は、古くから三度の火災を免れたものを玉田徳太郎が譲り受け、遍照寺に寄進したもので、玉田徳太郎の出世したことに合わせ、火防出世不動尊として信仰されています。

84

西《にし》山《やま》 市《いち》三《ぞう》

京都大学名誉教授

西山市三は、現在の沼田市町田町に明治35年（1902）2月、生まれました。

旧制沼田中学校（現在の県立沼田高等学校）を明治42年卒業後、京都帝国大学農学部農林生物学科に入学しました。小麦の細胞遺伝学で世界的に知られる木原均に就いて学び、昭和2年卒業後、カラスムギの細胞遺伝の研究に取り組み、同大学の副手、助手、講師、昭和12年助教授を経て、昭和21年、京都帝国大学教授となり、同大学食糧科学研究所勤務を命ぜられました。

昭和31年、京都大学農学部に配置替えとなり、昭和40年定年により退職、同大学名誉教授の称号を受けられました。

京都大学退官後も、昭和40年から42年まで、アメリカのウィスコンシン大学客員教授、昭和42年から43年まで、アメリカミズリー大学客員教授を務め、帰国後、昭和46年から59年まで財団法人木原研究所評議員及び昭和47年から49年まで名城大学教授を務めました。

その後も、自宅でエンバク属（麦の一種）の交配実験などを行う傍ら、93歳になって『植物細胞遺伝工学』という遺伝学の参考書を著しました。

西山市三は、植物の遺伝学、中でもエンバク属の細胞遺伝学的研究、栽培植物の野生種・原種の探索と保存、特に甘藷（さつまいも）の祖先を発見するなど、人為倍数体の育種的利用に関する研究、有用植物の放射線遺伝学的研究、種間交雑の成否に関する極核活性化説の提唱など、多岐にわたる研究分野において、多くの業績を残しました。

特に細胞遺伝学を育種学的に応用した(品種改良のこと)功績は顕著で、その研究業績に対し、昭和24年日本遺伝学会賞を授与されました。

長年、日本育種学会及び日本遺伝学会の幹事として両学会の発展に尽力し、優れた研究成果と合わせて、その功績が評価され、両学会の名誉会員に推挙されました。

これら一連の功績により、平成2年、勲三等旭日中綬章を授けられ、平成11年7月、97歳でその生涯を閉じました。

85

林《はやし》 金《きん》衛《え》

勤務評定に反対した校長

林金衛は明治40年（1907）5月、現在のみなかみ町相俣の農家の次男に生まれました。

小学校時代には、担任の先生に褒められるような、成績優秀な子どもでしたので、旧制沼田中学校（現在の県立沼田高等学校）へ進みました。

大正13年16歳の時、東京の私立中学へ編入し、18歳で卒業と同時に故郷へ帰り、代用教員をしながら高校受験に挑戦するつもりで、4月から古馬牧南小の代用教員となり、昭和2年19歳、群馬県師範学校（現在の群馬大学）に合格し、教師への道へと進みます。師範学校では、全員寄宿舎での生活となり、なんとなく型にはめ込まれているような生活に抵抗を持つようになりました。その気持ちの一端が、校友会雑誌へ投稿することによって、当時の社会や教育の偽りに対する反抗心をぶつけるという気持ちの芽生えがありました。

昭和3年20歳で師範学校を卒業し、短期現役兵として半年間の軍隊生活を送り、9月には、郷里の生井《なまい》小学校の教壇に立ちました。

昭和10年27歳、農村の青年を対象にして真面目で黙々として労働に励み、国の礎《いしずえ》になるような農民魂を養成しようという組織である、日本青年協会の運動に賛同しました。

昭和13年30歳、思い切って外地に出て新しい生活をやってみたいとの思いから、天津の第一日本小学校に赴任、日本人学校教師として北京へも行きますが、太平洋戦争が勃発し、敗戦により引き揚げ、新治村に戻り、昭和21年新治村青年学校に勤め、昭和22年40歳で生井小学校長となります。

昭和24年42歳、「校長は教員組合を脱退せよ」との風潮の中、利根沼田でただ一人、組合員校長を続けました。これは、政府・保守政党の重要政策の一つに教育改革が挙げられ、建前は教育の場における政治的中立性の確保でしたが、本質は50万人の組織を誇り日本労働組合総評議会の御三家といわれた日本教職員組合の力を削ぐことにありました。教員に対する勤務評定が強行されたのに対して，それが教職員の団結を破壊し，教育の権力統制を意図するものとして、教職員組合を中心に全国的に激しく反対闘争が展開されました。

林金衛は、当時、是が非でもと勤務評定実施をもくろんだ行政当局と真正面から対立。「校長だからこそ、勤評《きんぴょう》制度には反対しなければならない」。こういう信念で、ついに勤評書は書かず、出さず、退職に追い込まれても、なおその信念を貫き通した数少ない校長の一人でした。

昭和34年52歳で教員を退職します。と同時に4月には社会党に入り、周囲から推され、県議選で利根郡から立候補しましたが、次点で落選となってしまいます。その後、群馬県教職員組合調査室長となり4年間務めながら、社会党県連利根沼田支部長、沼田民主商工会顧問など多くの役職を務め、沼田女子高校に松本事件が起こると、「松本先生を守る会」の会長に、さらに「軍事費を削り福祉や教育を」の国民運動利根沼田の実行委員長にと、民主主義や平和を守るさまざまな運動に、いつも労働者の立場に立って活動を繰り返しました。この原動力は「教え子にふたたび銃をとらせてはならない」という、子どもたちの限りない未来、人類の平和のためにという、本当の教育者としての考えに基づいたものでした。

86

星《ほし》野《の》 芳《よし》樹《き》

ケニア・スワヒリ語学院を創設

星野芳樹は明治42年(1909)、東京下谷区(現在の台東区)で生まれました。本籍は父光多の出身地、現在の沼田市戸鹿野町です。光多は当時両国教会の牧師で、日本キリスト教界の指導者として活躍しました。

芳樹は大正15年、私立早稲田中学校を卒業後、昭和3年、旧制静岡高等学校(現在の静岡大学)文科甲類へ入学します。昭和4年、共産党系の社会科学研究会の友人と交友が始まり、同校3年在学中、思想運動に関係して退校となってしまいます。

昭和8年、大阪で非合法活動中に逮捕され、実刑5年未決通算700日の収監となります。

昭和15年、31歳で結婚し、上海で上海自然科学研究所の助手となり、夜間日本語講習会を開きました。そして、上海市公平路に中国人児童のための容海中学校を創設し、日本敗戦の日まで同校を経営し、芳樹本人も教壇に立って数学と物理を教えました。この容海中学校の設立と経営は精魂傾けた最初の事業でした。

昭和21年日本へ帰国し、翌年、未帰還同胞帰還促進連盟を組織、東京支部長として全国運動の中心になり、第1回参議院議員選挙に全国区から立候補し、3年議員に当選しました。

昭和23年、家族と共に沼田に引き揚げ、住居を沼田に構えました。妻巴は沼田女子高校教諭の職を得て、生活を支えました。

昭和29年、静岡新聞社論説委員となり、原稿を沼田から送る生活を始めます。

昭和33年、利根沼田水泳協会を設立します。当時、利根沼田にはまだプールがなく、利根川で泳いでいた多数の少年少女に水泳を通して訓育を行いました。同年、静岡新聞主幹となり静岡に常勤となります。そのため、静岡に家を建て、妻と転居します。

昭和49年、静岡新聞社を定年退職し、過去20回近くの海外取材で一番気に入った土地のケニア国ナイロビ市に住居を移し、妻とここを永住の地と定めた訳です。そして「日本アフリカ文化交流協会(ケニア・スワヒリ語学院星野スクール)」を設立し、認可されます。昭和50年、学院は第1回留学生として6人を受け入れました。学院はナイロビの中心からわずか2㎞、キリマニ(丘)の樹木の緑と静かな環境の一画にあります。日本人にスワヒリ語、英会話、アフリカの政治、経済事情、文学、歴史、芸術などを取得する機会を与えるために、またケニア人とケニア居住の外国人に、日本語の教育をするために開校されたアフリカ唯一の教育施設です。開校当初から門扉を持たず、人種の間に壁をつくらない交流を奨励しています。

昭和60年、学生引率のため帰国中に入院してしまいます。日本とアフリカの文化交流の功により叙勲、勲三等旭日中綬章を授与されました。

昭和62年、アジア・アフリカ文化財団主催の第5回「アジア・アフリカ賞」を受けました。

昭和63年、故郷沼田に引き揚げ、療養生活に入り、再起を図ります。この時スワヒリ語学院は第24期生が修了し、卒業生数は270人に達していました。

平成4年5月、沼田で83歳の生を閉じました。

著作品としては、『共産主義卒業の記』『上海路地裏の人々』『星野芳樹自伝』などがあります。

87

上《うえ》野《の》 勇《いさむ》

ことばの研究者

上野勇は明治44年（1911）11月、東京都麹町の英国大使館で、萩田《はぎた》家の三男に生まれました。祖父も父も通訳でしたが、父は勇が生まれた翌年に亡くなり、母も再婚したため、母の知り合いの上野家の養子となりました。

幼稚園に入った頃には母が病死。幼い頃の家庭環境には恵まれていませんでした。そのため、母から昔話などを聞くことがなかったといい、かえって昔話などに興味を持ち、民俗学への道をたどり始めました。

麻布中学を中退しますが、昭和9年には文部省検定に合格し、翌年桐生市の相生小学校訓導になり、教員の道を進み、大間々農学校、旧制沼田中学校、沼田女子高校、高崎工業高校教諭を歴任し、昭和51年退職します。

この間、昭和7年21歳から10年24歳までは、養母の郷里である埼玉県幸手に住みました。東武線の開通により、田舎であった幸手が東京から近い場所になり、浅草から電車が無造作に沿線の町や村に、東京のことば、東京の歌を落としていくのを気に留め、今まで田舎特有のことばや子守歌などが、流行歌に消されていく前に、子守歌や民謡を集めてみようと、方言研究に努めました。昭和8年22歳の時には、当時では珍しい『埼玉県幸手方言集』を著し、その片鱗をうかがわせました。

昭和12年には、「一枚のカマキリ」の絵を携えて、赤城山麓の町や村を歩き、道端で遊んでいる子供たちをつかまえては、「この絵は何ですか」と問いかけました。そして、10年ごとに見せて歩きました。それで方言がどう変わっていくのかを調べたのです。カマキリの場合、かつては200種類ぐらいの言い方がありました。昭和15年には「カマキリ」と答えた子どもが46%だったものが、20年後には86%に増えていました。

上野は、「ことばは生活とともに変わるんですね。そこには受け入れられる何かがあるはずです」と語る。こうした調査研究の成果として、昭和16年『方言地理学の研究 赤城南麓方言分布』、昭和27年『万場の方言』を発表、また昔話研究でも沼田女子高校生徒と一緒の調査研究により、『でえろん息子』を発掘しました。

さらに「週間利根」創刊時から「利根のことば」として、利根沼田地方のことばについての研究発表を続け、昭和34年には、『ことばのスケッチ 利根のことば』として発刊しました。これには、今では消えてしまった利根沼田地方特有のことばがたくさん残されています。

また、国立国語研究所地方研究員などを務め、昭和48年60歳の時、自宅を改造し、30人まで入れる教室をつくり、「ことばの学校」を開校しました。

ことばの研究とともに、昭和21年には今井善一郎らと「上毛民俗の会」を始め、昭和58年には上毛民俗学会会長となり、民俗研究の第一人者として、日本民俗学会評議員なども務めました。

埼玉ゆかりの偉人としても、その名を残していますが、昭和62年4月75歳で、その生涯を閉じてしまいました。

翌年、妻ぜんにより、上野勇の学問に対する執念ともいうべき方言調査のまとめである『群馬のことばとなぞ』が出版されました。

88

松《まつ》永《なが》 藤《ふじ》雄《お》

弘前大学名誉教授

松永藤雄は明治44年（1911）5月、現在の沼田市上久屋町の松永二輔の長男として生まれました。

県立沼田中学校（現在の沼田高等学校）を卒業後、旧制第二高等学校理科乙類（現在の東北大学医学部）へ入学し、卒業と同時に、同大学医学部内科教室に入局します。

昭和21年、35歳の時、弘前大学医学部の前進である青森医学専門学校に赴任します。日本が物的にも精神的にも最も困っていた頃でありますが、そこでは、教室づくり、大学づくりに全身全霊を傾けました。「教室や大学の進歩発展は、そこでどんな研究が行われたかによって決まる」と、研究心に燃え、数々の研究成果を修めました。その研究の集大成は、昭和25年の日本消化機病学会総会の特別講演「圧診法とその吟味」、昭和33年日本内科学会総会・日本消化器病学会総会での報告「潰瘍性大腸炎」、同年発行の著書『動的観察を主とした大腸のレントゲン診断』。昭和45年の世界消化器病学会の特別講演「大腸の内視鏡」。昭和46年の日本医学総会の特別講演「大腸疾患の診断の進歩」、昭和48年の万国外科学会における招聘講演「大腸ファイバースコープ」、昭和50年発行の著書『大腸疾患、その診かたと対策』など、いずれも専門の世界において先端を行くものでした。

また、現在の内視鏡の原点は、松永教授らの開発した大腸肛門鏡にあるとのことです。

これらの専門的な研究を生かしたものとして、弘前の一大名産である、りんごについても研究をしており、胃腸障害や貧血には、りんご果汁が胃液の酸と赤血球の量を増やす効果があることを実証し、ことわざにあるように「1日1個のりんごは医者を遠ざける」を医学的な見地からも証明しています。

また、専門分野以外のこととして、弘前大学創立直後から弘前大学の学位審査権、即ち弘前大学が独自に審査して学位を授与できる権利を獲得するため、努力を重ねました。

その他、国立大学協会における国立大学共通一次試験制度と日本内科学会における内科専門医制度のそれぞれの制度案の原案づくりには直接参加し、大きく貢献をしました。

経歴としては、昭和23年弘前医科大学教授（昭和27年弘前大学に改称）、昭和34年弘前大学医学部附属病院長、昭和45年日本内科学会内科専門医制度審議会会長、昭和47年弘前大学医学部長、昭和50年弘前大学退官・名誉教授となり、都立駒込病院院長に就任。昭和59年都立駒込病院名誉院長。専門は、消化器病学（特に大腸疾患）。勲二等瑞宝章受賞従三位となっています。

日本精神身体医学会総会会長、日本消化器病学会総会会長などを歴任し、日本内科学会、日本消化器病学会、日本大腸肛門病学会、日本心身医学会、日本自律神経学会、日本大腸癌研究会などの名誉会員となっています。平成9年86歳でその生を閉じました。

弘前大学大学院医学研究科消化器血液内科学講座（旧内科学第1講座）は、昭和21年5月に松永藤雄名誉教授が青森医学専門学校に赴任したのが始まりであり、それ以来60年にわたって500人を超える医師を輩出し、輝かしい伝統を築き上げ今日に至っており、現在においても弘前大学第一内科は日本における大腸疾患の先駆けとなっています。

89

小渕《おぶち》 俊《とし》一《いち》

恵保育園の創設者

小渕俊一は明治45年（1912）6月、小渕新平、きちの三男として、現在の吾妻郡中之条町に生まれました。父の新平は病弱であったため、一家7人の家計は母親の内職でまかなっていました。

俊一は小さいときからひょうきんもので、一家を明るい笑いに誘う引き立て役であり、同時に手先が非常に器用な少年でした。

ある時、1台の古自転車のハンドルに扇風機の羽根を取り付け、ペダルを漕ぐと、羽が回り、心地良い風が顔を吹き付けるような仕掛けになっていました。幼稚な発想ではありましたが、大人たちからは、拍手を送られるものでした。

病弱な父は、大正12年、俊一が11歳の時、亡くなってしまいました。

しかし、8歳違いの兄光平《みつへい》は、逆境の中、23歳の時、現在の株式会社光山《こうざん》社（当時は小渕商店製糸所）を創立し、弟である俊一も一緒に働くこととなりました。しかしながら、将来はエンジニアになろうと夢を抱いていた俊一は、裸一貫で家を飛び出し、東京へと向かいました。

働きながら勉強し、昭和6年19歳の時には、東京電機学校電気科を卒業すると、沖電気株式会社に入社することができました。

下宿先の大家《おおや》には、幼い男の子がいましたが、ひ弱な育ちでよく泣く子でした。みんなが手を焼いている時には、決まって俊一があやして相手をすると、なぜかおとなしく泣き止み、俊一が生来《せいらい》、子ども好きで、幼い子供を引き付ける何かがあったものと思われます。

会社勤めをしながら、自らの発案による「蓄電ライト」の研究を重ね、昭和13年26歳の時には、会社を辞め、大陽社製作所という会社を東京本郷市元町に創立しました。

戦時体制まっしぐらの当時の世相から、平和産業から軍需産業へと製品も軍の指示の下に変え、従業員も小学校を卒業したばかりの少年たちを30人ほど受け入れ、その面倒を妻ふじのと共に見ました。

戦争は激しさを増していったので、大陽社も疎開を迫られ、沼田駅近くの光山社《こうざん》製糸工場に移り、大陽社沼田工場として仕事を続けました。

その後、林産物加工木工場として、榛名林業株式会社と名前を変え、操業していましたが、昭和29年42歳の時に発生した火災で工場・自宅ともに、一夜にして失ってしまいました。

また、昭和33年には兄光平を、昭和37年には母を続けて失うこととなってしまい、自分一身の事業欲にかられていた時代を顧み、これからは、何か社会的、公共的な奉仕によって世のため、人のために、少しでも役立つ仕事がしたいと思うようになりました。

昭和47年60歳のとき、群馬県新生活運動協議会推進員、翌年には沼田をきれいにする運動推進委員となり、省資源、省エネルギー、ゴミのリサイクル、花いっぱい運動の推進に力を注ぎました。

さらに生来《せいらい》、子供好きであったため、保育園事業に生涯を捧げようと昭和52年65歳の時、社会福祉法人恵会の創立に尽力し、沼田恵保育園をつくり上げました。

平成5年82歳で、その生涯を閉じることとなってしまいましたが、沼田恵保育園は、俊一の一人娘である由利子に引き継がれ、現在も子どもたちの声が響いております。

90 櫛《くし》渕《ぶち》包《かね》

洋装学院・幼児教育

櫛渕包は大正2年（1913）、大分県日田《ひた》市の代々大庄屋であった大内甚六と文代の長女として生まれました。

父の大内甚六は、日田小学校長、町長など歴任した学識と慈愛を兼ね備えた人で、その家で豊かに育まれたことが、後の包の人生に大きく影響を与えたものでした。

日田女学校を主席で卒業後、大分県の推薦により、新設の県立エスペラント女学院一期生として入学します。このエスペラント女学院は、国際的な視野にたって、愛と信と敬と勤労を実践によって学ぶことを目標とした全寮制の学院であり、ここでアメリカ帰りの教師から、デザイン美学を学び、大きく感動したので上京し、文化服装学院大学へと進みます。

大学卒業後は、千葉県銚子女学校の教諭に就任しますが、授業の傍ら、洋裁研究所を開設し、兄がニューヨークに居留していたこともあって、欧米のニューモード情報を常に入手していた洋裁研究所は人気が高かったといいます。

昭和13年、25歳で同じ銚子小学校勤務の静一氏と結婚し、夫の転勤とともに、千葉県市川市へ移ります。市川市では、「ボーグ洋装店」という店を開き、同時に洋裁研究科を併設し、たちまち街の話題となり、こちらでも人気は高いものがありました。

昭和20年3月、太平洋戦争が激化したため、沼田市柳町の松井家に疎開します。

松井家に落ち着きましたが、遠方から洋裁の問い合わせや訪ね来る人が後を絶たなかったため、松井郡治氏の協力の下、休学中だった沼田幼稚園の園舎を借りて、千草洋裁学院を創設しました。その後、民家へ移り、昭和27年には校舎を新築しましたが、一カ月で火災となり、校舎を焼失してしまいました。

しかし、翌昭和28年には、西倉内公園通りに千草洋裁学院の看板を再度掲げることができました。以来、利根沼田地域におけるニューファッショナブルな女性の憧れの学園として、またニューモードのセンターとしての役割をもって発展を遂げました。

昭和30年代に入ると、幼児教育が人間形成上、極めて重要だという思潮が広まり、幼稚園の開園要望の声が高まりました。その声に、昭和38年、千草学園の組織を基に、柳町三光院地内に「ちぐさ幼稚園」を開設します。

その経営に当たり、全国各地の研究会に出席し、教育内容、授業法、設備、経営方法など学び、さらに先進的な園の視察を行う他、ヨーロッパ、アメリカ、中国なども視察して、幼稚園経営に献身努力しました。

そのため、開園後数年にして「ちぐさ」の名声は県下に広まり、見学者が続々と来園しました。

昭和59年、ちぐさ幼稚園創立20周年記念祭を機に、長女夫妻に経営を任せ、70歳で現役引退しました。この間、洋裁学院卒業生６５００人、幼稚園卒業園児２５００人という、輝かしい実績が全てを物語っています。

91 一《いっ》関《せき》 文《ふみ》子《こ》

僻地教育

一関文子は大正3年(1914)2月、富山市に生まれ、東京で育ち、昭和8年、群馬女子師範学校(現在の群馬大学)を卒業後、館林尋常高等小学校へ勤務しますが、3年で退職し東京へ行きます。東京での結婚生活が夫の横暴で破綻し、女ひとり自立するために17年の空白を経て、39歳、自ら僻地を希望して、昭和28年4月、片品村花咲分校で教職に復帰します。

赴任早々、度の強い眼鏡を掛けた近視には煎り卵に見えた子供の弁当が、実は粟を炊いたものと分かったとき、村の暮らしの厳しさを知りました。

初めての山村の暮らしに体調を崩し、ようやく二学期を終え、東京に戻ると血清肝炎で絶対安静の診断が出され、一月以上休んで辞表を懐に戻ると、見つけた子供たちが集落の入口まで駆け寄り、「先生、どこへも行くな」「どこへもやんねえ」と、腰まで埋まる雪の中でしがみついて泣きました。このとき、「一生、花咲の子供たちと生きよう」と心に誓いました。

わずか5人の職員のうち、多いときで3人、少ないときでも2人は、毎年替わっていました。雪深い山村の生活は、今では考えられないほど厳しいものだったのです。そんな厳しい生活ではありましたが、授業で子供たちの顔を輝かすことが無上の喜びでした。

県代表として金沢での全国教育研究集会に出ることになったときのことです。集会では子供たちのことはあまり語られず、教師の立場については、生活の苦しさ、勤務条件の実態など、至極、もっともな要望が続出することに次第に苛立ち、「それでは教師の立場は改善されるでしょうが、そこにいる子供たちはどうなるのですか」と精いっぱいの発言をしました。

昭和33年、突然、勤務評定問題が持ち上がり、学校長が一般教職員の勤務評定を行い、教師の質を高め、教育効果を上げるためとうたいながら、有力者や上の者の言うことに黙って頭を下げる、そんな人間をつくろうとする官僚政治の導入でした。教育行政といいながら、子供や教育のことなど考えてはいない。まさに教育に政治が土足で踏み込んだと、真っ向から反対しました。

片品へ来て17年目の昭和45年、東小川分校まで数分のところに小さな家が完成しました。一関文子を先生と慕う教え子たちとその親たちは、先生が片品に骨を埋める決心をしてくれた、と喜びました。

昭和47年3月、58歳での退職勧奨がありました。しかし、定年がないことを権利として闘うことに決め、嫌がらせの強制転任をかけて来たら、受けて立つと勧奨を退けました。

この退職勧奨は3年間、続きましたが、『学校にいてほしい』との住民は、署名活動を展開し、片品のほぼ全域にチラシが配られました。

子供の足どりから一関文子を見ていた人たちから集めた１２２５人の署名を陳情団が携え、県教育委員会と利根教育事務所に届け、一関文子の処遇は保留のまま新年度となりました。

大勢の人たちに支えられ、花咲分校で8年、鎌田で3年、東小川分校で12年、片品へ来てから23年、その間、６４３人の片品の子供たちと触れ合ってきました。

昭和56年、『子どもに教わる　わたしの片品村』の1冊の本を残して、東京に戻り、それから10年ほどして、その生涯を閉じました。

92 武者《むしゃ》 一雄《かずお》

「ビルマの竪琴」の主人公

小説『ビルマの竪琴』の主人公、水島上等兵のモデルになったとされる僧侶であり、本名は中村一雄といいます。

大正5年（1916）、松井田町（現在の安中市）に生まれました。13歳で仏門に入り、高崎高校、駒澤大学に進学します。学生の特権で卒業まで徴兵を免れました。

昭和13年、22歳で福井県の永平寺で修行中に召集されました。中国北部、フィリピン、タイなどを経て、昭和19年4月ビルマへ転進します。そこで、インパール作戦に参加し、戦死者を弔うため僧侶として読経を行い、終戦をミャンマー（ビルマ）で迎えました。

戦後は、イギリス軍の捕虜として、収容所生活を送りました。収容所では、所属していた隊の約20人の同僚の中に、東京のオーケストラの楽団員がいたことから発足したコーラス隊の一員になり、「埴生《はにゅう》の宿」などを合唱して捕虜たちの心を慰めるとともに、死者の供養も行いました。

小説「ビルマの竪琴」を書いたドイツ文学者の竹山道雄さんの教え子が同じ隊に所属していた縁で、武者一雄とコーラス隊のことを竹山さんに伝えたことから、同小説の主人公のモデルになったとされました。

昭和21年に復員し、翌年、昭和村入原の雲昌寺の住職となり、自らの体験を伝えたいと各地で講演する傍ら、子供たちの教育にも力を注ぎ、寺に保育所を設立しました。

昭和28年から保護司となり、26年間にわたり青少年の更生を支援しました。

一方、住職となって以来、僧職の傍ら小説を書いてきました。自らの戦争体験を小説に仕立てた『生きているビルマの竪琴』を昭和31年に出版しました。

児童書『ビルマの耳飾り』で昭和43年講談社、児童文学新人賞を受賞。この作品はミャンマー語で訳されて出版され、平成11年には、ミャンマー国の文学賞を受賞しました。

平成6年に住職を長男へ譲り、ミャンマー国との平和交流に力を注ぎました。

「迷惑を掛けた集落や人々におわびしたい」と、何度もミャンマーを訪れ、現地で慰霊や交流活動などを行いました。

また、ミャンマー国北部のキンウー市で、みすぼらしい小学校を目にして、「何とかしてあげたい」と、平成10年には小学校建設資金を私財で寄付し、新しい小学校が建設されました。

平成20年12月、92歳でその生を閉じましたが、「仏教には不殺生の教えがある。兵士として矛盾する行動に悩み、苦しんだと思う。ミャンマーの国民に迷惑をかけたという気持ちを抱え、償いのための人生を送っていた」と、現住職の真一さんは語っています。

93

原《はら》澤《さわ》 道《みち》美《よし》

東京大学名誉教授・老年病学

原澤道美は大正15年（1926）3月、現在のみなかみ町月夜野に生まれました。

幼少の頃、郷里を離れ、東京に住み、旧制武蔵高校を卒業後、昭和23年には東京帝国大学医学部医学科（現在の東京大学）を卒業し、母校の内科学へと医学者の道を進みます。

昭和32年から2年8カ月、アメリカ合衆国ニューヨーク州のバッファロー大学で慢性肺疾患研究所で肺高血圧の研究に従事しました。

昭和35年、34歳で帰国と同時に群馬大学第一内科の講師に着任しましたが、昭和37年、東京大学にわが国最初の老年病学研究室ができるとともに、設立メンバーとして東京大学で老年医学の進歩と成熟に力を注ぎました。

昭和43年、東京大学医学部助教授、昭和54年に教授となり、老年病学講座を担当しました。

老年病とは心筋梗塞、脳梗塞などの動脈硬化症をはじめ、骨粗鬆症、認知症、悪性腫瘍、糖尿病などをいいますので、現在の高齢化社会では欠かせない、医学の道であります。

原澤道美は、この老年医学を研究するとともに、呼吸器病学にも力を注ぎ、日本に老年呼吸器病学という新しい学問領域を確立しました。

昭和56年から1年間、東京大学総長補佐を務め、昭和58年から2年間、東京大学医学部附属病院長を務めました。

昭和61年には東京大学を定年退官すると、直ちに東京逓信病院長となり、平成6年まで務めます。

昭和61年には、アジア太平洋呼吸器学会の創設に尽力し、会長を2期務め、日本老年医学会総務担当理事、日本胸部疾患学会常務理事などを歴任し、この3つの学会の基礎を固めた功労者でありました。

また、日本呼吸器学会の前身である「日本胸部疾患学会」の理事長を昭和51年6月から53年4月までと、昭和57年4月から平成8年4月までの長きにわたり、務めました。

これらの多くの業績に対し、平成8年、勲二等瑞宝章が授与されました。

平成14年9月、76歳で、その生を閉じましたが、社団法人日本呼吸器学会には、「原澤フェローシップ」という奨学金制度が設けられております。

これは原澤道美の遺族から寄付された基金を原資とし、呼吸器病学の若手研究者や専門臨床医を育成することを目的に創設されたものです。

本人が残した功績は素晴らしいものがあるわけですが、こうして亡くなっても後、さらに後進を育てるということには、感動するばかりです。

このような人物が利根沼田に生まれ、短い間だったかも知れませんが、利根沼田に育ったことを、永く伝えていく必要があるものと思います。

94 宮下《みやした》 久夫《ひさお》

漢字が楽しくなる本

宮下久夫は昭和2年、沼田市坊新田町に生まれました。旧制沼田中学校（現在の県立沼田高等学校）を昭和20年卒業すると、第三師範学校（現在の東京学芸大学）へ入学、教師の道に進みます。

地元の沼田小、昭和東小、昭和南小、片品小、沼田東小などの各学校の教師を務め、子どもの間違いからヒントを得た、独自の「漢字教科書」を使った授業を行い、各方面から注目を集めました。

きっかけは、ある日、子供にひらがなを書かせると間違いが多いことに疑問を持ちました。なぜだろうと調べてみると、間違える場所は決まって、つまる音や、のばす音であることから、結局、漢語であることがわかり、日本民族が漢語を取り入れ切れていないのではないかと思いました。

昔「ちょうちょう」を「てふてふ」と書いていました。「こう」と発音する漢字も「かう」とか「くわう」と書いていました。漢字をひらがなに書き表すために日本人は、繰り返し苦労してきたのではないか。子供の間違いには論理がある。それをただ×をつけるから、子供は学校がつまらなくなってしまうのではないか。きちんと教える必要があるのではないか。

こう考えた宮下久夫は、文部省の指導要領にはない、独自の「漢字教科書」をつくっていきました。

1冊目は、絵からできた漢字、たとえば木。きへんの文字のように「あわせ漢字」ができるまで。

2冊目は、人と手が合わさると「人手」と、読み方が違ってくる複合語を扱っています。

このきっかけは、子供たちの顔でした。修学旅行のときの生き生きした顔が、教室ではどうして死んでしまうのだろう。普通の教師なら旅行は楽しいからと片付けるかも知れないが、宮下久夫は、「人間はだれでも知識を持ちたいという欲求がある。この欲求を満足させられるのなら、授業は楽しいはずだ」。なのに授業で子供の顔が死んでしまうのは、「それは、教師に問題があるからではないか」と悩み続けました。あるときの授業で、子供の顔を見るということを実践しました。A君は分かっている、B君は分かっていない、C君は少ししか分かっていない、子供の理解力に併せて、それぞれが反応できるように教え方を組み立てました。「すべての、わからない子をなくそうと考え、すべての子がわかるような授業を目指して全力をあげてがんばります」。学級通信にこう書いた宮下久夫は、朝日新聞の連載であった、「ぐんまの顔」に昭和49年、取り上げられ、「ひとつの生き方を持っている人」の70人の1人として紹介されました。

昭和54年52歳の時、毎日新聞社から『お母さんの漢字教室』を出版すると、それ以降、国内漢字学の大家である立命館大学名誉教授の白川静《しずか》の教えを受け、全国の漢字研究家との交わりが深まり、作家の篠崎五六《ごろく》や出版社太郎次郎社の社長である浅川満、国語研究者の伊東信夫《しのぶ》の4人の編集による『漢字がたのしくなる本』シリーズ製作のため、毎月1回、ひと月間の課題を持ち寄っての1泊2日の研究会を十年以上続け、20を超える作品を出版しました。

平成9年1月、69歳でその生涯を閉じてしまいましたが、白川静の唱えた、「漢字文化を通じて、かつての東洋の文化、その精神の世界を回復すること」。この考えを教育の場において実践するために試みた学習システムは、平成12年『分ければ見つかる知ってる漢字』という遺稿集が出版され、それ以降も宮下久夫の遺した企画書により、9作品が続けて出版されるなど、その遺志は現在も引き継がれています。

95

見《けん》城《じょう》 慶《よし》和《かず》

夜間中学校の先生

見城慶和は昭和12年（１９３７）に生まれ、昭和31年3月県立沼田高等学校を卒業すると、東京学芸大学に進み、昭和36年から42年間都内の公立中学校夜間部に勤務します。

夜間中学校、それは利根沼田地方では聞き慣れない言葉ですが、全国には夜間の授業を行う学校が35校、生徒数約３０００人がいます。

夜間中学の教師になったきっかけは、本屋で見つけた『夜間中学』という本でした。そこには50歳を超えた生徒や13歳ぐらいの生徒が昼間は大人と同じように働いているといったショッキングな事実を知り、それを自分で確かめたいと思い、夜間中学の教師となりました。着任後は、家庭訪問や職場を訪ねたり、最後には生徒と一緒に20以上の仕事を体験したりしています。

昭和22年、現在の六三制の学校がスタートしましたが、当時、大阪のある中学校では貧しくて通えない生徒が一割いました。それをなんとかしようと校長と教頭が始めたのが夜間中学でした。その後、昭和30年ごろには、全国で87校５０００人を超えるというほどの需用があった訳です。

家が貧しくて学校へ行くことができなく、文字が読み書きできないばっかりに子供の具合が悪い時にも、受付で問診票が書けないので病院に連れて行ってやれなかった。役所から書類が来ても読めなかった。学校や病院での手続、駅の標識などが理解できず、苦労をしてきた。

日本に在留する韓国・朝鮮の国籍を持っている人や、日本の植民地支配、戦争、差別という厳しい環境の中で学びたくても学べなかった人、また、いろいろな理由で不登校となった人などにとって、人間として自信と誇りをもって生きるための勉強の場としての夜間中学に見城慶和は人生を捧げています。その全容は、全国で還暦を過ぎている生徒は1086人、40％が60歳を超え、国籍は日本が605人、在日韓国・朝鮮が637人、引揚者885人、難民28人、移民38人、その他の外国人542人となっています。

見城慶和の基本とするところは、本来学校とは人と人とを比べたり優劣を競ったりする場所であってはいけない。自分に対する自信や自負や誇りを植えつける場所が学校であり、その手助けをするのが教師の仕事。授業は一方的に生徒に教えるのではなく、生徒と一緒に授業をつくり上げていくというスタイル。その授業スタイルから、生徒に「生きることは学ぶこと」を教えています。目指すものは「一人ひとりの人生を支え、励ますための学び」という信念に基づいているものです。

平成11年には、長年の実績が評価され、吉川英治文化賞を受賞しました。これは日本文化の向上に尽くし、たたえられるべき業績を上げながらも報われることの少ない人に贈呈されるものです。

また、平成5年に上映されて話題となった山田洋次監督の映画『学校』で、夜間中学のモデルの一人となり、夜間中学そのものが世間に大きく紹介されたものです。「文字を知らないまま死にたくない」「生涯勉強したい」。こういう人たちのために、「必死になって学びたいという人たちのお手伝いがしたい」。この気持ちから、平成15年定年退職後も、夜間中学を卒業してもさらに勉強を続けたいと希望する生徒たちの受け皿として、学びの場「えんぴつの会」を運営しています。

本当に学びに来た人が分かるまで学び合える、一番勉強したいことに直に答えられる、これが本当の勉強。こうした信念に基づいた活動に大きく関わっているのが、見城慶和です。

96 廣《ひろ》井《い》 脩《おさむ》

災害情報学の第一人者

平成23年3月11日に発生した「東日本大震災」の被害に遭われました皆さまに心よりお見舞いを申し上げます。

これから、ご紹介します廣井脩という方がもう少し、長生きしてくれていたならば、今回の災害においても、多少でも被害が少なくなったのではないかという気持ちから、ご紹介させていただきたいと思います。

廣井脩は、昭和21年（1946）、現在の沼田市西原新町に生まれ、幼少時から成績優秀で、県立沼田高等学校を卒業後、東京大学へ進みます。

昭和50年には、東京大学大学院社会学研究科を修了し、東京大学新聞研究所助教授、東京大学社会情報研究所教授などを経て、東京大学社会情報研究所長となり、併せて、東京大学大学院情報学環教授などを務めました。

それらと同時に、災害情報学の研究に邁進し、平成11年には日本災害情報学会会長になっています。

廣井脩は、わが国における災害情報研究の礎を築き、災害情報に関わる学者、研究者、行政職員、マスコミ関係者、ライフライン事業者をはじめとする民間企業防災担当者など、各界の有為な人材が横断的に集う組織として、「日本災害情報学会」を創立しました。

災害情報学とは、防災及び災害時において発生し得る被害を最小化するための取り組みである「減災」のために必要とされる情報について、その内容、送り手、受け手、伝達方法、情報伝達システムなどについて研究するものです。その研究対象は、平常時から緊急時、復旧時まで、ソフトからハードに至るまで、さらに行政機関から報道機関、事業所、個人まで、すべてを含んだ社会全体となっています。

著された書籍としましては、『長野県西部地震における災害情報伝達と住民の対応』『阪神・淡路大震災調査報告』『うわさと誤報の社会心理』『災害時における携帯メディアの問題点』など、40数冊を数えています。

また、平成8年には、静岡県立大学防災総合講座の講師として、防災指導者の育成に取り組み、5年間に250人の静岡県防災士を輩出しており、この実績から平成13年には防災士制度検討委員会の委員長に就任し、平成14年日本防災士機構、平成15年防災士制度の発足に尽力しています。

このような活躍をし、まさにこれからという平成16年、突然のガン宣告を受け、平成18年、59歳という短い人生を閉じてしまいました。

しかし、その志は、遺族から日本災害情報学会に寄付をいただいたものを基金とした「廣井賞」というものが創設されました。この「廣井賞」は、広く災害情報分野に優れた貢献をした個人または団体に対し毎年授与されるもので、平成22年には「FMながおか」「横浜コミュニティ放送」の2団体と個人1人が受賞されています。

97

星《ほし》野《の》るい

明治期のキリスト教伝道者

星野るいは天保11年（１８４０）2月、渋川の苗字帯刀を許された名主・石坂七左衛門と栄子の次女として生まれました。

14歳の頃、家の使用人が、るいの父、すなわち主人の留守中に誤って家宝の名器をこわしてしまいました。使用人は主人からの咎めを恐れていましたが、主人が帰宅するや、るいが即座に父の前にひざまずいて、留守中、自分の非で愛用の家宝をこわしたことをわびました。その石坂家の使用人は、4年の後、沼田藩の御用達で名字帯刀を許されていた名主の星野家に仕えていました。その頃、星野家では宗七の縁談が話題になっていました。るいの恩を深く感じていた使用人は、るいの美しい人柄を語り、それが縁で星野家に嫁ぐことになりました。

安政3年（１８５６）、16歳で星野宗七と結婚し、六男五女を神から与えられ、賑やかな家族構成となりました。

夫の宗七は、明治元年に横浜に出て生糸貿易を営む「星野屋」を開業しました。2年ほど経って一軒家を建て、沼田から妻と子供たちを呼び寄せました。

宗七は、まさに働き盛りの35歳でした。るいは横浜で夫を助ける傍らヘボン塾に通い、ヘボンの講義を聴くことにより、キリスト教に関心をもち、明治17年3月に、受洗（キリスト教の信者になる儀式）しました。

ところが、その年の秋、「横浜の星野屋」は、倒産してしまいました。るいは失意の夫を慰め、励まして一家の暮らしを整理し、子供らと祈りをもって沼田に帰りました。

五女・あいの誕生は、まさに「神は愛」をもって、試練の最中にも神の御手が差し伸べられていること、希望は決して失望に終わることがないという強い確信と平安を得ました。

るいは、この試練により、ますます信仰を深め、帰郷して親族縁者に信仰を広めました。そして、ついに夫・宗七も沼田に戻り、信仰を受け入れました。

宗七・るいから広がっていった星野一族については、星野達雄著『からし種一粒から―星野るいとその一族』に詳しく掲載されています。

長男・銀治は沼田貯蓄銀行の創設者で県会議員として社会に貢献し、その息子・星野宏はボーイスカウト群馬連盟理事長として社会に貢献しました。

また、次男・光多、三男・又吉は牧師になり、長女の幸はフェリス和英女学校の教壇に立ち、東奥義塾教諭の高杉栄次郎と結婚しました。高杉が青山学院教授として赴任しましたので、幸は青山女学院に奉職する機会を得ました。のち、高杉栄次郎は北海道大学教授となっています。

五女・あいは津田塾大学学長で、沼田市名誉市民になりました。

社会で活躍した多くの星野一族の原点ともいえる星野るいは、昭和11年12月98歳でその生を閉じました。

98 笛《ふえ》木《き》 角《かく》太《た》郎《ろう》

キリスト教の伝道者

笛木角太郎は弘化元年(1844)12月、現在のみなかみ町相俣に生まれ、子供の頃から酒が好きで、その上、バクチは名人といわれるほど上手で、打っては勝ち、勝っては飲むというありさまで、家の仕事もしないため、とうとう勘当されてしまいました。

そのため、ふるさとにもいられなくなったので、江戸に流れていき、江戸にいた叔父の笛木弁二の家を訪ねました。

弁二は、熱心なクリスチャンであったので、何くれとなく面倒をみてくれました。

家族が教会に通うため、角太郎も一緒にいきましたが、もともと勉強などしなかったため、聖書の文字も読めず、賛美歌を歌うこともできませんでした。

しかし、明治12年、弁二に伴われ、東京聖パウロ教会において洗礼を受けると、別人のように生まれ変わり、熱心なクリスチャンとなりました。そして根が正直であったので、宣教師の信用を受け、翌年4月から、英国聖書会社の聖書販売人となって、隅田川を上下する汚穢船《おわいぶね》(糞尿を運ぶ船)に乗り込んで、舟から舟へと渡り歩き、聖書の分冊を売っていました。

角太郎は正直の上に、奇智に富んでおり、関東弁丸出しのベランメー口調で、単刀直入、人の感銘を与えるような一種の雄弁家でもありました。服装は夏も冬も詰襟一着で、ボカボカの軍隊靴を履き、食べ物は一汁一菜主義という簡易な生活に慣れていました。

明治15年ごろには、現在の群馬県に帰ってきましたが、前橋を中心に路傍伝道をしながら聖書を売っていました。

故郷を訪ね、旧い遊び仲間を説教するのには、まずサイコロを振って一戦を試み、めちゃめちゃに仲間を負かしてしまうと、そこでサイコロを投げて、キッと居直って説教を始めました。

「おい兄弟たち、へたくそなバクチなどやめてしまえ、俺はな、お前たちが束になってかかってきても負けはしない。俺はバクチ打ちなら安楽にしてぜいたくな暮らしができるのだが、今はやらない。なぜだ。この俺を見ろ。昨日のバクチ打ち、今日は聖書売りをやっている。さあみんな、遊び人暮らしをやめて正業につけ」と、これが角太郎の第一声であり、こうして多くの信者を得たのでした。

そして、このような伝道活動の一つとして、後に「群馬の社会事業の先駆者」となった上毛孤児院創設者の宮内文作を火災とそれに伴う自殺というどん底からすくい上げ、養護施設や保育園、母子寮など幅広い社会事業活動を行い、慕われる人間へと導きました。

また、もう一人、東京高崎間の時間馬車を経営し、人夫200人、馬60頭を使って中山道の将軍様と呼ばれた大越米吉も角太郎の伝道を受け、たまたま碓氷峠のトンネル工事中に多くの作業員が入り込み、いつどんな事件が起きるかもしれないというとき、大越米吉は1時間ごとに祈りを続け、いつしか「祈りの大越」と呼ばれるようになり、どんな荒くれ男も大越の前に出ると、おとなしくなり、無事にトンネル工事は済みました。

笛木角太郎は群馬や埼玉に止まらず、関東一円にわたって、多くの足跡を残し、明治34年には、千葉県館山市に住み、大正8年7月、多くの信者に囲まれ、76歳の生涯を閉じました。

99 高橋《たかはし》 角太郎《かくたろう》

三峯神社の初代神主

みなかみ町の師地区にある三峯神社の初代神主の高橋角太郎は、嘉永7年(1854)、新潟県南魚沼郡塩沢町の農家に生まれました。

幼少の頃、両親を亡くし、姉に養育されましたが、10歳の時、青雲の志を抱き、江戸へ出て武家奉公に入りました。

当時は、庶民の中には大商人や藩財政に貢献があったものなどに武士としての身分が与えられる者もあったため、本人の能力と努力次第で、武士にも出世できるとの本人の望みがありました。

少年角太郎は、奉公の傍ら、文武両道に励み、時節到来を待ちました。

慶応4年(1868)春、時の将軍、徳川慶喜《よしのぶ》は、江戸城を官軍に明け渡しましたが、これを不満とする分子は上野寛永寺に集まり、彰義隊を結成して、官軍に反抗しました。

角太郎は、わずか15歳の少年ながら、これに参加し、出世の緒口《いとぐち》をつかまんと奮戦しました。しかし、官軍に激しく攻め立てられ、あえなく敗れて敗走し、夢ははかなく破れて、命からがら現在の高崎市新町まで落ち延びて、そこにひっそりと暮らし、余命《よめい》を全うすることとしました。

しばらく新町に住んでいますと、当時全盛の御嶽教《おんたけきょう》に入り、神道を研修、その布教師となって、各地を巡廻し、利根地方へも度々、巡回してきました。

師村の豪農、高橋六之丞も御嶽教を信仰しており、その屋敷内に祠《ほこら》を建て、近くの村から信者を集めては布教師を招いて、祈祷を行っていました。そこへ、布教師として訪れた角太郎は、その人柄が好かれ、当地に留まるようにと、熱心に勧められました。

明治18年、学区制の改革で、師の河内滝小学校が廃校となり、校舎が空家となっていましたので、六之丞の斡旋で、それへ居住するとともに、師の中堀にある諏訪宮《すわぐう》の神主となりました。

しかし、この空家は台風の時、非常に風当たりが強く、建物も貧弱でしたので、明治31年、諏訪宮《すわぐう》の隣接地を買い求め、そこへ家を建てて移転しました。

角太郎は、少年期に修得した武術を村の青年たちに指導し、明治23年秋には同神社境内で弓道大会を催し、参加した弓を射る人たちの連名額を同神社に奉納しました。この額は今なお掲げられています。

また、特に柔道の整復術に長じており、近郷の捻挫や骨折した人々に無料で奉仕しましたので、その恩恵に浴した者は非常に多く、遠く郡外からその名声を慕って来る者も多くいました。

角太郎は話術文才にも長じ、明治36年には諏訪宮に参拝《さんぱい》講社を設け、師の諏訪様を、遠く郡外にまでも広め、養蚕のための鼠除けや三峯のお狛《いぬ》様による盗難、火災除けに、その名を広めました。

明治40年、時の政府の命令により、村内各所にあった神社が同諏訪宮に合併され、神社名を「三峯神社」と改められるや、角太郎はその神主に任命され、東へ西へと走り回り、浄財を募って、境内の整備に努め、村社に指定されるにふさわしい神社としました。

角太郎はその人格と努力を買われて、利根郡内各地の村社に頼まれ、その神主を兼務し、その数、実に二十数社に及び、利根郡内の神官の中で重きをなしましたが、大正7年、病にかかり、数え65歳をもって、ついにその多彩な生涯を閉じました。

100

木《こ》桧《ぐれ》 仙《せん》太《た》郎《ろう》

キリスト教執事であった村長

木檜仙太郎は安政4年（1857）、三国街道須川宿（現在のみなかみ町須川）に父、庄三郎の長男として生まれました。

明治6年、16歳で、須川小学校を卒業後、すぐに母校の補助教員となりました。

明治15年、25歳、養蚕改良組合駒形組が結成され、副組合長になりました。

明治18年、28歳、キリスト正教会に入信し、須川正教会の執事を務めました。

明治19年、29歳、須川他6カ村連合戸長を辞任しました。すぐに上京し、早稲田専門学校（現在の早稲田大学）へ入学し、3年間を国や地域づくりのために推進力となる人物となるよう勉学に励み、帰郷しました。

翌明治23年、県会議員に初当選し、廃娼運動に力を入れました。

明治29年から31年まで吾妻郡久賀村（新治村時代の赤谷川を堺とする西側）の村長となり、明治41年、51歳の時、湯ノ原村（赤谷川の東側）と久賀村の合併により誕生した新治村（現在のみなかみ町）の初代村長となりました。

28歳の時からキリスト教須川正教会の執事として、その指導的立場にいた木檜仙太郎は、新治村村長となると、困難を極めた村政を打破するため、国が強力に推し進めていた報徳主義に主張を転換し、明治45年には須川教会の解散を引き起こしてしまいます。

これは、実際に村政を行い自治に携わる立場に立った時に、政府の奨励としていた報徳主義に乗らざるを得なかったということを考慮しなければなりません。

当時の日本は、日露戦争に勝利し、人々のおごりや高ぶりが頂点に達しようかという時代であり、気分が浮ついていて、行動が軽々しい若者が増えていくことを危惧した政府は、軍国主義を推し進めようとするため、二宮尊徳の説く勤勉・倹約精神を主とする報徳主義により、国民の思想を一本のものにしようと躍起となっていたからです。

思想転換により教会を閉じてしまったことは、現在からすれば批判されるものと思われますが、木檜仙太郎は青年期から晩年まで数多くの公職を歴任しており、村民の信望は厚いものがありました。

郡では郡会議員、同議長、教育会理事・会長。村では学務委員、碓氷社三国組組長、利根銀行取締役須川支店長、須川報徳社社長などです。

大正7年、62歳で病気のため村長を辞任しましたが、昭和10年、79歳で、村民の要望強く再度村長に就きましたが、昭和14年、82歳、任期途中でその生を閉じてしまいました。

101

星《ほし》野《の》 光《みつ》多《た》

明治・大正・昭和期のキリスト教伝道者

星野光多は万延元年（1860）、現在の沼田市戸鹿野町の豪農の宗七・るいの次男として生まれました。明治元年、父の宗七が横浜に出て生糸貿易を営む「星野屋」を開業し、その二年後、一軒家を建て、沼田から妻、光多、四男の喜作を呼び寄せました。

明治3年、英語を学ぶ目的でジェームス・バラ宣教師の指導を受け、その感化により、明治7年14歳で、バラから洗礼を受けました。

明治12年19歳、同人社という英会話塾に足かけ2年通いますが、ここの同級に時計のセイコーの創業者である服部金太郎がいました。光多は、続けて慶応義塾で3年間学び、交詢社（福沢諭吉の主唱により、銀座の地に創られた日本最古の社交機関で、また同時に公益法人として「公益事業を行う事」を目的とした財団法人）の社員になりますが、明治17年秋に星野屋が倒産したことを機に一家は沼田へ帰郷しました。

光多は横浜に住んでおり、政治家を志し、群馬県下の演説会で政治演説の活動などをしていましたが、安中の湯浅治郎と知り合ったことを機に、高崎で伝道活動などを行い、明治17年24歳の時、西群馬教会（高崎教会の前身）を設立し牧師を兼任、新治村の須川教会にも出張し、キリスト教の布教に努めました。服部金太郎を支えた時計技師の吉川鶴彦、日本銀行第十三代総裁の深井英五、牧師の長坂鑒次郎らを授洗することもしました。

また伝道の傍ら、英語を教えていたため、英語を学ぼうとする青少年が集まり、俳人の村上鬼城、教育者の堤辰二らが師事しました。明治20年、高崎英和学校を開校した竹越與三郎とも親交があり、開校式典で祝する演述をしています。

明治21年、西群馬教会牧師から、東京の台東区下谷一致教会に赴任し、その後、フェリス和英女学校の教頭を8年間務めました。教頭時代に宮城女学校で校長と対立して退学にされた相馬黒光（新宿中村屋の創業者）を受け入れ、入学させています。

明治24年、31歳で、妹の幸とフェリス和英女学校の同級生で親友であり、この時、講師を務めていた長谷川みねと結婚しました。

明治32年から両国教会牧師。明治37年44歳でアメリカに留学して、ニューヨークのユニオン神学校で学びました。

帰国後、津田英学塾の教師を務めました。その後、朝鮮・満州・台湾への伝道を行い、昭和7年72歳でその生を閉じています。

光多・みねの間には3男1女がいました。2キ3スケの1人として満州国で実権を握り、戦後A級戦犯となった星野直樹は長男。関門海底トンネルなど、日本のトンネル建設の第一人者である星野茂樹は次男。長女の花子はミシガン大学教授の山極越海に嫁ぎました。参議院議員や静岡新聞主幹などを経ながら、ケニアで日本アフリカ文化交流協会設立などに尽力した星野芳樹は三男。このように子供たちは、日本の歴史に名を残す活躍をしています。

なお、光多について詳しくお知りになりたい方は、星野達雄著『星野光多と群馬のキリスト教』という書籍がありますので、ぜひご覧下さい。

102

金《かね》子《こ》 安《やす》平《へい》

榛名神社宮司

金子安平は明治44年（１９１１）12月、現在の沼田市榛名町に生まれ、昭和４年、県立沼田中学校（現在の沼田高等学校）を卒業、昭和７年国学院大學神道《しんとう》部を卒業し、神職《しんしょく》に就き、同年榛名神社社《しゃ》掌《しょう》となりました。

昭和８年には群馬県神職会利根郡副支部長、昭和24年神社本庁評議員、昭和34年県神社庁長、昭和43年神社本庁評議員会議長、昭和49年63歳で神社本庁事務副総長の重職に就くなど、神道《しんとう》の勢いが盛んになるために尽力してきました。

同時に地方自治において、昭和17年31歳で沼田町議会議員に当選以来、三期連続して当選、昭和26年には町議会議長を務め、昭和29年の町村合併による市制施行後の初市議会において、推されて初代議長に43歳で就任し、合併前の町村議員、１００人をまとめ上げたその統率力は、当時、非常に評価されました。

さらに、昭和30年44歳には沼田市助役、昭和34年からは４期連続の市議会議員となり、その間、昭和38年、昭和44年と議長を務めました。

また、群馬県民生委員、保護司、利根保護区保護司会会長、市社会教育委員長、沼田幼稚園長、県青少年育成推進協議会長、沼田調停協会会長、利根沼田明るい社会づくりの会会長、市生涯学習推進協議会長、公民館運営審議会長、図書館協議会委員長など実に多くの公職を務め、青少年対策事業の推進や社会教育行政の発展に大きな足跡を残しました。

また、実に面倒見の良さもあり、木彫作家、籾山三穀《さんこく》氏とは古くからの友人であったため、籾山氏の作品を沼田高校や沼田小学校など12カ所の公共施設へ寄贈することの仲介を行い、友人の面倒を見ると同時に、市民の文化レベルの向上にも貢献しました。

「何時でも、何処でも、誰にでも、笑顔で」を生活の信条とした金子安平、通称〝あんぺいさん〟は、平成11年7月、87歳でその生涯を閉じてしまいました。

実に広くて深い知識を持ち合わせた、あんぺいさんは、『週間利根』において、「新日暮硯《ひぐらしすずり》」と題し、郷土に遺さなければならない多くの出来事を平成9年から連載しました。しかし、81回で、そのシリーズも終わってしまったため、後世に伝えるべき貴重なものが途絶えてしまったものと思われます。

また、FM-OZEにおいても、『沼田聞き書き帖』に出演し、驚異的な記憶力で、聞く者を引きつけました。この番組についても、まだ2、3年は題材に事欠かないと漏らしていたとのことでありますので、利根沼田の郷土の歴史に穴が開いてしまったのかもしれません。

103

大島《おおしま》 恭龍《きょうりゅう》

迦葉山山主

天狗で名高い迦葉山弥勒寺は、曹洞宗の格式ある寺で、その住職は古くから住職とは呼ばず、御《ご》前様《ぜんさま》と敬意を込めて呼ばれていました。

大島恭龍は昭和34年から56年まで21年間、御前様として多くの人にその徳を与えました。

大正2年(1913)9月、高知市の土佐藩主、山内《やまのうち》一豊で有名な山内家の菩提寺である、日輪山真如寺《しんにょじ》に生まれ、幼いときの名前は、勉といいました。

大島勉は地元の高校を終えると、昭和6年金沢市の大乗寺《だいじょうじ》で修行生活に入り、曹洞宗立専門学校へ通います。

昭和9年21歳、大乗寺での基礎的な修行を終え、生まれた真如寺の住職となるため、高知に戻ります。

昭和14年6月25歳、陸軍二等兵となり、揚子江岸《ぎし》の安慶《あんちん》に行き、昭和16年帰還となります。

昭和22年1月34歳のとき、、戦災で親を失い、路頭に迷う青少年や、目標を失いちまたに漂う非行少年少女たちを収容し、健全育成し、社会に帰すため、少年保護団体明和寮を創設し、保護観察への道を進み始めました。

こうした活動が、国の保護観察制度の発足と同時に認められ、昭和24年7月、高知保護観察所初代所長に就任します。

そして、昭和32年高松保護観察助長、昭和35年新潟、昭和38年浦和と保護観察所長を歴任します。その間、本業であります僧侶としての活躍も大きいものがありました。

昭和34年12月46歳で、迦葉山龍華院弥勒寺の住職となり、昭和50年7月62歳、金沢大乗寺住職を兼務。昭和54年8月66歳、曹洞宗大本山永平寺の実質的な寺の全てを取り仕切る役職である、監院《かんにん》となります。

特に、迦葉山では車道づくりに専念し、本殿前まで車で行くことができるようになったのも、この時であり、その後、新館建設、青少年研修道場建設、書院新築など、現在の堂宇の姿を整えたのも、大島恭龍御前の時に行ったものがほとんどです。

昭和55年4月には、曹洞宗の永平寺が運営する駒沢学園理事長に就任します。

このように一番忙しかった時は、国内線ばかりで年に183回も飛行機に乗ったとのことで、まさに天狗のような動きだったといいます。

昭和56年8月、享年67歳でその生涯を閉じましたが、生前の徳をたたえて、五回の葬式が執り行われました。

104

櫛《くし》渕《ぶち》 虚《きょ》冲《ちゅう》軒《けん》

上野不忍池畔に碑が残る剣豪

櫛渕弥兵衛《やへえ》宣根《のぶもと》は寛延元年（1748）、現在のみなかみ町後閑に生まれ、虚冲軒と号して、神道《しんとう》一心《いっしん》流の流派の元を開いた人です。

幼い時の名を八弥《はちや》といい、祖先からの神道《しんとう》流を学び、沼田藩の秋尾善兵衛に微塵《みじん》流を学びました。また、直心影《じきしんかげ》流、無敵《むてき》流、揚心《ようしん》流などのよいところを採って一流を考え出し、神道一心流といいました。

諸国を武者修行してから、自分の家に道場を開いて、門人も多くなりました。

しかし、家は弟に譲って、寛政元年（1789）42歳の時、江戸に出て、小川町に道場を開きました。弟子は日増しに多くなって、その名を一橋侯《ひとつばしこう》に知られ、ついに召し抱えられ、以後三代にわたって徳川将軍、直々《じきじき》の護衛役として仕える傍ら、家中にその流儀を広めました。

虚冲軒は学問もあり、見識も高く、江戸時代後期の尊皇《そんのう》思想家である高山彦九郎とも親しく交わりました。

高崎藩の清水赤城《せきじょう》や利根出身の書家生方鼎斎などもその門下になりました。

文政2年4月、73歳でその生を閉じています。その年の9月に清水赤城撰文によって、上野不《しの》忍《ばず》池《のいけ》畔に建碑されています。

碑には先祖に伝わる香取《かとり》神道流から、神道一心流を興すに至るまで、虚冲軒について簡略に記されていますが、建立場所が徳川将軍家、上野東照宮のお膝元であったことから考えますと、いかに徳川将軍直々の護衛役としての信望が厚かったかをうかがい知ることができるものです。

また、故郷の三峰山河内神社には、長さ9m、幅42㎝の木太刀《きだち》が、後閑玉泉寺には若い時に体の鍛練に用いた「練手《ねりて》の石」が町指定文化財として残され、共に故郷への足跡を残しています。

江戸時代、高名な剣豪と呼ばれた人は数え切れないほどであり、その中で、現在にこのような形が遺っていることは何よりも素晴らしいことであり、この碑の存在と虚冲軒の名を長く伝えていきたいものです。

神道一心流の兵法《ひょうほう》伝承に当たっては、月夜野師の師久夫さんがその流れを伝え、平成18年には『神道一心流兵法の事跡と流露』という一冊の本にまとめるとともに、演武会も開催し、後世へと受け継いでいこうとしていることは、頼もしい限りです。

105

星《ほし》野《の》 房《ふさ》吉《きち》

薗原騒動の主人公　法神流剣豪

星野房吉は寛政三年（1791）、現在の渋川市赤城町深山の名門須田家に生まれました。須田家の遠い祖先は元信濃国須坂の城主と伝え、武門の家柄であります。

祖父、治右衛門は、戦国時代に、法神流の武芸を教授することにより生計を立てていた者として知られ、父玄内は医者を生業とし、絵を画くことにも秀でていました。

そのため房吉は、幼い時から祖父に兵法を、父に医術を、さらに狩野探雲に師事して絵の技を学び、書を片品村の萩原賢和に学びました。生まれつきの才能があり、たちまちにしてその技量、師匠をしのいでその上に出て、才知の極めて優れている子供との良い評判がありました。

成長すると胴体は大きく、眉毛は巻き上がり、眼光鋭く光り、体が大きくてたくましい男の相がありました。

その頃、利根、勢多方面に悠々放浪の楳本法神という、剣の達人がいました。

加賀の国（現在の石川県）富樫氏の末流であるといいましたが、その剣槍の秘技に至っては神技の如し、でありました。村人は、こぞって赤城の神仙と崇め敬いました。

房吉は法神翁に入門し、心身を苦しめて励み努めること数年、その兵法の奥秘に至りました。さらに赤城山に祈願のため、こもること修行三年、ついにその極意を極め、免許を受け継ぎ、法神流第二世となります。

法神流の門下は千人余り。剣技その右に出る者なしといわれ、請われて前橋及び江戸に進出、道場を構え教授をしました。その術、極めて細かく巧みであり、肩を並べる者なしでありました。名声はだんだん江戸で高くなっていきました。と同時に、立派な評判を嫉妬するものが出てきたため、紛争に至らんことを避け、古里に帰り、利根村追貝の星野家に婿に入りました。

追貝では道場を開設して教授、指導懇切に教えたため、剣術の達人としての名前は利根、勢多方面一円に聞こえました。

一方、隣村の薗原に神道一心流の道場を開く中澤氏がいました。

この時代、剣術によりいくさの仕方を学ぶ術の流派は、お互いに争うことが常でありました。この両流派の争いに、江戸浅草の剣客山崎氏は、中澤道場を応援するために来たため、抗争はついにその頂点に達しました。

ある夜、静かな山谷の夜空に争いの音が響き、銃声が轟き、剣豪星野房吉は薗原で闘いの末、亡くなってしまいました。天保2年(1831)3月、42歳の若さでした。

もし、長く江戸にいたならば、その名は千葉周作、齋藤弥九郎、桃井春蔵といった幕末江戸三大道場をしのぎ、近世、武道史上の巨星となり得たであろうことは、郷里を同じくする仲間の等しく認めるところであり、惜しんでも余りあるものがあります。

しかし、房吉の剣脈は、三世森田与吉郎、四世根井行雄、五世須田平八と伝承され、特に根井の門人、持田盛二範士は昭和四年の天覧試合に優勝し、ついに法神流兵法に大輪の華が開きました。

106

中《なか》沢《ざわ》 貞《さだ》祇《まさ》

幕末の新徴組小頭

中沢貞祇（別名：良之助）は天保8年（1837）法神流の達人、中沢孫右衛門貞清の長男として、現在の沼田市利根町穴原に生まれました。

父に就いて法神流剣法を修行しましたが、天才的な才能に恵まれ、14、5歳で、父の門弟中、誰一人として彼の右に出る者はなかったということでした。

17歳で父の勧めにより武者修行の旅に出たということですが、貞祇の墓石裏には、江戸に出て千葉周作及び斉藤、桃井に学んだと書いてありますので、江戸において、幕末江戸三大道場と呼ばれた三つの剣術道場で学んだものと思われます。

貞祇は、身長180㎝、体重85kgの堂々たるたくましい体でしたが、剣歴を輝かしいものにしているのは、幕末動乱期における、有名な新徴組小頭としての活躍であります。

文久3年（1863）、徳川幕府は、京都に好ましくないものがのさばり、はびこる勤王の浪士を制圧するため、浪士隊を編制して京都に派遣することに決しました。

この浪士組募集に応じた有名な者に、後の新撰組の近藤勇などもいました。

貞祇も千人とも千五百人ともいわれた応募者の中から採用され、京都に向かいました。

しかし、浪士組はわずか二週間で江戸に呼び戻されることになり、貞祇は京都に残り、新撰組を起こした近藤勇などと別れ、江戸に引き返しました。

江戸帰還後の浪士隊は庄内藩支配下となり、新徴組と名を替え、新しい編制をつくり、江戸市中の警戒に当たりました。

貞祇はここで、小頭・剣術世話心得となっています。いずれ劣らぬ猛者連の中から剣術大会を経て任命されたところを見て技量のほどがしのばれるものです。

この後、官軍の急激な進出による時勢の急変で、新徴組は出羽国(山形)庄内に移動し、ここで官軍と奮戦し、羽後(秋田)矢島城攻略戦では負傷したとの記録があります。

幕府を補佐する佐幕派の会津、二本松、庄内各藩は激しく抗戦しましたが、時勢の大勢はいかんともしがたく、明治維新が成立して新徴組の時代は去りました。

その後の新徴組は、山形県の月山の麓・東田川郡広瀬、黒川の二村にわたる丘陵地帯に入って開墾事業に従事しました。

貞祇もこの開墾地に入りましたが、明治7年38歳の時に故郷に帰りました。

帰郷後、貞祇は利根村穴原に立派な道場を構え、法神流の剣術を教授しました。

門人は三五〇人ほど(墓碑裏には一千人と書かれています)で、関東一円に及んでいました。

107

中沢《なかざわ》琴《こと》

新徴組女剣士

中沢琴は天保11年（１８４０）現在の沼田市利根町穴原に、中沢貞祇《さだまさ》の妹として生まれました。身長は、当時としては大柄な約１７０㎝ほどで、目鼻立ちよく面長で、幼いときから父孫右衛門に学び、鎖がまと薙刀の名手となりました。特に長刀では父にも劣らなかったといいます。

文久３年（１８６３）正月、兄貞祇が新徴組隊士になるために、妻子を送り帰郷すると、お琴は強引に貞祇について江戸へ出ました。

新選組が京都の治安を守るために活躍したように、江戸では幕府を倒すといった風潮に備え、江戸市中の警護のため、幕府による警備組織である「新徴組」という集団がつくられました。

琴は男装して貞祇と一緒に京へ上り、江戸市中見廻り、毛利、島津両屋敷の襲撃にも加わり、薩摩屋敷で左足のかかとを切られました。

庄内戦にも官軍の砲火を浴び奮闘しました。このときにも官軍十数人に囲まれましたが二、三人を切り伏せ、たじろぐ敵中を突破して逃げました。江戸でも庄内でも娘たちに、ほれられて困ったといいます。

明治維新後は兄と共に上州に帰郷し、二人は道場で剣術を教えました。

求婚してくる男性を片っ端から打ち据えて「自分より強い男性にしか嫁がない」と豪語し、ついに終生独身を保つことになってしまいました。

酒を飲むと詩を吟じ、剣舞をしたりもしましたが、晩年は村の奥外れの、小麦峠の入り口の寂しい場所の一軒家に一人で住み、昭和2年10月、その生を閉じました。八十七、八歳だったといいます。

これらを見ると、まさに男でも驚くような女傑で、勝気で男勝りな姿が目に浮かぶようで、身長が170㎝くらいはあったので、土方歳三も170㎝くらいでかなりスマートといわれていた当時ですから、女性で170㎝もあれば男装しても決して見劣りはしなかったことだろうと思われます。

むしろ今でも通用するファッションモデルのような長身なわけです。事実、男装の時は女にほれられ、女に戻れば男に求婚されるというほどの魅力的な人だったようです。

琴が浪士隊の、どの組に加わっていたかは正確にはわからないのですが、兄の貞祇が六番組に所属していたので、もしかすると琴も兄と共にこの組にいたのかもしれません。

六番組といえば、土方や沖田などの試衛館グループがいた組であるので、ひょっとすると彼らもこの琴を間近で見ていたのかもしれません。

平成29年1月には、NHKBSにおいて、黒木メイサが中沢琴を演じた「花嵐の剣士 ～幕末を生きた女剣士・中沢琴」が放送され、これをきっかけに足跡を明らかにする墓石建立も行われました。

108

得《とく》能《のう》 関《せき》四《し》郎《ろう》

剣術家

得能関四郎は天保13年（1842）、沼田藩士の得能隼人の子として江戸見坂の沼田藩邸で生まれました。

名は通久といい、安政3年、15歳の時、藩の剣術指南役・直心影流の長沼恂郷に就き、21歳で免許皆伝を得ました。

慶應元年23歳の時、師匠が亡くなると、その子である長沼称郷（可笑人）に学び、長沼道場の塾頭になりました。

明治維新で武士階級はなくなり、剣法は一時、全く見る影もなくなりましたが、日本人の精神的土壌である武士道精神が生き残ったのと、警視庁、軍隊という新しいベールに包まれた武力に不可欠の要素と再認識されたこともあり、剣道は再興しました。

関四郎は、再び竹刀を執って、明治15年、40歳で警視庁の武術係となり、指導に当たりました。

そして、剣の道を極め、警視庁の最高級二級の筆頭となりました。これは、後の範士以上に相当する名人でした。

明治17年から37年までの残された記録には、関四郎は一度も負けておらず、一流の大家と多くの試合をしている生涯無敗の記録を世間も認め、真貝忠篤、根岸信五郎と並んで、明治末年の剣道界三元老の随一といわれました。

しかも、性温厚、公明正大で、謹厳実直な人柄であり、人格、力量ともに、まれに見る名剣士でした。

半面、保守的な剣士の多い剣道界にあって、自ら進んで物事に取り組む気性に富み、フロックコート(現在のモーニング)を着て審判した元祖であり、金縁メガネを掛けて審判した異色の剣客でもありました。

身長わずか162㎝、やせ形という恵まれない体でありながら、剣は鋭く、籠手《こて》撃ちの名人でありました。

明治19年2月10日、明治政府によって建てられた、外国からのお客を接待するための社交場である鹿鳴館の舞踏会で外務卿(今の外務大臣)井上馨の警護を命じられ、その夜、井上を襲ってきた暴漢たちの凶器を持った手首をステッキで打ち砕き、得意の籠手撃ちで、井上を護衛しました。

明治41年、66歳で原因不明の自害をし、世間を騒がせました。

109

松《まつ》井《い》 八《や》十《そ》吉《きち》

政治家剣士

松井八十吉は嘉永5年（1852）1月、現在の沼田市下発知町の松井八十右衛門の長男として生まれました。

幼い頃から秀才児として知られるほどでしたが、不運なことに父母が少年時代に早く世を去り、祖母の手によって育てられました。しかし、家は近隣に知られた大農家であり、家計が豊かであったので、経書を少年時代から沼田藩士の高山宗朝に学び、かなりの水準に達していました。

また、松井家には、発知館といわれる剣道場がありました。これは、父が若くして江戸に遊学し、月夜野町出身の櫛渕宣猶に師事し、神道一心流剣術を学び、帰郷して開いた道場です。ここで近隣の子弟を指導していました。

八十吉も幼い頃から父の指導を受け、上達しており、八十吉は文武両道に秀でていたわけであります。

自宅内道場で成年に教え、錬士の資格を持ち、利根郡内随一の剣士として知られていました。他に狩猟が好きで、釣りもよくやったといいます。

経歴としましては　明治元年16歳で、家督を相続すると、以下の役職を務めました。

明治10年25歳で、連合戸長

明治15年30歳で、村会議員

明治22年37歳で、初代池田村村長
八十吉は文武両道に秀で、人格円満、重厚なる性格であったので、池田村内の人望高く、明治14年29歳で、この地方最初の県会議員となり、明治40年まで26年間、当選を続け、県会議員としての在職期間は県内でも稀な一人とされました。

この他、利根郡会議員及び議長、勧業諮問委員、地方衛生委員、地方森林会議員、教育界評議員、明治33年48歳で、武徳会地方委員となり、群馬支部創立に尽力。さらに大正3年群馬県農工銀行設立委員、取締役となって、その敏腕を振るいました。

家業は酒造業、農業の他に質屋などもしていましたが、八十吉はもっぱら政治家として、地方の指導者として存分に活躍した人でした。

気は短いほうでしたが、活動的で少しもじっとしていなかったことが、地方の政治家としての活躍を長く続けられたことでもあったのでした。

その一つとして、水上町藤原に橋を架け、村人はその橋を八十吉橋といったということです。

大正6年3月、政治家剣士の松井八十吉は、その67歳の生涯を閉じました。

110

星《ほし》野《の》 華《か》村《そん》

幕末の志士

星野華村は文政5年（1822）、片品村花咲に生まれました。

華村はその号で、名前は奎《けい》之助といいました。幼い時、片品村土出の星野与市郎に就いて学びましたが、師匠から3回素読を聞けば、一言一句《いちごんいっく》暗記してしまいました。

郷里で一心に勉強して学問が進んでくると満足することができず、良き師匠を求めて各地の文《ぶん》人墨客《じんぼっかく》を訪ね、たまたま、現在の栃木県今市の名主宅で子供たちに勉強を教えたところ、非常に博学なところを主人が気に入り、奎之助の向学志望を聞き、江戸の儒学の大成者として公に認められていた佐藤一斎《いっさい》を紹介され、弟子入りすることとなり、後《のち》その学問を認められて、江戸幕府直轄の学問所である昌平坂《しょうへいざか》学問所の助教となりました。

時代は、遠い外国からの船が頻繁に来ており、国内情勢は騒々しい時でした。

普段から、華村の性質が意志が堅くて強く、くじけず、情が深く誠実なことを知る師匠の佐藤一斎は、ある日、華村を呼んで言いました。

「今は国家に直接関係する事件や仕事が多くて忙しい時である、士《し》たるもの奮起して国家のために尽力せねばならぬ。汝《なんじ》も努力せよ」と、そしてその秘蔵する刀を与えました。青年、華村は謹んで師匠の訓《おし》えを聞き、また師匠の恩の深さに感激し、国家のため命を捧ぐことを誓いました。

それ以来、華村は、至る所からの求めに応じて、各所各地に経学《けいがく》を講義する傍ら、国内産業の不振、風俗のくずれ衰え、国防の不備などを説いて、国民が目を覚ますことを促しました。時には青年を集めて指導し、感極まって泣き、かつ怒るさまは、さながら高山彦九郎の再来かと思われました。

また、ある時は土地に、はびこる博徒《ばくと》をこらしめ、そのために有名な大前田英五郎の義兄という、星野伊藤太一家《いっか》に襲われて、危機にひんしたこともありました。

時は経ち、国の情勢は、いよいよ危険が差し迫ってきたので、華村は意を決して、政治国防に関する上申書を作製し、これを懐に入れて、江戸城竜《たつ》の口《くち》門の傍らに立ち、老中《ろうじゅう》松平豊前守《ぶぜんのかみ》の登城を待って差し出したのでした。時に文久3年2月23日のことでしたが、華村はただちに捕えられて、その頃花咲の職務を執り行っていた旗本、田沼安三郎に預けられました。

このことが郷里に知れると、花咲の人々は一同して請願書を差し出し、華村は許されて村預けとなりました。こうして故郷へ帰って来ましたが、なお国を心配し、どうなることかと嘆き悲しみ、悩みに堪えきれず、ついに病気となり、文久3年7月、41歳でその生涯を閉じてしまいました。

国の現状や将来について心を痛め、国や社会のために、自分のことを犠牲にしてでも行おうとする目的や理想をもっている人でした。

華村が亡くなって、わずか5年で明治維新となりました。もし華村が生きながらえていたなら、年もまだ50前だったので、歴史の表舞台で活躍したものと思われます。

111

栗《くり》原《ばら》 伊《い》勢《せ》吉《きち》

利根沼田剣道界中興の祖

栗原伊勢吉は明治19年（１８８６）3月、現在の沼田市榛名町に生まれました。栗原家は、江戸のジャーナリスト栗原柳庵《りゅうあん》の生家に当たります。

旧制前橋中学校（現在の県立前橋高等学校）卒業後、前橋の剣道範士、奥平鉄吉《おくだいらてつきち》の門に入り、神道《しんどう》無念流を学び、さらに群馬県明信館、館長の飯塚儀内に就いて、小野派一刀流を極め、免許皆伝を得ました。

その後、東京九段にあった明信館本館の館長高野佐三郎を師匠とし、修行を重ねる傍ら、「技術の錬磨は精神の鍛錬《たんれん》に基礎を置くべし」との信条の下に、川場村吉祥寺から鎌倉建長寺の管長となりました、菅原時保《じほう》の下に参じて、禅の道も極めました。

このように自分を鍛え抜いていた伊勢吉でしたが、当時の利根沼田地方の剣道界は、各流派にこもっており、各々が対立する様相でした。

伊勢吉はこの事態を真剣に考え、剣道界の大同団結を促し、大正4年、ついにその統一を実現しました。

大正9年12月には利根明信館を創立し、その初代館長に就任しました。利根明信館は、単なる一道場にとどまらず、講習会や寒《かん》稽古において広く門戸を開放し、多くの剣士を迎え入れ、利根郡内に13支部、吾妻に1支部を結成し、その門弟は、１２００人を数えました。

明治44年、県立沼田中学校（現在の沼田高等学校）の剣道師範となり、大正5年、警察官武術教授嘱託、昭和7年、利根連合青年団剣道教授、次いで利根農林学校剣道師範となり、昭和9年11月、利根農林学校における剣道教授中に不慮の事故に遭い、49歳でその生涯を閉じてしまいました。

その死を悲しむ門弟や関係者など9団体の手により、利根郡始まって以来の盛大な教育葬が執り行われ、生家の榛名町から材木町の長寿院までの道のり、約2㎞が葬送の行列で埋まりました。

昭和30年、沼田公園内に「利根沼田武道場」が竣工しました。この3年後の昭和33年、沼田市武道場（武徳殿《ぶとくでん》）を会場にして、栗原伊勢吉、追善剣道大会が催されました。

ここに、剣道史上5人しかいない剣道十段のうちの2人、持田盛二《もりじ》と斎村《さいむら》五郎により、日本剣道形《かた》の演武が行われ、栗原伊勢吉が利根沼田剣道中興の大剣士であったことを再認識したものとなりました。

112

大《おお》河《かわ》原《ら》 佐《さ》太《た》郎《ろう》

講道館柔道家

大河原佐太郎は柔道ひとすじに命を懸け、利根沼田に講道館柔道を普及振興させ、昭和の初めに沼田中学柔道の名声を上げた第一の功労者です。江戸時代の沼田藩では柔道の流派はいくつかありましたが、剣道（剣術）の盛んな勢いに比べ、一般には振るいませんでした。

明治44年に戸田流柔術家で、講道館柔道を修めた勢多郡北橘《きたたちばな》村《むら》の大畠坤《こん》次郎が、沼田の滝坂上に修道館道場を開きました。大正2年、沼田中学（現在の沼田高等学校）は、柔剣道を正科《せいか》と定め、大畠坤次郎を教師としました。翌3年、この大畠道場に入門したのが大河原をはじめ十数人でした。

大河原は明治26年（１８９３）、現在の沼田市奈良町大倉に生まれ、少年時代から同町の旧家左部善二方に身を寄せ成人しました。善二は春窓という号を持ち、俳諧をよくし、独学で漢文、国文、史学を修め、青少年に勉学を勧め、また池田消防組頭も務めた有力者でした。大河原を小さい頃から見守り、不屈の根性を見込み、柔道家になれと励ましました。

時に21歳の大河原は長身細型でしたが、農作業をしながら雨の朝、雪の夜も６kmの坂道を歩いて大畠道場へ通いました。晩成型の大河原は人一倍真剣に修行をし、巨体の大畠に強引に鍛え抜かれ、大正６年８月、24歳で沼中教師に任命され、同年12月講道館に入門、25歳で利根沼田では初めての初段を得ました。翌大正７年、大畠が病気で退職すると、大河原一人で生徒に教授しました。大正９年には沼田警察署柔道教師を兼任しました。

大正10年、沼中に小柏《おがしわ》校長が着任し、柔剣道には特に力を入れました。奈良町からの通勤では十分な指導ができないと坊新田町に移り住み、かつて上京修行中に免許を得ました接骨師を開業しました。このため負傷しても治療してもらえると柔道を学ぶ子弟が倍増しました。

沼中での指導は大畠仕込みの豪快で厳しいものでしたが、度量が広く、小さいことにこだわらない性格で、猛練習に耐えさせました。その成果は現れ、大正13年の第5回県下中学武道大会で二位。翌年の第6回大会は三位でしたが、主将の藤本昇は個人優勝しました。藤本は、その後県大会に4年連続優勝、関東大会でも優勝。昭和3年、藤本の卒業と同時に大河原は教師を藤本に譲りましたが、なお柔道の指導を続け、在勤12年間で、沼中柔道の伝統と基礎を築きました。

昭和8年下之町に移り住み、昭和9年41歳で四段錬士。後輩子弟の協力で自宅裏に大きな道場を建て、さらに多くの門弟を養成しました。傍ら、上毛日々新聞記者、上毛新聞沼田支局広告部主任を務めましたが、各所の柔道大会では必ず稽古着を着け指導しました。

昭和20年52歳で五段、昭和30年62歳で六段となり、六段位祝いの紅白の帯で「年齢別の試合なら県でも、わしは勝つ自信がある」と豪語していました。

群馬県柔道連盟利根支部顧問となり、昭和32年11月、川場村公民館落成記念柔剣道大会に招かれ、終了後の慰労会で相当酔ったらしく帰り道、交通事故により64歳の生涯を閉じました。

骨格たくましく、自由奔放《ほんぽう》で、欲がなくあっさりしていて、物に執着《しゅうちゃく》しない性格であり、性格どおりの強引な技で気概にあふれていました。酒豪でもあり、また書画骨董のマニアで、接骨医より商売として面白いと真面目な顔で言い、得凱《とくがい》と号して画《え》も描き、風雅文人と交わり、酔えば舞うという一面も持っていました。

113

阿《あ》部《べ》 一《かず》美《み》

水上スキーの父

阿部一美は現在のみなかみ町湯桧曽の阿部儀十郎、ひさの長男として、明治36年（1903）10月に生まれました。

大正12年、20歳で群馬県師範学校（現在の群馬大学）本科第一部を卒業し、水上幸知尋常小学校訓導となります。

大正14年、22歳で湯桧曽郵便局長、昭和4年、26歳から昭和19年まで、水上村村会議員を連続4期務めます。

村会議員をしながら、昭和7年、29歳、水上温泉組合長、昭和12年34歳、利根郡旅館組合長と、家業の旅館業界の発展に努力します。

昭和19年41歳、水上村村長となり、昭和21年まで務めます。

村長を務めながら、利根郡連合青年団長、県連合青年団副団長なども務め、村長を辞めた翌年には、県山岳連盟会長、水上観光協会長、県観光協会常務理事、そして次のように、

昭和24年には、県スキー連盟会長、日本温泉協会監事、全国旅館組合連合会理事

昭和26年には、日本観光旅館連盟監事

昭和27年には、水上町教育委員長、県地方教育委員連絡協議会副会長

昭和28年には、県旅館組合連合会長

昭和29年には、全日本スキー連盟副会長、県社会教育委員、県僻地教育振興会長と、実に多くの役職を務めました。

中でも水上のスキーに関して、阿部一美は非常に熱心にその情熱を傾けました。

国鉄上越線が開通した昭和3年、水上スキークラブが誕生し、スキー場第1号ができました。

阿部は、ほとんど寝食を忘れ、自ら陣頭に立って指導し、後輩スキーヤーの養成に熱中し、一時は家業も忘れてスキー学校を建てるなど奔走しました。

昭和25年には、「水上温泉シャンツェ」という、75ｍ級のジャンプ台を設け、水上スキーの伝統の基礎を築きました。そのジャンプ台も関越自動車道工事のために現在は閉鎖となってしまいました。

昭和30年4月52歳で、県議会議員に利根郡選挙区から立候補し、初当選します。

県議会議員としては、昭和39年まで連続3期9年8カ月在任します。

同時に昭和32年、県フォークダンス協会会長、昭和36年、県体育協会副会長を歴任します。

家業としては、湯檜曽温泉本家旅館代表取締役。水上観光興業株式会社代表取締役を務め、まさにこれからという昭和39年12月、県議会議員在任中、沼田市内で交通事故のため、その生涯を閉じることとなってしまいました。61歳でした。

スキー、登山、写真を趣味とし、町一番のスポーツマンとして、若い頃から、スキーと温泉旅館と水上のために生きた人生でした。

114 笛《ふえ》木《き》 政《まさ》晴《はる》

スキージャンプ

笛木政晴、旧姓園部政晴は大正3年(1914)下仁田町に生まれ、材木業者の父に従って新潟県などに住むうちにスキーに親しみ、全くの自己流ながら、水上町の小学校に移った頃には、評判の腕前になっていました。

「スキーのやたらうまい子供がいる」という噂は、温泉旅館を経営し、「水上スキーの父」と呼ばれた阿部一美の耳にも入り、ある日、園部少年が滑る姿を見て、阿部は「こいつはいける」と確信し、旅館裏にできているジャンプ台に、園部も小さな体を見せることになりました。

昭和5年、園部は16歳で、阿部一美を団長とする水上スキークラブの一員として草津温泉で開かれた神宮大会予選に出場し、他の5選手ともども全員が入賞するという快挙を成し遂げました。

園部はルールも知らなければ本物のジャンプ台を見るのも初めてでしたが、20m級の「目のくらむような」高さを見事にジャンプしました。

続いて開かれた長野県・野沢温泉の本大会では、水上勢が次々と敗退する中で一人気を吐き、ジャンプ少年の部で十位に食い込みました。初出場で入賞者を出した水上スキーはにわかに脚光を浴びました。

昭和7年18歳、新潟県大会では飛躍幼年の部、男子回転の部の2冠を制し、全日本選手権へと進みました。

園部は、昭和9年20歳、北海道で行われた北海道勢と学生選手の合同合宿に特別参加し、これより純ジャンプから複合競技へと変更し、翌10年の全日本大会では複合3位に入賞し、ドイツのガルミッシュオリンピックの副選手に選ばれ、「複合のそのべ」と国内一級の選手として認められました。

昭和14年25歳、後楽園球場に最大39mのやぐらが組み上げられ、第2回全日本選抜スキー・ジャンプ大会が行われ、回転競技7位、飛躍競技9位と入賞し、昭和15年26歳、長野県野沢温泉スキー場で行われました全日本スキー連盟主催の指導者検定において、受検者47人の中、12人の合格者に名を連ねました。

園部は結婚して笛木となった戦後も、国体などで活躍を続け、後輩たちもどんどん力をつけ、「競技の水上」は地が固まりました。

昭和31年42歳には、水上スキーの父、阿部一美が全日本スキー連盟副会長として活躍する中、笛木政晴は競技スキー技術委員として役員の一員になっており、その活躍はスキーの水上を広める土台となりました。

115

須田《すだ》 信夫《のぶお》

沼田市体育協会会長

須田信夫は大正7年（1918）7月、現在の沼田市上之町の荒木屋菓子店の長男として生まれ、昭和11年沼田中学校（現在の県立沼田高等学校）を卒業すると家業に従事しますが、しばらく兵役にとられ、復員後、三代目当主としてその経営に携わりました。

生まれつきの恵まれた体型を柔道で生かし、講道館七段を所有する腕前を持ち、昭和26年柔道連盟利根沼田支部の初代支部長になるなど、スポーツマンである一方、人をまとめ上げる力に抜きんでており、その人望から多くの公職に引っ張り出されました。

それは、まず家業である菓子の業界で見ますと、昭和31年38歳の時、沼田菓子商工業組合会長となり、その後昭和38年の組合創立40周年記念式典委員長、10年後の創立50周年記念式典委員長にもなり、業界のまとめ役として活躍しました。

二つ目として、消防活動での活躍です。

昭和14年21歳で警防団員拝命以来、昭和43年50歳、沼田市消防団長、昭和47年54歳沼田市消防本部消防長、昭和49年利根沼田広域消防発足と共に初代消防長として昭和52年59歳まで36年間消防活動に尽力しました。

三つ目として体育関係での活躍です。

昭和34年41歳の時、沼田市体育協会副会長、昭和41年48歳から昭和63年70歳まで22年間、会長として沼田市の体育協会を引っ張ってきました。

特に、沼田武道場の建設、全国高校総体の開催、沼小講堂記念体育館の建設、第38回国民体育大会剣道競技会の開催などに尽力するとともに、群馬県柔道連盟常任理事、沼田市スポーツ振興審議会長、沼田市体育指導委員会長などを歴任しました。

これらの活躍に対し、昭和59年66歳の時、利根沼田において初めての受賞となる群馬県スポーツ功労賞を受賞しました。

このように、幅広い分野で活躍したため、その人望を担がれ、平成元年71歳で沼田商工会議所会頭、沼田市観光協会会長となり、沼田市の産業振興にも尽力しました。

平成2年72歳の時、消防・産業振興の功労者として、勲四等瑞宝章を受章しました。

平成10年9月、80歳の生涯を閉じましたが、須田信夫が大切にした言葉として、「和心《わしん》」すなわち、「和《なご》やかな心」を大切に。人に優しく。思いやる心を持って接すること。これらの言葉を実践し、家業の荒木屋本店も宮内庁お買い上げや献上を行うだけの、名実共に沼田の代表菓子屋に育て上げ、同時に公の発展にも大きく貢献した人生でした。

116

鈴《すず》木《き》一《はじめ》

居合道範士八段の三菱樹脂顧問

鈴木一は大正12年（1923）12月、現在の沼田市材木町に生まれました。

小さい頃はガキ大将で、常に周りを引っ張るタイプで数々の武勇伝を持ち、小学校時代から剣道を始めましたが、旧制中学では水泳の選手になったため、剣道は一時中止しました。

昭和16年、旧制沼田中学校（現在の県立沼田高等学校）を卒業すると、三菱化成工業に入社しますが、ほどなく太平洋戦争が始まり、通信隊暗号班員で終戦を迎え、三菱化成工業に戻りますが、その秀でた資質を認められ、2年間、東京大学で化学を学ぶことを命じられ、やがて高度な専門知識を習得した後、研究所で技師の道を進みます。

研究所では、プラスチック容器などの開発を中心に次々と特許を取得し、鈴木一が手がけた今でも使われているものは、灯油缶や中性洗剤のボトルなど、20数種類を数えます。

そのように仕事に邁進する中、その時の人事課長から「剣道をやれ」と言われて剣道を始め、昭和28年三菱化成剣道部設立メンバーとなります。

昭和31年本社勤務となり、三菱武道同好会に入門、伝統の三菱武道に関わることになります。

仕事前の「朝稽古」を伝統とする東京・丸の内の三菱道場が、高度成長期に移転の危機を迎えますが、剣友《けんゆう》とともに道場の必要性を説き歩き、設計プランを任された新たな道場が東京ビルに昭和47年に完成しました。

三菱化成から、三菱化学、三菱樹脂へと活躍の場を移し、剣道や居合道を通じて得た多くの仲間たちから、仕事でも縁が築かれ、日本全国訪れないところがないほどに各地を飛び回っていました。名前の「一《はじめ》、漢字のいちですが」、このことから三菱各社の社長からも「ワンさん」と呼ばれ、オール三菱武道大会の協賛金集めにも「ワンさん」の通り名で賛同していただくことができました。

会員の幅が広がる三菱武道会居合道部の指導をはじめ、運輸省や衆議院や参議院でも居合道師範を務めました。また、流派を超えた東日本居合道研究会の理事長も務め、「昇段試験には一回も落ちたことがない」という努力家でもありました。

平成7年三菱樹脂顧問で退職、妻弘枝が設立した株式会社ワンエンタープライズ社長に就任し、生涯現役として活躍していました。

剣道教士七段。居合道範士八段。道場にいる時間が何よりの楽しみという人生に、平成24年2月、88歳で幕を閉じることになりました。

117

金《かね》子《こ》 宗《そう》平《へい》

円盤投げでオリンピック2回出場

金子宗平は陸上競技選手で、円盤投げの日本記録保持者でした。

ローマオリンピック代表・東京オリンピック代表。日本選手権5連覇、日本記録更新7回など、数々の金字塔を打ち立てた日本陸上史に残る名選手でした。

昭和12年（1937）現在の沼田市硯田町に生まれ、薄根中学校、県立高崎工業高校、日本大学を卒業しました。

昭和30年、高崎工業高校時代、第2回インターハイで優勝、昭和32年、学生のためのオリンピックと呼ばれるユニバーシアードのパリ大会に出場し、日本選手団の旗手を務めました。

また、この年に初めて日本選手権で優勝。以後昭和36年まで5連覇しています。

昭和33年、円盤投げ46m49の日本新記録を樹立。以後6回にわたって日本記録を更新しました。

大学卒業後、リッカーミシンに入社。昭和34年、東日本実業団選手権で45m71をマークし優勝、砲丸投げも12m59で優勝。以後昭和36年まで3連覇。

昭和35年、ローマオリンピックに出場しましたが、予選で敗退。

昭和37年、ジャカルタで開催された第4回アジア大会に出場。銅メダルを獲得しました。

昭和38年、50m92を投げて東日本実業団選手権で再び優勝。

プレオリンピックとして開催された東京国際スポーツ大会で日本選手団旗手の大役を務め、競技においても51m10の日本新記録を樹立しました。

昭和39年、新潟国体で51m28の日本新記録で優勝、同年9月の五輪代表選抜大会で優勝し、東京オリンピックに出場。上位進出が期待されましたが、46m46で予選敗退となってしまいました。

円盤投げ選手としてピークを過ぎた33歳の頃からゴルフを始め、アマチュアゴルフ選手として活躍を始めます。群馬県都市対抗ゴルフ選手権優勝、群馬県シニアゴルフ選手権優勝などの成績を誇る群馬県屈指のプレーヤーとして活躍しました。「円盤投げも円運動。スイングするゴルフとは共通点があった」と語っていました。

平成17年10月、埼玉県・武蔵CCで行われた、ゴルフの関東ミッドシニア選手権へ、70歳目前で初出場し、初優勝を果たしました。

平成18年、68歳で病気のため亡くなりました。自宅は渋川市半田にありました。

日本選手権5連覇の偉業を成し遂げたわけですが、この記録は平成16年に畑山茂雄が更新するまで40年近く破られませんでした。

なお、十種競技日本記録保持者の金子宗弘は息子さんで、昭和61年の山口インターハイで優勝した際には、親子二代での優勝として話題になりました。

118

川《かわ》田《だ》 浦《うら》吉《きち》

近代五種競技でオリンピック出場

川田浦吉は昭和14年（1939）、現在の沼田市上久屋町に生まれました。沼田高校時代は水泳選手として活躍し、近代五種競技は、皇宮警察に勤務してから始めました。

フェンシング、水泳が得意で、昭和37年23歳の時、近代五種全日本選手権大会第7位、全日本全日本フェンシング選手権大会エペの部で優勝しました。

昭和38年24歳近代五種全日本選手権大会第5位、近代五種世界選手権選考会で第3位となり、スイスで行われたベルン国際大会に参加しています。

また、全日本フェンシング選手権大会でエペの部で2年連続優勝。

昭和39年24歳オリンピック代表選考会で近代五種の3位となり、代表選手に選ばれました。

ここで、近代五種競技について少し説明します。

近代五種競技とは、19世紀フランスで、戦いの中、敵の陣から自分の軍に戦いの結果を報告するために、敵の陣に馬で乗り込み、敵を銃と剣で打ち倒し、川を泳いで渡り、丘を走り抜けたことを元に誕生しました。論理的資質、技術、体力すべてを試し、理想的な選手をつくるために誕生したものです。

一人の選手が、射撃・フェンシング・水泳・馬術・ランニングの5種目をこの順序で一日にこなし、そのスピードを競う競技種目で、スポーツマンとしての限界に挑む競技です。

①最初の射撃では、各選手が40秒以内に10ｍ離れた距離から、17㎝四方のターゲットをエアピストルで20発撃ち、その正確性を競います。
②フェンシングでは、各選手が総当たり戦方式で勝敗を競います。
③水泳では、200ｍ自由形でゴール所要時間の短さを競います。
④馬術では、12個の障害が設定された400ｍのコースで行います。
⑤最後のランニングでは、それまでの4種目での成績に応じたハンディキャップが課された上で、3000ｍを走りゴール所要時間の短さを競います。

そして、順位は最終種目のランニングでのフィニッシュライン到達順位で決まります。

このように、性格の異なる種目を短時間で一度にこなすことから、体力と精神力が要求されるものです。

また、近代五種競技は1チーム3人からなる団体競技で、3人の総合得点で争われます。

東京オリンピック近代五種競技の代表選手として、川田浦吉を含む4人が代表に決まりました。日本代表者の中で最も若く活躍が期待されましたが、4人の代表者の中から当日出場の3人の中には入ることができませんでしたが、スポーツマンの限界に挑む競技で、日本の代表になったわけですから、利根沼田の子供たちにも、長く伝えていきたい選手だと思います。

119

山田《やまだ》 昇《のぼる》

日本のヒマラヤ登山家

山田昇は昭和25年（１９５０）、現在の沼田市久屋原町（生家は現在の山田りんご園）に生まれました。

沼田高校山岳部、沼田山岳会と山登りの魅力に取り憑かれ、谷川連峰、北アルプスをはじめ県内外の山々で経験を積み、昭和50年から群馬県山岳連盟他、多くの登山隊の海外登山遠征に参加し、主にブータン、中国、インド、ネパール、パキスタン、アフガニスタンの６つの国にまたがるヒマラヤ山脈の高くそびえている山々に挑戦し続けました。

チベット・ネパールにまたがるエベレスト、中国・パキスタンにまたがるＫ２、インド・ネパールにまたがるカンチェンジュンガなど８０００ｍ峰９座に12回登頂しています。

８０００ｍ峰とは何かといいますと、地球上にある標高８０００ｍを超える14の山の総称であり、それらの山は全てアジアのヒマラヤ山脈及びカラコルム山脈にあります。

８０００ｍ峰14座中９座登頂は、11座の竹内洋岳に次ぐ、同じく９座の名塚秀二と並び日本人２位の記録で、14座登頂の登山家は世界においては18人いますが、日本人ではまだいません。

平成元年２月、小松幸三、三枝照雄と３人で、アラスカにある北米の最高峰のマッキンリー（現デナリ）山、標高６１９４ｍへアタックしました。

８０００ｍ峰14座、完全登頂を視野に入れつつも、挑戦中に消息を絶ってしまいました。享年39

歳でした。

平成2年から、その功績をたたえ、武尊山において山田昇記念杯登山競争大会が毎年9月の最終日曜日に開催されています。

これは、ザック10kgを背負い、14・8km、高低差958mという山道を、文字通り、登り下りを競争するもので、過酷なレースとして全国から参加者が集まる大会となっています。

また、生家の久屋原町の山田りんご園内にある山田昇ヒマラヤ資料館には、ヒマラヤ遠征の記録や写真、登山用具などが展示されています。

遭難から20年余り経つ今でも、彼の人柄をしのび多くの友人や登山愛好家、ファンが訪れています。登山や探検、冒険などに興味のある方は、ぜひご見学ください。入館は無料です。

資料館の外にある記念碑には、次のように刻まれています。

「情熱さえあれば　努力さえすれば　山登りほど　自分の夢をかなえてくれる
スポーツは　ほかにない　山田昇」

120

栃《とち》赤《あか》城《ぎ》

関脇力士

栃赤城（本名：金谷《かなや》雅男）は昭和29年（１９５４）10月、沼田市薄根町に生まれ、中学時代は水泳部で活躍し、沼田高校に入学した時は1日7回食べ、体重は１００kgあり、柔道部に誘われ、すぐに頭角を現し、2年生のときには県大会で団体優勝をしました。

こうした活躍に大学柔道部から誘いが10校を超えたのですが、沼田高校柔道部ＯＢの上之町で料亭奈良屋を経営していた石田弥志朗さんの紹介で、春日野親方（元横綱・栃錦）が勧誘に訪れ、大相撲入りを決めました。

昭和48年1月に初土俵を踏むと、初土俵から約1年半で幕下に昇進。昭和51年11月場所に十両に昇進。十両を3場所で通過し、昭和52年5月場所には新入幕を果たしました。

稽古場ではよく負けましたが、不思議と本場所に強く、玉ノ井親方が「本場所で、普段の倍の力が出る千人に一人の力士」であると、評しました。

華麗な取り口から「サーカス相撲」の異名をとり、長く幕内上位で活躍を続け、取組での決まり手としては珍しい「ちょん掛け」や「逆とったり」、「小手投げ」「すそ払い」などを土俵狭しと繰り出し、「技の博覧会」ともいわれました。

昭和54年11月場所では、輪島、若乃花、三重ノ海の3横綱から金星を獲得し、上位力士相手でも安定した成績を残しました。この場所は4横綱であり、残る北の湖を倒せば史上初の一場所四金星の記録を打ち立てるところでした。

翌年初場所で準優勝して、大関の声がかかりましたが、次の春場所で左足剥離《はくり》骨折のケガを負い、一時は関脇に定着し、増位山、蔵間、玉ノ富士、琴風、朝潮らと共に大関候補として期待された時期もありましたが、足首の故障で昇進はなりませんでした。

その後、糖尿病を患い、精彩を欠く相撲が多くなり、幕内と十両を往復する生活が続き、平成2年初場所中に師匠の春日野親方が亡くなったため、その場所限りで廃業しました。

廃業後は実家の呉服店を手伝っていましたが、兄弟子であった山分《やまわけ》親方(元前頭・栃富士《とちふじ》)とのゴルフ中に倒れ、42歳で人生に幕を閉じてしまいました。

群馬県出身の幕内力士は明治45年の桐生市出身の白梅《しらうめ》以来65年ぶりであり、その後、群馬県からは起利錦、琴錦、琴稲妻、湊富士らが出ました。

輝かしい記録としまして、幕内在位35場所、うち関脇6場所、小結1場所。殊勲賞4回、敢闘賞4回、金星8個、十両優勝1回、第4回日本大相撲トーナメント優勝などがあります。また、大横綱であった千代の富士に、幕内通算成績で8勝7敗と勝ち越した、ただ一人の力士でもありました。

121

金《かな》井《い》 豊《ゆたか》

1万mでオリンピック7位入賞

金井豊は、陸上競技の長距離走・マラソンの選手です。

ロサンゼルスオリンピック男子1万mで7位に入賞しましたが、現役中に交通事故で若くして亡くなった悲運のランナーです。3万mの日本学生記録保持者でもあります。

昭和34年（1959）沼田市沼須町生まれ。沼田高校時代は陸上部のキャプテンとして活躍。

昭和52年岡山県での全国高等学校総合体育大会（インターハイ）800mで優勝。

昭和54年早稲田大学に入学。早稲田大学競走部のエースとして箱根駅伝などで大活躍。

昭和56年イギリスのクライストチャーチで行われた3万m記録会で、1時間33分52秒9の日本学生新記録を樹立。この記録は現在も破られていません。

昭和58年エスビー食品に入社。浜松中日カーニバル陸上で、1万mロサンゼルス五輪標準記録を突破する28分22秒3で優勝。

昭和59年ニッカン・ナイター陸上で優勝し、オリンピック代表となります。

ロサンゼルスオリンピック男子1万mに出場。

ロス大会では、予選を通過し決勝に進出。勝負をかけたラスト1周で5人を抜き、28分27秒06で7位入賞の快挙を成し遂げます。

これは1964年東京オリンピック男子1万mの円谷幸吉（6位）以来20年ぶりの好成績でし

た。

これ以後オリンピックで日本男子勢が長距離走で入賞するのは、２０００年シドニーオリンピック代表・高岡寿成1万m（7位）、16年後のことです。

昭和61年ロンドンマラソンに出場。2時間13分42秒で6位入賞。

昭和61年の福岡国際マラソンでは、生涯自己最高記録の2時間12分51秒で9位でした。

平成2年8月22日、北海道での合宿中、ヱスビー食品所属コーチが運転する車に同乗の際、チームメートの谷口伴之と共に交通事故に遭い死去。享年30歳の若さでした。

122 萩《はぎ》原《わら》 賢《けん》和《な》

利根の三筆

利根・沼田では江戸後期に「東入りに過ぎたるものが二つある。賢和の筆に薗原騒動」とうたわれた書家です。(東入りとは、旧利根村及び片品村の一帯のことです)

宝暦9年(1759)、片品村戸倉に寺子屋を開いていた萩原伝左衛門の長男として生まれました。

通称は倉右衛門、賢和と号しました。別な号として墨斎。萩原家は藤原氏でありましたので、賢和は常に藤原の藤を用い、藤賢和と署名しました。

家は代々、個人経営の塾でありましたので、幼い頃から学問の手ほどきを受け、14歳の頃、山田郡大間々町(現在のみどり市)の江戸時代中期の書家・篆刻家である三井親和門下長沢宇勝に入門し、5年余り学ぶと、師匠を超える筆蹟といわれました。

19歳の時、宇勝の勧めで江戸へ上り、当時、深川に家を構えていた三井親和の門に入りました。親和の許に寝起きして、学ぶこと数年、漢籍をも修めました。

親和は特に愛弟子にして賢和の号を与えました。その後、師匠の許しを得まして、全国への修行の旅に出ました。その地方、地方では、古い家に行き、そこに伝わる古文書などを見させていただき、その書体や筆の運びなどの研究を行いました。

修行を重ねるうちに、賢和の笹字と称される独創の篆書体を完成し、書家としての名前は次第に高まり、各地の神社や旧家などの招きを受け、多くの筆跡を残しました。

帰郷後は萩原家を継ぎ、寺子屋も受け継ぎました。幕府から信頼され、東入りの代官支配領23カ村の総取締にも任命されています。

故郷に残る作品としては、文政13年(1830)、剣士・星野房吉が門弟の要望で、平川の不動滝に奉納したヒノキの一枚板の額の筆や房吉の墓石をはじめ、津久田・桜の森八幡宮の境内に82歳の時の碑、さらに片品大円寺や沼田鍛冶町の正覚寺入口の庚申塔、片品村重要文化財の六曲屏風一双など、賢和の書の庚申塔、供養塔、石造などは利根沼田で40基ほどあるといわれています。当時、生方鼎齋・高橋不可得と共に、利根の三筆と呼ばれた一人です。

嘉永元年(1848)88歳でその生を閉じていますが、後を継ぐ伝右衛門は二代賢和と称して、号は随斎といいました。坊新田町愛宕神社参道の庚申塔がこの二代賢和の作です。

さらに、孫の程一郎が三代賢和を襲名し、墨譲といい、賢和は三代続きました。

利根沼田に残る碑などを中心に現地調査を行い、その成果を機関誌『群馬歴史散歩』(平成25年3月号・4月号・5月号)へ、萩原賢和の碑など51作品の調査記録を掲載させていただきましたので、ご覧いただければと思います。

123 今井《いまい》 黙雷《もくらい》

江戸時代の義民

今井黙雷は安永7年（1778）、現在の川場村川場湯原の敷地内に7つの蔵があった代々名主の今井良綱《よしつな》の子として生まれ、幼い頃から学問が好きで、成人してからは当時の文化人として当然の常識とされた四書五経《ししょごきょう》ではもの足りず、仏典《ぶってん》まで研究しました。江戸まで勉強に行ったとみえ、勉強の傍ら、小唄を習ったり、三味線やお茶を学ぶなど、なかなかの風流人でした。

このようなため、郷里へ帰って父の後を継いでも、家の仕事はほとんど人任せであったらしく、自分は少しもなりふり構わず、家の畳なども破れれば紙を貼って済ましておくといった状態で、相変わらず学問と仏教に打ち込んでおり、村の人からみれば、少し変わった人に見えました。

天保の飢饉が村を襲ったその時、川場湯原の名主を務めていた黙雷は、まず、わが家の蔵を開いて貯蔵してあった米、粟、雑穀類を村人に分配しましたが、もちろん焼け石に水なので、今度は下男《げなん》たちに馬を引かせ、近くの村の豪農を訪ね歩いて、協力を仰ぎました。しかし困るのは、いずこも同じで、集まった穀類はわずかなものでした。

そこで領主の奉行所《ぶぎょうしょ》へ訴えて、救済を何度も頼みましたが、少しもラチがあきませんでした。物持ちの農民はどうやらしのぐことができても、小作の人々は、明日にも餓死しそうでした。黙雷は、ついに決心し、郷倉の戸を開けて、中の穀類を与えようと考えました。

郷倉とは、年貢として領主に上納する米その他の生産物を村から送り出すまで、一時的に保管する倉で、郷倉の中のものは、農民の納めた年貢を村で預かっているに過ぎず、すべて領主のもので、これに手を付けることは重罪でした。

この封印を切ることは、その償いに自分の死罪、石高50石取りの、わが家の土地財産も没収の覚悟の上でありました。

黙雷は60近い年齢であったため、このままお仕置きを受けると言い張りましたが、村の人たちは、無理にすすめて逃がしました。

村を逃げ出した黙雷は、吾妻郡の郷原の豪農の家を頼りました。しかし、よその領地とはいえ、沼田には近いので、やはり危険なため、岩櫃山中腹の寺へ、頭を剃って、隠れ住みました。そして、十年が過ぎた頃、病と孤独に疲れ果てた黙雷に、川場湯原へ戻るように今井家へ働きかけ、川場へ戻ることとなりました。

しかし罪を許された訳ではないので、懐かしいわが家へも入らず、付近の河原近くにささやかな庵をつくってもらい、そこに住みました。

黙雷は一生不幸につきまとわれた人で、次男を早く失い、長男も先だって亡くなり、力を落とした黙雷は、自分も死の迫るのを悟り、嘉永7年、集まった一族親類の人々に別れを告げ、眠るように77歳の生涯を閉じました。

一身を投げ出し、覚悟を決めて、救済に立ち上がった今井黙雷。このような人がいて、村を護ってくれたことを多くの人に知ってもらいたいと思います。

124

松《まつ》永《なが》 乙《おつ》人《じん》

利根の三俳人

松永乙人は現在の沼田市上久屋町の俳人です。

天明４年（１７８４）池田の奈良村の左部家に生まれ、幼い時の名前は礼藏、大きくなって武左衛門と改めました。俳句の号は、枸杞庵乙人といいました。

20歳の時、上久屋の豪農、松永権右衛門の分家に婿養子として入りました。松永家は裕福であったため、農業などの家業は一切、家族と雑用のために雇われていた下男に任せて、専ら、俳諧の道を究めました。

暇さえあれば各地を歩き、俳人を訪ね、有名な俳諧師が来れば、数日留め置き歓待し、その俳句と揮毫とをお願いし集めたので、多くの大家の即興で詠んだ歌を蒐集した名句集二篇（葛芽、乾坤）があります。

また、乙人自筆の句集『としなみ集』『月竝集』があります。

乙人は文章も良く書き、『鎌倉紅梅接木英』は五段続きの浄瑠璃本として、名付け、狂言にまで仕組まれました。

これは星野房吉殺害の『薗原騒動』のことを書いたものであり、当時、利根郡はいうまでもなく、上野国（群馬県）一円を衝動させた一大事件であったものです。

文化８年（１８１１）、28歳、乙人は上久屋の孝養寺に芭蕉句碑を建立しました。乙人の名は刻まれ、現代に句碑は遺されています。

この年、長男の昌五郎が生まれました。やがて、昌五郎は大きくなるに従い、文章をつくる素質が溢れ、俳句を好み、俳句の旅を父と一緒に行くことなど、父乙人の期待は、増すばかりでした。俳句の号としては、笠人と名乗り、将来へ名前を遺す俳人となるだろうと思えた矢先、生まれつきの虚弱体質であったため、病に侵され、天保12年（1841）、30歳で、その生を閉じました。

乙人は、愛したわが子を早く失ってしまいましたが、句をつくることで、その気持ちを紛らわし、句作に没頭、精進しました。

笠人が亡くなってから、12年後の嘉永6年（1853）70歳でその生を閉じました。

昭和村生越の林旧居、池田村奈良の左部三岳と共に、利根の三俳人といわれ、利根沼田地域の俳句界を先導した一人でした。

125 栗《くり》原《はら》 信《のぶ》充《みつ》

江戸のジャーナリスト

日本独自の文化・思想、精神世界を日本の古典や古代史の中に見出していこうとする学問である国学の学者として、多くの書物を書き著した栗原信充は寛政5年（1793）6月、現在の沼田市榛名町に生まれました。

幼い時の名は陽太郎、通称名は孫之丞。号としては柳庵、その他多くのペンネームなどを持って活躍しました。栗原家は江戸後期の幕府に直接、仕えた武士の家であり、先祖は武田氏の一族で、真田氏を頼って沼田に移り住みました。

父和恒は幕府の機密文書を扱った奥右筆という職を務めた関係で、信充は、父の同僚である屋代弘賢から、古い先例に基づいた儀式や公式的な着物の装束などを研究する、有職故実という学問を、また、平田篤胤から国学を、柴野栗山から儒学を学ぶなど、国内一級の指導者に学ぶ環境に育ちました。

それは、屋代弘賢の不忍文庫と呼ばれた蔵書5万冊の閲覧を許されたことにより、国学に通じ、18歳で『柳庵随筆』を出版するほどでした。成人後は弘賢が幕府の命令で編纂していた『古今要覧』の調査に加わるなど、広く知識を得る環境に恵まれ続けました。

さらに、全国を回って資料を訪ね、いろいろな家と交わる調査で、実物を見ることによって、文化の産物を理解するということを重ね、学者として確立しました。

特に力を注いだ武具、馬具類に関する著作として、『甲冑図式』『刀剣図式』『武器袖鏡』などは幕末武士の教養書として用いられました。

また、『法隆寺宝物考証』『重修真書太閤記』など、その著作は３００冊を超えるものであります。江戸時代のジャーナリストであり、興味のありそうなことは何でも書き、いろいろな地方の古い神社仏閣などを訪れて、古い記録を蒐集して多くの作品を著しました。

信充の著書のほとんどに挿絵がありますが、これは自ら古い絵を写し取ることによって、自然に覚えたものとのことですが、現在、この挿絵によって、当時の文化を詳しく知ることができるため、研究者の間では、評価が高いものとなっています。

信充の所蔵本や原稿類は全て燃えてしまい、現存しないといわれます。

それは、信充が明治3年、77歳で亡くなってから、その長男信晃の子、孫にあたる信和に受け継がれましたが、その頃栗原家は居所を転々としていたこともあったため、まとまっていた書物・収集物などが、ばらばらになって行方が分からなくなることを防ぎ、保存するという心遣いから、明治7年ごろ、信充の弟子の中にいた鹿児島藩の家来を通じて、永く鹿児島城の倉庫に保管できるようにしました。

ところが、この配慮がかえって仇になり、明治10年に起きた西南の役で、二の丸の倉庫において燃えてしまい、栗原家には何も残らなくなってしまいました。信充の書籍類は、貴重なものが相当あったといわれ、これが無くなってしまったことは非常に惜しまれることです。

江戸時代から明治にわたる幕末の動乱期に、このように多くの書籍類を著した栗原信充の業績をもっと多くの人に知ってほしいと思います。

126

生《うぶ》方《かた》 鼎《てい》斎《さい》

幕末三筆の一人
巻菱湖門下四天王の一人

鼎斎は寛政11年（1799）、現在の沼田市屋形原町篠尾で篠生院廣辨という修験僧の子として生まれました。

幼い時の名は寛、字は猛叔。通称は造酒蔵。別な号に一粟居士、相忘亭主人などといい、また、江戸に出て、両国橋の薬研堀（現在の中央区東日本橋）、不動堂のそばに書道教室を構えたので不動山人の号でも知られていました。

幼い頃から詩文や俳諧を好み、書を大間々の田部井諷斎に学び、剣を利根郡古馬牧村（現在のみなかみ町後閑）の櫛渕道場で学び、免許を受けました。

書については、その後江戸に出て、幕末の三筆といわれた越後出身の巻菱湖に師事しました。

菱湖の書法を学んだ鼎斎は、その門下を代表する書家となり、中沢雪城と共に、「菱門の双璧」あるいは「大竹蒋塘・中沢雪城・萩原秋巖とともに菱湖四天王の一人」ともいわれました。

鼎斎は江戸の両国に家を構え、書法の教授を行い、一説には二千人の弟子を育てたといわれています。

また、江戸時代の通貨である「天保通宝」の四文字は鼎斎の書であるともいわれています。

書の他に詩文、画についても優れ、多くの漢詩や竹や梅を題材にした作品を残しており、交流のあった南画家の高久靄厓、福田半香にも、その実力は高く評価されていました。

安政3年正月、福田半香宅で行われた画会の際に、酒席での争いから、帰り道で剣客の金子健四郎の雇われ者に殺されてしまいました。58歳でした。

不慮の死を遂げましたが、その残した業績は、明治以降の利根沼田の書家にも大きな影響を与え、萩原賢和、高橋不可得と共に、利根の三筆として語り継がれました。

死後130年の時を経た昭和62年には、沼田かるたの読み札、「て」に「ていさいは、川田の生まれ、書の大家」と採用され、地域の子供たちへ伝わっていく礎ができました。

さらに、平成16年には沼田市芸術文化振興事業として「郷土が生んだ偉大な書家　生方鼎斎遺作展」が市教育委員会により開催され、市内に眠る多くの作品が紹介され、鼎斎の残した業績を改めて再発見することができました。

127

高《たか》橋《はし》 不《ふ》可《か》得《とく》

利根の三筆

高橋不可得は、江戸後期に生方鼎斎、萩原賢和と共に利根の三筆と呼ばれ、書の道に秀でていた人です。

文化元年（1804）現在のみなかみ町下新田の但馬院において、湛了法印の次男として生まれました。

13歳で仏門に入り、修験道及び顕密禅を修め、16歳のとき、月夜野町上津の大重院十二世住職となりました。

24歳のとき、大峰山に登り修験道を修め、天保6年（1835年）31歳で江戸に出て、赤坂一ツ木、氷川明王院住職となり、39歳のとき、本寺の大重院住職を兼ね、江戸近辺の名士と交遊しました。

とりわけ国学者で歌人の橋本直香とは親交があり、その著『上野歌解』には序文を寄せています。また、初代群馬県令の楫取素彦とも良く話が合ったと見え、その依頼によって碑文も書いています。

明治7年70歳で、帰郷して再び大重院の住職となり、明治13年には但馬院住職をも兼ねています。

また、不可得はその人格を多くの人から慕われ、尊敬され、仲裁役をたびたび買っています。その逸話として、次のような話が伝えられています。

秩父の三峰神社において、幕末の制度の乱れに乗じて、境内の樹木払い下げの許可を得た、ずるがしこい者がいました。木こりを入れて、まさに伐らんとした時、これを聞いた不可得は、すぐに寺社奉行に訴え、その許可を取り消させ、森林を守りました。三峰山観音院には今も不可得が書いた「三峰山」の額が掲げられています。

また、明治14年の榛名山麓秣場騒動では、一千人あまりの農民を集めたという罪で投獄された、真塩紋弥の釈放について、県知事の楫取素彦と共に力を尽くし、政府と地元の間に入り調停しました。

不可得は書及び漢詩、和歌などが特に優れていましたが、特に書は生方鼎斎に学びました。しかしその技量は師匠を凌ぐほどであったらしく、鼎斎に習っていた人たちも、後には不可得に学ぶ者が多かったといいます。

また、不可得は体を非常に大事にし、礼儀作法に厳しかったといいます。厳しいことばかり言われるので、回りの人たちからは、「大重院に行くくらいならバラを背負った方がましだ」と陰口をきかれたほどでした。それでも弟子入りが多くあったということは、人を引きつける何かを持っていたことだろうと思われます。

明治18年、82歳でその生を閉じました。

現在、下川田町に古民家を移築した蕎麦屋の「五月八日」というお店がありますが、この奥座敷には、襖に書いた不可得の書があり、いつでも見ることができます。

128 青木《あおき》 文楽《ぶんらく》

豪商の文化人

青木文楽、現在の沼田市下之町の屋号を吾妻屋、家名を吉右衛門といい六代目を名乗り、約300年、代々、呉服商を営む旧家に、文政元年（1818）に生まれました。

代々の呉服商を営む傍ら、利根の名産である大豆を原料とした醤油づくりを開始し、これが当時珍しい淡口醤油の製法を考案し、大成功を収め、遠く江戸にまで販路を延ばし、巨額の利益を得ました。

吾妻屋の全盛時は使用人の数30人ほど、店の規模1600坪、下之町本町通りから現在の郵便局までが敷地であり、土蔵は6棟ありました。

当時、中庭にあった井戸の屋根が、中町須賀神社の手洗場に移築されて現在に残っています。

正月2日の初売りの日には、お客がごった返して身動きもできぬほどで、スリ、万引きの被害防止のため、二階に町内の頭たちを2～3人忍ばせておき、床に穴を開けて、そこから見張りをさせていたそうです。

商売熱心、商売上手だけでなく、しばしば江戸に商売で行くことになると、その文化にも染まり、茶道の道を究め、茶器の製作にまで発展し、自宅の築山の近くに井戸を掘り、その水を二階茶室廊下から長い釣瓶で汲み上げ、これを茶の湯に用いたということです。

その他、陶器については、遠く瀬戸から陶土を取り寄せ、自宅に設えた窯で素焼風の焼き物を製作したり、音曲の道では鼓を楽しんだり、長唄の作詞を行ったり、絵画にも興味を持っていたという、まさに文化人でした。

しかし、商売をよその道楽人の生活とは違い、半被姿で熱心に商売の陣頭指揮に当たり、余暇に豊かな風流の道を歩みました。

明治17年10月、67歳で、その生涯を閉じました。

七代目、吉右衛門は六代目より先立ち、八代目吉右衛門は、いたずらに派手な事業欲に富み、下之町に醤油の大製造所を設け、赤煉瓦の大煙突をそびえさせ、水上の阿能川鉱山売却問題に端を発し、ついにその財産を無くしてしまいました。

129

城《じょう》 光《こう》同《どう》

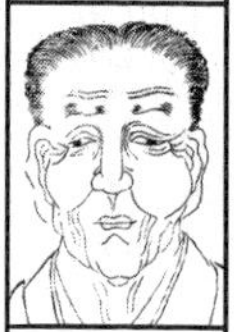

利根沼田俳諧中興の祖

城長光の遠孫として、文政7年（1824）1月、能登国七尾（現在の石川県七尾市）に生まれ、幼くして漢学を修め、18歳で京都の花守岱年に学び、諸国の俳人を訪ね、万延元年（1860）、37歳の時、現在の昭和村森下の綿貫由義を訪れ、足を止めました。

光同は3歳年長の宮田椿岱（秋塚町の俳人）の厚意で、沼田城下に移り住み、妻を赤城根村から迎え、その内職にと上之町に古着屋を構えました。

屋号を蓬莱屋といいましたが、中央俳壇とつながりを持つ光同が城下町に住まいを構えたとあって入門者は多く、蓬莱屋は店の客よりも文人でにぎわいました。

光同は堕落した俳壇の振興に留意し、その年、古池教会を設けました。入会者は遠く長野、新潟、郡外からも多く、学ぶもの数百人といわれました。

明治10年に『賤かをたまき』を版行しましたが、これは俳諧を論じ、俳諧作法を説いたもので、その後、『句案方向集』『俳句六義伝』などを世に出しましたが、いずれも論文集であります。俳句社中（仲間同士）の句集は数多く出ていますが、この時代、論文を書いたものはほとんどありません。光同が一流の見識を持った宗匠であったことを実証するものであります。

明治11年、初めて国定教科書に俳句のことを載せることになり、内務省から当時東京の一流の俳句の師匠である春秋庵幹雄他数人に対して、俳諧についての諮問がありました。その時、幹雄は沼田を訪ね、光同に上京をお願いし、一緒に内務省に行き、その諮問に対して答申しました。その時に、内務大臣から大講義を許され、かつ、天心庵の号を賜わっております。

明治24年5月、67歳でその生を閉じました。

号の天心庵は須藤朝楽に、蓬莱舎は角田双嶽に継がれ、利根沼田に広がった俳諧の輪は着実に裾野を広げ、厚みを増すものへと育ちました。

明治29年、俳句の友人、門人ら百数十人が、長寿院境内に大きな光同碑を建てました。

平成22年春、光同の養女が嫁いだ先の硯田町片野家を調査する機会を得ました。

光同が残した多くの作品が埋もれていましたが、この貴重な作品群と共に、光同の残した功績も伝えていかなければならないものだと痛感しました。

130

戸《と》部《べ》亀《かめ》太《た》郎《ろう》

人形師

戸部亀太郎は天保4年（1833）4月、現在の沼田市岡谷町の戸部勝弥の長男として生まれました。

明治の頃まで岡谷町のほぼ中央、迦葉山通りの西側に大きな屋敷があり、道路に面した方には萬燈人形や天狗の面などを陳列して道行く人々の目を引いていました。

村人たちは、この家を店の人形屋と称しており、かなり広い範囲の土地でも、その名は知られていました。

父の戸部勝弥は、岡谷の戸部八左衛門家に生まれ、分家して別宅を営み、戸部家の世襲である猿ヶ京の関守の職を継ぎ勤務する傍ら、農業にも力を注いで財産をつくり、なお芸術的趣味も深く、彫刻や人形づくりなどに優れていたといいます。2男2女の子供があり、長男を亀太郎、次男を国太郎といいました。

戸部家は、その頃、関西から来て、群馬惣社にいた面徳という彫刻師を招いて、その技を習得したといいます。

弘化、嘉永の頃から明治の中頃までは各地の祭礼には、山車を飾り、萬燈を引き回す行事が盛んに行われました。

岡之谷の人形屋も各地からの注文に応じきれないほどの盛況であったといいます。明治維新までは戸部亀太郎が関守も務めておりました。

戸部亀太郎の人形の得意先は、高崎、前橋の一部、群馬惣社、大久保、渋川など、吾妻郡、利根郡は半ば近くまでがそれであったといいます。

次男国太郎は成長して沼田町へ移住し、同じく人形屋を業とし、岡本屋と称して岡谷の人形屋と共に盛んでありました。

国太郎の息子、斎藤重吉は、沼田の張り子面の創設者でした。張り子面、それは迦葉山の天狗面です。大正末期ごろ、埼玉県浦和市の五関の張り子面製作者である蓮見兵吉から指導を受け、その技術を確立し、昭和31年73歳でその生涯を閉じるまで、張り子面の製作を行い、その技術を息子、斎藤一郎へ引き継ぎました。

一郎は仏具店を営みつつ、山車人形の製作、能面、神楽面などの製作を行いながら、達磨や張り子面の製作も続けました。

昭和57年73歳で一郎もその生涯を閉じてしまい、同時に岡本屋の天狗面製作も終わりを告げてしまいました。

131

登《と》坂《さか》 文《ぶん》岳《がく》

画家

登坂文岳は天保6年（1835）に、現在のみなかみ町上牧に生まれました。

本名は近蔵といい、兄がおり、家は兄が継ぐことになっていましたので、文岳は画家を志して上京し、谷文晁の系統である文鳳に就いて勉強しました。ところが、兄が亡くなってしまい、帰郷して家を継ぐことになりました。

家業に励んだのは、もちろんですが、才能を認められ、村の各種の役職に就き、現在見ることのできる上牧区長事務所保管の明治時代の記録は、大半が登坂近蔵の手によるものです。

日本に初めて土地に対する私的所有権が確立されることになった地租改正に伴う図面は、ほとんど登坂近蔵によるものでした。

また、登坂文岳自身の活躍として、上牧の子持神社の三番叟や各家秘蔵の作品など多くの日本画が残されています。

作風は細密に描かれたものが多く、神社の絵馬や袋棚の小襖のような小さい作品から、地芝居に用いた大幕に「海上の鶴」を描いたものなどがあります。

また、墨絵も多く手掛け、町内の俳人である与卜は、文岳から蘭、竹、菊、梅の4種を全て使った図柄、模様の手ほどきを受けています。

さらに書については、和歌俳句の掲額などに多くの秀作である揮毫を残し、「上牧郵便局」の板額をはじめ、石橋や石碑にも手腕を発揮しています。

文岳筆の折手本が残っていますので、書についての教授も行ったことがうかがわれます。

和歌・狂歌においては登乃屋文岳の名前で名吟を残しており、特に狂歌では沼田の塩乃屋唐樹と親交があり、同地の神明宮には額が掲げられています。

このような多方面の活躍をしながらも、村の要職に推薦され、古馬牧村助役として、初代村長、二代村長のときの4年間務め、事務処理の大半を担ったということです。

明治42年3月、74歳で、その生涯を閉じました。

132

青《あお》木《き》　翠《すい》山《ざん》

盲目の南画家

青木翠山は天保13年（1842）、沼田藩士の父勘治、母まきの長男として、現在の沼田市西原新町に生まれました。

幼い頃の名は翠治といい、幼少から平等寺の住職、井上無蓋に絵を学び、早くからその生まれつきの才能を現し、紙凧や羽子板に絵を描いて家計を助け、沼田藩主土岐頼之もその親孝行を褒めて、褒美を与えました。

その後、成人して江戸へ出て、南画の大家、渡辺崋山門下で山水画の名手といわれた福田半香・福島柳圃に師事し、蓬斎のちに翠山と号しました。

翠山は師匠の友達である椿椿山、山本琴石らと行き来し、滝和亭、田崎早雲、福島柳圃、松本楓湖といった人たちと親しく交際し、研鑽を重ね、山水、花鳥、人物画、いずれも一家を成し、特に花鳥画に傑作を残しました。

不幸にも30歳で眼病にかかり、片目を失明しましたが、屈せず作品を描き続け、明治23年の内国勧業博覧会、明治25年のシカゴ万国博覧会で共に賞を受け、声価を認められました。

晩年は両目の光を失い、また先妻、後妻と相次いで亡くし、養子にした門人の香葩に家を出られるなど、大きな不幸に見舞われ、明治29年に54歳でその生を閉じました。

郷土画家として、川田の生方清逸、薄根の角田静竹、昭和村の林自然など多くの弟子を育て、新潟県の田村豪湖も弟子入りするなど、明治以降の画壇にも大きな影響を与えました。

館林市出身の日本画の大家「小室翠雲」も、一時翠山に師事したといわれ、翠山のお墓のある西原新町の平等寺の庭にある顕彰碑「画伯翠山翁碑」には小室翠雲の名も見ることができます。

また、明治唱歌の父といわれた勢多郡東村の石原和三郎(「兎と亀」「金太郎」「花咲爺」などの作詞者)が、学生時代、翠山に師事し、翠江と号した水墨画を残しています。

当時、県下一の南画家であったことを物語るものです。

平成22年1月、本町通りの山田屋書店2階において、利根沼田の作家が描いた作品の展示即売会が行われ、30数点の作品を見る機会がありましたが、青木翠山の作品は、その中でも群を抜いているものでした。

133 林《はやし》 青《せい》山《ざん》

43カ所の寺院の天井画を描いた

弘化4年（1847）、現在のみなかみ町上津の原沢房吉の三男として生まれました。

本名は周吉といいましたが、雅号を青山、別号として晴山（晴れる山）、晴月楼、桃花村舎などがあります。

青山は幼い頃から絵を好み、わずか6歳で多野郡藤岡の法橋重信の門に入り、絵の勉強を始めました。

13歳の時、利根郡湯の原村（現在のみなかみ町）羽場の林豊山に入門し、画法を修め、また華道も習いました。さらに下津の内海蓬堂から書法を学びました。

16歳の春、月夜野町如意寺の格天井の絵を描き、人々を驚かしました。

明治元年22歳、下津小川島の林家の婿養子となり、林を名乗ります。

その後、北は仙台から関東信越方面まで周遊し、新潟県蒲原郡の南画家富取芳斎の門に長く世話になって住んでいました。

また、太田の大光院にも長く滞在し、絵を描きながら僧侶の苦行も積みました。その間に描いた天井絵が、新治村但馬院、下牧玉泉寺、師竜谷寺、赤堀大林寺、桐生鳳仙寺など、県内外の43カ所に達しました。

明治13年34歳、月夜野の青柳琴僊14歳が入門し、約5年間、絵を指導します。

明治24年、東京の滝和亭に師事し、絵に次いで丹青（絵の道具）の研究も行いました。

明治26年、シカゴ万国勧業博に出品。

明治27年、佐波郡赤堀村の貴族院議員本間千代吉から能力を認められて、厚い待遇を受け、東京の本間邸に住みました。

明治33年54歳、日本美術協会展覧会に出品、宮内省買い上げとなります。さらに4年後の出品作も再び買い上げとなりました。

64歳で帰郷し、昭和9年1月88歳で生を閉じています。

その画法は中国絵画の系統の一つで、北宗画の特色である山水画の力強い描線を生かしながら、南宗画の長所である水墨による柔らかい描線を文人画に取り入れて、根本的な手法を開き、数多くの作品を残しました。

134

松《まつ》本《もと》 耕《こう》三《ざぶ》郎《ろう》

神楽の伝承者

松本耕三郎は現在の高崎市柴崎町に、松本庄平、都弥《みや》の次男として、元治《げんじ》元年（1864）4月に生まれました。

青年期は農業などを行う傍ら、生まれた地にある進雄《すさのお》神社に伝わる太々神楽の笛、太鼓、舞の全てを習い覚え、体格がよく威勢のよい若者で、几帳面なところと周囲を笑わせるところがあり、地域の人々からは、かわいがられていました。

学業を終えた耕三郎は、しばらく生まれた地で農業を営んでいましたが、吾妻に住む親戚を頼り、移り住みます。

しかし、定まった職もなく、体格が良く、元気者であった耕三郎に、周囲の人は巡査になるように勧めました。

本人も巡査になろうと、日夜、勉強を続け、明治32年巡査採用となります。

35歳の時、警察官となり、現在のみなかみ町駐在所勤務となります。

明治44年47歳の時、沼田警察署恩田駐在所勤務を最後に退職します。

と同時に、硯田町の菅原神社の宮守《みやもり》として、神楽殿《かぐらでん》に妻と居住します。

この頃から、若いときに覚えた進雄《すさのお》神社の太々神楽を薄根村の若者に農閑期を利用して指導します。

大正時代の中頃に、硯田町から榛名町へ住居を移し、太々神楽の指導は引き続き地域住民に行いながら、榛名神社で神官になるための勉強を開始します。

大正10年、57歳、中町の須賀神社の神職に就きます。

大正12年、現在の沼田市利根町高戸谷へ太々神楽を教え伝えます。

昭和2年、現在のみなかみ町粟沢《あわざわ》へ太々神楽を教え伝えます。

昭和3年、65歳でその生涯を閉じてしまいますが、耕三郎亡き後、甥の松本三千寿《みちじ》が粟沢の住民に太々神楽の指導を行います。

この伝承が花開き、昭和50年には粟沢太々神楽保存会が水上温泉おいで祭りへ出演します。同じ年に郷土の芸能祭が利根沼田文化会館の完成と共に行われるようになり、薄根太々神楽保存会が出演します。

さらに昭和53年には、高戸谷太々神楽保存会が、郷土の芸能祭に出演します。

松本耕三郎につきましては、金井庫治氏が『利根沼田への伝承　神職松本耕三郎と太々神楽』という書籍を著しており、沼田市立図書館にもありますので、ぜひ、ご覧ください。

135

山《やま》田《だ》 寅《とら》次《じ》郎《ろう》

トルコで最も有名な日本人

山田寅次郎は慶應2年（1866）に沼田藩江戸屋敷（現在の東京都港区）で、家老格の中村雄右衛門の次男として生まれ、2歳から7歳までの幼い時期、沼田の西倉内町（現在の商工会議所北東側）で過ごしました。

その後、15歳で茶道の宗徧流という家元の山田家に養子入りしましたが、茶道の家元としての活動は全くせず、外国語などを学びながら、本を発行することなどに夢中でいました。当時の仲間に幸田露伴などがいました。

また、若き寅次郎は、上之町に現在もある生方記念文庫が薬屋さんであった当時のご主人である生方弥右衛門（生方たつゑの舅）などとも親交した記録が残っています。

寅次郎を現在まで有名にしたものは、和歌山県串本の海で起きたトルコ軍艦の遭難事件（エルトゥールル号事件）に、募金活動を精力的に行い、集まった募金（現在のお金で約1億円ほど）をトルコへ自分で持って行き、それをきっかけにトルコにしばらく住んでいながら、日本とトルコの品物を売り買いするということを通じて、二つの国が仲良くなるようにいろいろな面で努力をしたことです。現在のようにトルコと日本は友達関係でなく、全く知らなかった人と人を寅次郎が真ん中に入り、仲良くなっていった訳ですから、日本-トルコ間における、まさに民間外交官として両国が仲良くなれる土台づくりに大きく貢献したわけです。

これ以降、日本とトルコ間の交流は始まり、昭和60年に決定的な出来事が起きました。イラン・イラク戦争で、時のイラクの大統領サダム・フセインは「3月20日午後2時をタイムリミットとして、この期限以降にテヘラン上空を飛ぶ航空機は、軍用機であろうと民間航空機であろうと、いかなる国の機体であろうと、すべて撃ち墜とす」と言いました。この緊急事態にイランに取り残された日本人は200人。しかし、飛び立つ飛行機はありません。この時、トルコ大使は「エルトゥールル号のご恩返し」として、トルコ航空機により日本人を全て救い出しました。この他、トルコ大地震への援助活動など両国の親密な関係は「トルコは親日国」という言葉に表れています。

トルコで最も有名な日本人は「山田寅次郎」でして、トルコで最大の都市イスタンブールには「山田寅次郎広場」があり、世界遺産であるトプカプ宮殿には、寅次郎が贈った「沼田藩のよろいかぶと」が展示されています。寅次郎は24歳から57歳まで、トルコに深く関わりながら、製糸業などを行い、三島製紙の社長もするなど、事業家として成功を収めました。

一方、茶道宗偏流家元として、長年、手を入れなかったことへの悔いからか、57歳で家元襲名後は組織の立て直しを始め、会誌の発行など精力的に活動し、宗偏流の中興の祖といわれるまでになりました。しかし、82歳までは実業界からも手を引くことなく活躍し、トルコとの親善交流にも関心を持ち続け、日本トルコ貿易協会の理事長としても両国の親交に努めました。昭和32年91歳で、その波瀾万丈の一生を閉じました。

平成27年、寅次郎の孫である和多利月子さんが来沼し、それをきっかけに和多利さんが「山田寅次郎研究会」を同年発足させ、寅次郎の素晴らしい生き様がまた一つ、また一つと増えています。

136

青《あお》柳《やぎ》 琴《きん》僊《せん》

永平寺天井画を描いた南画家

青柳琴僊は慶応3年（1867）、現在のみなかみ町月夜野に、青柳国助の長男として生まれました。

本名は金之助といいます。

14歳ごろから同町小川島の南画家「林青山」に学び、明治16年17歳の時、桃野小学校で教鞭を執ります。この頃は燕山と号します。

明治18年19歳の折、たまたま目にした児玉果亭の一幅の画に魅せられて入門を願い、信州渋（現在の長野県高井郡山之内町渋温泉）にあった果亭の画室「竹仙居」を訪れます。

これから明治44年、琴僊45歳の年まで渋温泉に定住し、晩秋から春先にかけての農閑期に果亭の下で南画の研鑽に努め、名を玉兎邨荘琴僊と改めます。

大正2年、師匠の児玉果亭死去の後、その門を継ぎ門人の指導に当たります。

琴僊の門人としては外谷琴石、丸山雲僊など数人がいました。

昭和17年11月、76歳の琴僊は帰郷します。

昭和19年、78歳で、画室「玉兎山房」を構え画業に専心、昭和37年94歳で亡くなるまで、多くの作品を描きました。

その作品は明治20年には地獄極楽図を嶽林寺へ寄贈したのをはじめ、日本美術協会員、大阪南宗画会員として、全国各種展覧会及び米国シカゴ博覧会などに出品しました。

明治43年、前橋市で一府十六県の共進会が開かれた際、上毛十二景の屏風を完成しました。その大作は現在、臨江閣に所蔵されています。

また、福井県の永平寺に入ると傘松閣があり、156畳の大広間格天井に昭和初期の一流画家144人の花鳥彩色画230枚がありますが、琴僊の絵が2枚その中にあります。

また、新湯田中温泉清風荘の東側に隣接して「ギャラリー清風庵」があり、児玉果亭と弟子青柳琴僊らの南画の掛軸30点ほどが展示されています。

平成15年には、坊新田町の金井庫治さんが74頁にわたる『南画家青柳琴僊　上信州に生きる』をまとめ上げ、その足跡を明らかにしました。この本は沼田市立図書館にもありますので、ぜひご覧ください。

137

平《ひら》野《の》 長《ちょう》靖《せい》

尾瀬と共に親子三代

平野長蔵は明治3年（1870）、福島県南会津郡檜枝岐村に生まれ、「日本の自然保護の象徴」ともいわれる尾瀬の「長蔵小屋」初代の主人です。最初の自然保護運動は、尾瀬ケ原ダム計画の反対運動でした。尾瀬沼のほとりに住んでいた長蔵は一人でこれに反対を唱え、発電所の建設に反対するために、尾瀬への定住を始めたといいます。昭和5年61歳で、その生を閉じました。その後、東京電力が発電所建設や分水路建設計画を正式に断念するのは平成8年になってのことであり、長蔵の死後65年経ってからでした。

長英は明治36年、長蔵小屋の二代目として、父長蔵と共に自然保護運動を推進しました。ダム建設計画反対運動を機に、尾瀬保存期成同盟を結成しました。後にこれは日本自然保護協会に発展しました。また、昭和54年、歌集『尾瀬沼のほとり』を妻靖子と共に著し、昭和55年には、日本の文化活動に著しく貢献した人物に対して贈呈される吉川英治文化賞を受賞しています。昭和63年84歳で、その生を閉じました。

長靖は昭和10年に生まれ、県立沼田高等学校から昭和29年に京都大学文学部に進学しました。大学卒業後は北海道新聞社に入社しますが、家業の「長蔵小屋」を継承する予定であった弟が死んだため、北海道新聞社を退職し、長蔵小屋の経営者となりました。

昭和41年に着工した尾瀬へ乗り入れる自動車用道路建設に対し、昭和46年大石武一環境庁長官

した。しかし、連日の会合出席のために、奥深い長蔵小屋と下界との往復によって、長靖の疲労蓄積は限界にまで達しており、その年の12月1日、小屋の越冬準備を終えて山を下る途中、雪の三平峠で力尽き凍死してしまいました。享年36。三平峠には長靖の碑が立っています。高度経済成長の中、尾瀬を自然破壊から守った人物として有名です。

尾瀬をダム建設や道路建設から守った平野家三代の行動を、現代においては多くの人が賞賛するでしょうが、同時代においては「変人」のなせる業と見なされていました。

水力発電が電力供給の主要な手段であった時代、尾瀬をダムにすることは、産業振興と豊かな社会づくりにとって、大いなる「必要性」がありました。当時、「コケよりも電気」という主張が正当性をもっていました。観光道路にしても「地元のためにはどうしても必要な道路だ」（神田坤六群馬県知事）、「過疎に悩む山村が発展していくには観光が大きな要素であり、それには道路をつくらなければ」（大竹竜蔵片品村長）という主張を支持する人たちの方が多かった訳です。実際、片品村の有権者の九割を超える道路建設推進の署名が群馬県議会に提出されています。

ごみ持ち帰り運動というのがありますが、尾瀬が元祖であるとされています。

そのような自然保護運動の聖地となった尾瀬を築き上げた平野家三代の長蔵小屋において、平成11年小屋の建て直し時に出た廃棄物を小屋の下、周囲などに埋めてしまい、国立公園内での廃棄物処理違反として大きな話題となりました。尾瀬を何十年にわたって守り続け、現在の姿を保護してきたのも平野家三代の活躍なくしては、あり得ない訳です。それだけに、この廃棄物不法投棄の事件が与えた影響は計り知れないものがありました。

138

角田《つのだ》静竹《せいちく》

不世出の女性画家

角田静竹は現在の沼田市石墨町の角田和三郎・てつの長女として、明治12年（1879）に生まれました。

父の和三郎は、俳人として双嶽を名乗り、城光同の直弟子として蓬莱舎2世となった、利根沼田地域の俳句の世界では名を残した人物でしたので、芸術に理解の深い家庭環境でした。

名前は、いせ、といい、幼い時から絵を好み、8歳で沼田西原新町の青木翠山に師事しました。

明治23年11歳の時、第3回内国勧業博覧会に牡丹の花を主体とした「玉堂富貴の図」を出品し、イギリス、ヴィクトリア女王の三男であるコンノート殿下の買い上げとなりました。

明治27年15歳の時、日本美術協会展に花鳥図を出品し、宮内省買い上げとなり、褒詞1等を賜りました。

明治28年師匠の青木翠山の勧めにより上京し、南画家の大家である滝和亭に入門し、修業を続け、全国絵画共進会をはじめ、多くの展覧会へ出品し、数々の賞を受賞しました。

明治38年4月、東京麹町女学校の毛筆画の嘱託教師になりましたが、病気のため翌年8月には辞めました。

明治39年27歳の時、埼玉県礼羽村（現在の加須市）の小林家へ嫁ぎ、号を北湖と改め、2人男子を産みましたが、生き別れてしまいました。その後、号を「静竹」としました。

昭和2年48歳の時、母違いの弟である角田耕人の妻が重病のため、沼田へ帰り沼田女子高校裏に住まいを定め、看病を行う傍ら、得意な花鳥画を描き続けました。男子のような風貌で、名利を超越した心境が作品に精彩を放っていました。

昭和27年夏、病に倒れ、翌昭和28年2月、73歳でその生を閉じました。

それから、46年後の平成11年、沼田市教育委員会主催による「角田静竹その芸術と足跡」展覧会が開かれ、その作品の素晴らしさを改めて知ることができました。

139 島《しま》田《だ》 秀《ひで》雅《まさ》

明治から昭和にかけての俳人

島田秀雅《ひでまさ》(俳句の号は秀雅《しゅうが》)は、明治13年(1880)2月、現在の沼田市新町の大島素道の長男に生まれました。

父、大島素道は、城光同の天心庵を引き継ぐ第3世であり、利根沼田の俳句の世界では、第一人者でありました。

そのため、幼い頃から俳句の素養はあり、小学校のとき、尺八の材料となる竹を買いに来た老人が、竹林で遊ぶ子供たちを見ながら「若竹《わかたけ》やどれが尺八　火吹竹」といい、千金に値する尺八も出れば、また火吹竹(火を吹きおこすために用いる竹筒)となって、生涯を終える者もあるだろうと、言ったことを聞き、俳句のなんともいえない味わいを覚《さと》り、それから、父の指導を受けて俳句の道を歩み始めました。

俳句以外にも、俳画などにも興味を持っていたので、研究をするため、育材館(現在の沼田高等学校の前身)の教授である鈴木西崖《せいがい》の指導を受け、升形小学校の展覧会で優賞を獲得し、さらに雑誌の薄墨《うすずみ》独習法を勉強しました。

俳画は師匠取りをしたわけではありませんが、天才的才能を持っていたといわれております。

明治33年、20歳で現在の沼田市屋形原町の島田家へ養子となり、島田の姓を名乗るようになりました。

青年期には、青年たちの勧業談話会という団体が、毎月決まって俳句の会を開いているのが流行となっており、その会長に推され、俳句の勉強をさらに深めました。

大正10年、41歳の時、父大島素道が亡くなり、血縁の間柄である白沢村の二世天命庵、小野逸堂宗《そう》匠《しょう》に、連歌《れんが》の指導を受けました。

昭和11年、小野逸堂も亡くなると、月夜野町下牧の桜陽居静江《おうようきょせいこう》の門に入り、桜心居《おうしんきょ》という号をもらい、精進を続けました。

昭和12年、57歳の時、師匠の桜陽居静江の企てで、三世天命庵として立机《りっき》襲名披露を行いました。立机というのは師匠が許し、弟子も認める存在として、句会の宗匠の立場で初めて机の前に坐ることをいいます。

翌年、小野逸堂の遺稿集である『白露集』を編集発行し、利根沼田地方の俳句界にその存在を示しました。

昭和15年には還暦を迎えましたので、俳句連歌集を発行。

昭和22年には、天命庵を白沢村の入澤秀光に譲り、
昭和23年には、利根郡内の俳句仲間の推挙により、6世天心庵を襲名披露します。

昭和26年、城光同六十回忌には、材木町長寿院境内に、遺筆《いひつ》句碑の建設をしました。

昭和28年には、天心庵を水上町小日向の木村柏好《はっこう》に譲りました。

明治、大正、昭和と、戦争による激動の時代に、俳句という文化を大切に守り発展させ、後世へと着実に引き継ぐことを行い、昭和31年12月、77歳をもって、その生涯を閉じました。

140

綿《わた》貫《ぬき》 六《ろく》助《すけ》

元陸軍大尉の作家

綿貫六助は明治13年（１８８０）4月、現在の昭和村森下に生まれました。中位の農家で商売もやっていた親が投資に失敗し財産を失い、小学校も中退しなければならなくなり、経済的回復のために家の農業に兄と従事していましたが、文学愛好青年なので東京の文芸雑誌へ投稿などを行っていました。

17歳で陸軍の教導団に志願して入隊。少尉に任官して仙台へ赴任し、明治37、38年の日露戦争には満州（中国）へ渡り、小隊長として奮戦し、太ももに銃弾が貫通し、金鵄勲章を受けました。

大正3年、陸軍歩兵大尉で職業軍人を辞め、翌年早稲田大学の英文科へ入学、7年に卒業後東京府立三中に英語教師として就職しましたが、翌年辞め、作家活動を活発に始めました。

初めての作品は雑誌『白鳩』に載った「可愛い露西亜兵」ですが、文壇に認められたのは大正11年、『早稲田文学』に載った「家庭の憂鬱」です。続いて大正12年、創作『霊肉を凝視めて』を発表し、高く評価されました。

大正13年、日露戦争の体験を基に長編小説『戦争』を著し、これが戦争を嫌う文学作品であり、政府に気に入られる御用小説でなかったため、戦争文学の歴史において傑作と呼べるものであります。

大正中期から昭和初期には盛んに作品を書き、『中央公論』『新潮』『文章倶楽部』『変態資料』などに掲載作品が多く残されています。この頃の作品は、戦争ものはやめて、身辺小説、読物作家の域へ入っていき、独特のエロチシズムを発散させ、痴情ものや狂人を扱ったグロテスクなものなどを発表しました。

この頃の作家としての評価・印象が強いため、現在での評価が低いことは否めませんが、昭和3年から7年まで、月夜野町の後閑源助氏を訪ね、礫茂左衛門の事績を調べ、昭和7年7月23日から10月14日まで、東京朝日新聞に72回連載された『礫茂左衛門』は、その描写、表現力、読む人を引き込む文章力はもっと高い評価を受けても良いものと思われます。

私生活においては、左翼思想の長男と意見が合わなかったため、池袋郊外に住んでいましたが、妻子と別居して、転々と住居を替えていました。

昭和15年ごろ、妻が亡くなり、終戦後は沼田へやって来ました。この頃、すでに病気の状態で、栄養失調で、青ぶくれて寝込んでいましたが、沼田には文学者への理解者も少々おり、布団や食糧などを都合してもらい、細々と生き延びていました。どこでどのようにして死んだのか不明であり、遺族も分かっていませんが、昭和21年12月19日、その生を閉じたことが後で分かりました。

このことを、文学者仲間であった「おのちゅうこう」が、「文学者の末路が、これほど悲惨で、哀切であることを、ぼくは身につまされて知り、ながく忘れることができない」と『わが群馬の文学者たち』に書いています。

このように評価が低かった作家でありましたが、群馬県立女子大学文学部の市川祥子準教授によって、綿貫六助の調査研究が進んだことは、利根沼田に住む者としてうれしい限りです。

141 生《うぶ》方《かた》賢《けん》一《いち》郎《ろう》

映画俳優

生方賢一郎は明治15年（1882）1月、旧新治村（現在のみなかみ町）の生方仙作の長男として生まれました。

元衆議院議員の生方大吉と従兄弟《いとこ》に当たります。

地元の高等小学校を卒業すると、群馬師範学校（現在の群馬大学）へ進み、さらに大阪に出て、関西大学で法学を専攻します。

卒業すると、すぐに地元の小学校で教員となりましたが、大正4年34歳の時、劇作家、演出家の小《お》山内《さない》薫《かおる》に入門します。

昭和9年52歳の時、映画界の洋々たる前途を予見して、東宝スタジオの前身である写真化学研究所に入社し、時代劇、丹下左膳でその地位を築きました、大河内《おおこうち》伝次郎らと共に、主として時代劇に渋い役で多くのファンを魅了しました。

榎本健一や扇千景などとも深い関係を築き、東宝系の映画に30数本出演しており、地味な役回りが多かったのですが、役者としての味を発揮しました。

主な出演作品に、「闘う男」「兄の花嫁」「闘魚《とうぎょ》」「エノケンのとび助冒険旅行」「坊ちゃん」「忠臣蔵」などがあります。

戦後は、東宝の分裂によって、新東宝が誕生すると、あくまで自らの信ずる道を守って譲らない姿勢を保ちました。

芸術に精進する傍ら、新進の指導にも意を傾け、広い社会性と、言葉などの表面に現れない深い意味を伝える、その姿勢は、映画界においても異彩を放っていました。

俳句や水彩画に趣味を求め、俳句にあってはホトトギス派に所属し、水彩画にあっては渋みのある色調が素人離れしておりました。

52歳から本格的な映画俳優へと道を進んだ遅咲きの人生を、昭和36年2月、79歳で、閉じてしまいました。

142

生方《うぶかた》 敏郎《としろう》

ユーモア作家

生方敏郎は現在の沼田市上之町の名門「かどふじ」（薬種商）に明治15年（1882）8月に生まれましたが、当主弥右衛門の後妻「かく」を母とし、弥右衛門没後に入婿した「幸助」を父とする、複雑な家系の中、早稲田大学英文科へ進みました。

母の「かく」と津田塾大学初代学長の「星野あい」の父「宗七」は兄妹であるので、星野あいとは従兄弟になります。

明治39年早稲田大学英文科を卒業後、朝日新聞記者となり、その後作家となります。

「東京朝日」「やまと新聞」「早稲田文学」などに、随筆、翻訳、書評、小説を盛んに発表し、中央文壇に登場し、名を知られるようになりました。

その文章は難しくなく、軽い内容の文章で雑文的ですが、社会や人物の欠点・罪悪を遠回しに批判するという、風刺に富んでいるのが特徴です。

最初の著書は大正4年出版の『敏郎集』で、代表作としては、『東京初上り』『人のアラ世間のアラ』『源氏と平家』など、著作数は50数点ほどになり、論文などは、『早稲田文学』などへ数多く掲載されています。

大正15年出版の『明治大正見聞史』は、生まれ育った〝故郷ぬまた〟について、敏郎の目から見た、当時の情景をあますところなく表現しており、郷土史研究の上からも、大変注目に値する名著で、全体が話し言葉の生原稿のような文体で、思いつくままに、あれもこれも、くどいほど克明に記録されており、編集された新聞記事やテレビ番組とは違い、着の身、着のままで、明治時代の日常生活の中にほうり込まれたような気分にさせられます。ぜひ皆さんに読んできただきたい一冊です。

ユーモリストと呼ばれる作家でありながら、誰にも受け入れられる一般的に興味のある作品は書いていないため、やがて、中央文壇を去り、個人雑誌『ゆもりすと』を発行しました。

第2次世界大戦下においても平和主義に徹した、個人雑誌『ゆもりすと』『古人今人』の発行を続け、軍国主義の世相を批判しました。

この『古人今人』は、敏郎自ら執筆、編集、広告集めなど、ほとんど全てを行い、発行したものですが、軍国主義の国策への痛烈な批判が多いときには、発売禁止となることもありました。

それでも敏郎は、時の社会を冷ややかに眺めながら、世間に気に入られるようにすることもなく、確固とした思想の下に、発行を続けました。戦時下における抵抗的な個人雑誌として、現在まで語られているものです。

「現実社会に欠陥のある限りは、諷刺文学は絶えない」という名言を残しました。

昭和44年8月6日逝去、享年86歳でした。

143

鶴淵《つるぶち》 蛍光《けいこう》

郷土史研究家

鶴淵蛍光、本名、鶴淵伊勢松は、明治18年（1885）12月、現在の沼田市白沢町尾合の鶴淵重右衛門の長男として生まれました。

大正2年27歳で、白沢村書記として役場に勤め、兵事《へいじ》係を中心に勤務し、昭和12年51歳で助役となり、昭和18年57歳で退職しました。

その間、群馬縣農会から白柿（干し柿）の加工講師として嘱託され、利根、吾妻をはじめ、多野郡までを巡回指導し、昭和2年には全国的専門誌の『農業世界』に「白柿の拵《こしら》え方と荷造り法」が掲載され、その技術が全国に紹介されました。

また、昭和27年2月から33年9月まで、村教育委員を務め、地元では尾合集落で、三沢耕地整理組合を創立し、5haを開拓するなど、白沢産業組合（現在の農協）の創立に尽力しました。

こうした活躍とは別に、白沢村を中心に郷土史の研究に努め、『白沢村誌』『わが赤城根村』『沼田町史』の方言担当など、郷土の研究に努め、日本観光百選、昭和万葉集、花いっぱい句集、群馬歌人クラブ、群馬文化などに関与しました。

県内郷土史研究の雑誌である、『上毛文化』『群馬文化』への投稿を多く行い、中でも『上毛及び上毛人』には、大正14年から昭和17年まで、実に76回の掲載を見ており、その内容についても、利根沼田地方の隠れた人物、遺跡からの出土品の解説、村々に伝わる伝説など、現在でも参考とする出来事が多数、掲載されています。

このように、多くの研究雑誌に投稿し、広めようと努力したことには、きっかけがありました。それは、昭和5年に発刊された『利根郡誌』に方言が欠けており、これが犯罪捜査の手がかりに役立つことを考えると、なおざりにすべきものではないと、強く思ったこと。

また、昭和7年、帝国図書館から委託されて、この地方の方言を採集したが、その際、利根教育会や警察方面へも呼びかけてみたが、さっぱり反響がなかったことなどによります。

「そんなに詰め込んでも、生きた百科事典で終わるより、少しは書いて置き給え」と勧められ、昭和42年82歳には『村の伝説と亡び行く童謡』、昭和43年には、『利根の方言と食習調査』が出版されました。

また、平成2年『日本の食文化』という全国的な食文化シリーズが出版されると、その中に「群馬県利根郡白沢村・片品村の食文化」として、13頁にわたり、鶴淵蛍光の論文が掲載されています。

博学多識《はくがくたしき》、極めて、名誉や金銭にひかれる気持ちが無く、さっぱりしている人でありましたが、その残された郷土史研究の論文などは、現在の私たちに、実に多くの事柄を教えてくれるものとなっています。

144 石崎《いしざき》 要吉《ようきち》

映画文化の向上

石崎要吉は明治19年（1886）1月、新潟県高田市大町に生まれ、明治38年当時新潟県きっての顔役だった長岡市の興行師、志村歌次郎氏と知り合ったのが興行界入りした動機でした。

その後、日本で最も古い映画会社であるM・パテー商会に入社して、活動写真技師となり、大正元年9月、福宝堂、横田商会、吉沢商会という当時の活動写真制作会社4社が合併して、日活が創立され、その創立とともに日活に移り、その後6年間、東北・北海道方面まで映画の普及に努め、常設館の設置に努力するなど、日本映画史の黎明期に活躍した功績は高く評価されています。

その後、東北地方から茨城県古河《こが》市に住み、古河電気館など7つの劇場を経営するなど華やかな時代もありましたが、大正13年の関東大震災による銀行の取り付け騒ぎに関連して、一切の事業を手放す羽目になってしまいました。

古河市から、高田、東京、横須賀と転々とするうち、東京の横尾商会のあっせんで、昭和4年から沼田馬喰町の大正座経営の委託を受け、昭和館と改称して開館し、鋭意興行を行っていましたが、委託期間が昭和5年の12月に満了となったのを機会に、金盛座の経営を行うこととなりました。

金盛座は、明治末期に榛名町の豪商金子助次郎が、「金子の勢いが盛んになるように」との名前を付け、歌舞伎の外、寄席や活動写真などの演芸物を催していました。

しかし、大正7年には経営が傾き、売却され、桑原幸吉が経営しますが、興行は水物、数ある事業のうちでこのくらい難しいものはないといわれていたものであり、素人の経営では経営難に陥り、次々と経営者が変わっていきました。

石崎要吉が経営に乗り出すと、沼田キネマと改め、改装開館し、銀行への返済も徐々に行い、苦節10年にして、その所有権を手に入れ、名実共に石崎興業の基礎が築かれました。

昭和23年8月には大改装し、さらに少し離れた場所に、昭和31年12月にはテアトル日活、沼田地下劇場を完成するなど、沼田市の映画文化向上に貢献した力は大きいものがありました。

この他、沼田市新潟県人会長、利根郡興業組合長、群馬県興業協会常任理事などを務め、群馬県興行界の重鎮でもありました。

沼田キネマに隣接して、「かなめホテル」がありましたが、石崎要吉の名前、要吉の要の字は、必要の要であり、かなめと書きますが、その名前に因んだものでありました。

昭和32年7月、71歳でその生涯に幕を閉じることになりましたが、当時の沼田市に映画館は、キネマ、テアトル、地下劇場、銀映、東宝と5つの映画館があり、華やかな映画文化が花開いていた時でした。

現在、沼田市内には映画館が無くなってしまいましたが、キネマ通りという通称名は残っておりますので、石崎要吉の功績も伝えていきたいものです。

145

本《ほん》多《だ》 夏《なつ》彦《ひこ》

群馬県文化財専門委員

本多夏彦、本名本多理一は、明治21年（1888）、現在のみなかみ町恋越《こいこし》に生まれ、西峰須川で育ち、明治38年旧制前橋中学校利根分校（現在の県立沼田高等学校）を卒業すると、群馬県下で初めてつくられた銀行の第二国立銀行高崎支店に就職します。

昭和18年55歳には前橋支店次長になると、昭和20年57歳には退職しますが、銀行勤務の傍ら、古文書、文化財の研究に携わり、現職時代の大正2年25歳の時には、群馬県史跡名勝天然記念物調査員となり、渋川市赤城町の滝沢石器時代住居跡や石像宮田不動尊などの調査指定に尽力しました。

また、戦時中は、軍の命令で寺にある梵鐘の供出が行われたわけですが、その調査を200体ほど行い、後の復元などに大きな功績を残しました。

近世文書《もんじょ》読解や古い俳句の研究においては、群馬県内の第一人者として、多くの論文を『上毛及上毛人』などに発表しています。

昭和26年63歳から群馬県文化財専門委員に任命され、昭和50年87歳までその職にありました。

高崎市に住んでいたので、高崎市史編纂委員など歴任し、高崎市でつくられた高崎市文化賞の第1回受賞者となり、高崎市の学術文化の発展にも大きく貢献しました。

また、故郷である新治村から昭和31年、33年と『新治村史料集』が発刊されたのですが、その内容を見るや「新治村ともあろうものが、この貧弱さでは」と発奮し、自ら第3集に名乗りを上げ、昭和

34年71歳には第3集、昭和37年74歳には第4集を発刊しました。

この新治村史料集第3集、第4集の8割以上については、本多夏彦が専門的な視点から故郷を書いた内容になっていますが、その内容については、現在、郷土の歴史を繙く者にとっては、かけがえのない内容に満ちあふれており、大きな宝といえるものとなっています。

昭和46年83歳には故郷新治村の名誉村民となりましたが、昭和50年87歳でその生涯を閉じてしまいました。

本多夏彦著作集として、第1巻『上毛の文人』、第2巻『涼袋伝《りょうたいでん》の新研究』と発刊され、第3巻『上毛の俳人』を刊行する準備中であったわけですが、発刊されることはできませんでした。この著作集は10巻までの構想があったとのことですので、惜しまれるばかりです。

146

新《あら》井《い》 泣《きゅう》羊《よう》

県内初の文芸誌発行

新井泣羊、本名新井勘司は明治22年(1889)1月、現在の沼田市町田町の新井万平、たけの7人兄弟の三男として生まれ、地元薄根小学校を卒業後、前橋中学校利根分校(現在の県立沼田高等学校)へ明治35年に入学します。

当時、利根分校は3年で修了となり、4年、5年と進むには、本校のある前橋中学校へ入学しなければなりませんが、泣羊は1年遅れて入学し、2カ年間の寄宿生活を終え、明治41年3月19歳で、卒業すると、半年経った9月に新巻小学校代用教員となり、12月には准教員の免許を取得し、教員を続けるものと思いましたが、翌年3月には、退職してしまいます。

泣羊は、前橋中学校卒業後は早稲田大学へ入学を希望していましたが、いろいろな事情で中止となってしまいましたので、教員就職も、そうした不満へのはけ口だったのかもしれません。

また、泣羊は早くから文学方面に異常なほどの興味を持ち、中央の文芸雑誌などに投稿をしていましたが、それに拍車をかけたのが、前橋中学校時代の同級生である坂梨春水《はるみ》でした。

この坂梨は、上州新報という新聞社に勤めます。やがて関西へ放浪の旅に出てしまいましたが、たちまち前橋へ戻り、当時、教師をしていた泣羊と共に、新しく文芸雑誌を発刊する仕事に没頭します。このため、泣羊は坂梨と共に文芸活動を中心にするため、教師を辞め、自由の身となりました。

これにより、しばしば上京し、著名な作家との関わりを持つ機会も増え、与謝野鉄幹、与謝野晶子、石川啄木といった作家を訪ね、自分たちの新しい雑誌への寄稿を依頼しました。

坂梨と泣羊は、明治42年5月、前橋市に「麗藻社《れいもしゃ》」という会社を設立し、県内で初めての文芸雑誌となる『落栗《おちぐり》』を発刊します。

この『落栗』には、与謝野鉄幹、与謝野晶子、石川啄木、佐藤緑葉《りょくよう》、萩原朔太郎、平井晩村《ばんそん》などが寄稿し、表紙は沼田中学校で絵画の教師を務めた倉田白羊が描いています。

しかし、この揚々たる船出に見えた『落栗』は、1号だけで廃刊となってしまいました。これは、泣羊の地元でお金を出してくれるという人がいたので、1号をつくって持って行くと、「こういう物ではお金は出せない」と言われ、資金計画が壊れてしまい、家出をしてしまいました。

また、落栗に賛同した仲間の多くは、「東北評論」という新聞にも携わっていたのですが、この「東北評論」は「明治天皇の暗殺を企てたとされる社会主義者の根絶《ねだ》やし事件である、大逆事件《だいぎゃくじけん》」の首謀者集団といわれ、仲間たちは、この大逆事件に巻き込まれ、次々と拘留されていき、信頼していた人たちが周りにいなくなってしまった泣羊は明治44年4月、22歳でその生涯を閉じてしまいました。

身体が弱く、結核が原因だったという説と、自殺だったという説と2説があり、本当のところは分かりませんが、その死は、あまりにも早すぎるものでした。

147

野《の》澤《ざわ》 蓼《りょう》洲《しゅう》

初代利根沼田美術協会長

野沢蓼洲、本名野沢健次郎は明治22年（1889）、現在の埼玉県春日部市に生まれ、家業の小間物店を嫌って画家を志望し、川合《かわい》玉堂《ぎょくどう》画伯に就いて学んだ玉堂門下の優秀な弟子の一人でした。

この川合玉堂は第1回文部省美術展覧会審査員を務め、東京美術学校（現在の芸大）の日本画科教授として活躍した、日本画壇の中心人物の一人でした。

野沢蓼洲は、帝国美術院展覧会に「尾瀬の春」を描いて初入選し、その後、日本美術院展2回、聖徳太子奉賛展などに入選し、ドイツ・フランス展にも出品、宮内省お買い上げ2回の光栄にも浴しました。

第2次世界大戦で東京日暮里の画室を焼かれ、空襲を避け、昭和19年55歳のとき、帝国美術院展覧会で「尾瀬の春」を描いたのをきっかけとして、利根沼田地方に深い愛着を感じていたため、沼田市下沼田町に疎開しました。

その2年後には、画家仲間である横山楽水の紹介で鍛冶町の正覚寺に身を寄せて、沼田に住み着くことになります。

終戦となった昭和20年10月、地元画家から依頼され、同じように疎開していた高崎市の北村明道画伯と協力し、利根美術協会を創設し、初代会長となりました。また、群馬美術協会創立にも尽力し、県展の委員としても活躍するなど、地方文化の振興と後進の指導を行いました。

作品の多くは、市内の諸官庁に寄贈しており、沼田駅に掲げてある沼田八景の一つ、「雪の上越連峯」の風景もその1枚になります。

昭和25年61歳、水上の旅館で大作の壁画制作中に倒れ、以降は左半身不自由となりましたが、制作意欲は衰えることなく、自分自身の主張をかたく守り、利根美術協会の団結と自身の作品づくりに、その生涯をささげ、昭和39年6月、76歳でその生を閉じてしまいました。

しかし、利根美術協会は、その後も利根沼田地域内の美術愛好家により、その活動を続け、娘の野沢雅子は、「ゲゲゲの鬼太郎」「ドラゴンボール」などの声でおなじみの、声優として活躍を続けています。

平成27年8月、沼田市教育委員会主催による「沼田市ゆかりの芸術家～蘇るアーティスト事業～第一弾、野澤蓼洲作品展」が開催され、市内外の所有者から借り受けた70点余の作品が展示されました。

148

阿《あ》部《べ》 鳩《きゅう》雨《う》

歌人

阿部鳩雨は明治24年（1891）9月、現在のみなかみ町入須川の阿部弁五郎の次男として生まれました。本名は清衛といいます。

明治39年、須川尋常高等小学校高等科を首席で卒業すると、4カ月後には、入須川尋常小学校の代用教員の拝命しています。

この頃から『文章世界』その他に小説随筆のたぐいを盛んに投稿していましたが、明治43年9月に作家を志望して上京します。時に19歳でした。明治簿記学校に入学しますが、翌年2月には帰郷し、村役場の書記に就職します。しかし、大正元年12月に依願解職し、翌年9月に再び上京し、22歳で、私立国民英学会に入学します。

大正3年6月、大病を患い、故郷へ戻ることになってしまいます。その年の暮れに、布施郵便局事務員となります。この頃、抒情の歌人とうたわれた前橋の角田蒼穂の紹介で高知県出身で著名な歌人の橋田東声に師事し、短歌雑誌などへ投稿しました。

大正8年、28歳の時、橋田東声が歌誌『覇王樹』を創刊すると加盟し、歌作を毎月発表します。以降、年刊歌集などに作品を多数、発表し、群馬県歌壇に多大な影響を与えました。

昭和3年、37歳で歌集『良夜』を出版する運びとなり、上京します。そして、司法省刑務協会書記に就職するとともに、週刊雑誌『人』の編輯に従事することになります。

昭和4年、38歳で結婚することになり、これを機に今までの作風に抒情歌が多く加わるようになりました。

昭和18年には、第2歌集『山清水』を浄書しましたが、病に倒れ、発刊に至らず、53歳の生を閉じてしまいました。

鳩雨の人柄は、喜怒哀楽を容易に表さず、愛憎もなく、お世辞も言わず、怒りもしないもので、いつも静かで会話も応対の物腰も極めて静かでした。

久しい間、渓谷の村に住み、妻も子もなく、野心もなく、物質上の欲望もなく、ただ歌一つを生活の伴侶として生きてきました。

この寂しさ一筋の生活が歌にそのまま生きてきており、まるで良寛のようであるとの批評を受けています。

しかし、結婚後は抒情歌が増えてきたため、将来を大いに期待されたのですが、若い時から健康に恵まれなかったためか、53歳という若さでその生を閉じてしまいました。

亡くなってから、43年後の昭和61年、歌集『山清水』は、甥の田村慶一郎の手により出版されました。

また、鳩雨が詠った歌も歌碑として、①旧新治村役場庭、②猿ヶ京まんてん星の湯入り口、③迦葉山弥勒寺境内などに建立されており、その作風を感じ取ることができます。

149 小《お》田《だ》橋《ばし》 源《げん》之《の》助《すけ》

アヤメ園の創設

小田橋源之助は明治24年（１８９１）、現在の沼田市下川田町に生まれ、大正6年26歳で、川田村役場に勤め、書記を拝命しました。

昭和21年6月には、55歳で川田村収入役に就任、昭和26年60歳の時には周囲から推され、川田村議会議員に当選し、昭和29年沼田市になると、初代沼田市議会議員となりました。

その間、川田信用組合専務理事、川田郵便局長心得、川田消防団組頭などの要職を歴任し、地域の発展と振興に努めました。

このような川田地区の顔役である一方で、下川田町に所有している田畑約30ａを解放して、植えた2万株、約65種類の見事なアヤメで、沼田市の新名所づくりに励みました。

小田橋源之助は、若い頃からアヤメをつくることを唯一の道楽として、ひとり楽しんでおりました。

そうした長年の経験を生かして、アヤメ園をつくり、沼田市の新名所にしたいと70歳を過ぎた頃から計画を立て、熊本菖蒲（肥後系）関東菖蒲など20種類を植えたのが始まりで、昭和47年ごろには2万株にもなり、その種類も60種を超えるほどになりました。

そのアヤメ園の場所は、沼田市から吾妻へ抜ける国道１４５号沿いにある地の利もあったため、行き来のマイカーが足を止め、一時は団体が観光バスで訪れるほど有名になりました。

小田橋源之助は、その様子に80歳を超えていることを忘れるかのように、花の時季の短い菖蒲ばかりでなく、この土地を四季の行楽地にしたいという意向を持ち、菖蒲園に続く、2haほどの丘陵《きゅうりょう》地帯に、昭和47年には、さくら、カエデ、白樺などの苗木を数百本植樹しました。

また、この他、菖蒲園の中にある池を拡張して、錦鯉などの鑑賞魚も飼育し、将来、子供の遊園地にもして、四季を通じての沼田の新名所にしたいと張り切っていました。

昭和52年には米寿を記念し、入沢川にヤマメの稚魚2000尾を放流し、河川の浄化にも協力するなど、地域を愛し続けていましたが、昭和53年2月、88歳でその生涯を閉じてしまいました。

その後、しばらくは国道145号沿いのアヤメ園は、見事な花を見せていましたが、小田橋源之助と共に、いつの間にか、その姿が消えてしまいました。

150

林《はやし》 柳《りゅう》波《は》

童謡「ウミ」「オウマ」の作詞者

毎年、4月29日を中心に本町通りを歩行者天国として『柳波まつり』が開催されていますが、このまつりは、童謡作詞家『林柳波』の功績をたたえ広めようと始まったものです。

林柳波は明治25年（１８９２）に現在の沼田市材木町に生まれました。本名は林照寿といいます。

明治薬科大学をとび級で卒業し、十代で薬剤師国家試験に合格しました。その後、母校の講師を19歳から29歳まで務めるというずば抜けた頭脳を持っていました。

そして、その傍ら、『薬剤師受験術』など薬学関係の書籍を数冊出版しました。

28歳の時、大正時代の贈収賄事件である「大浦事件」をきっかけに亡くなってしまった、藤岡市出身の代議士日向輝武の元妻であった日向きむ子と結婚しました。

大正三美人として社交界の花形だったきむ子と、化学者でありながら文学を理解できる感受性を持った柳波は、共に協力し合える最大のパートナーとして、舞踊と童謡を結び付ける童謡舞踊運動に二人で突き進んでいきました。

童謡作詞活動によって、幼い頃からの文学好きが開花し、多くの童謡集に詞を提供していきました。詩集の出版を行う一方で、昭和12年、音楽著作権協会設立委員、文部省国民学校教科書芸能科編纂委員となり、その才能を余すところなく発揮しました。

また、戦前の教科書編集委員にもなり、「ああ我が戦友」などの軍歌も数多くつくりました。

しかし、当時の文部省唱歌は作者名を公表しなかったため、代表作の「ウミ」「オウマ」などの作詞者が柳波であることは昭和50年代になって、ようやく世間に知れ渡ることになりました。

昭和20年4月に、東京は空襲を受け続けるため、娘の療養先であった長野県上高井郡小布施村(現在の小布施町)に疎開しました。小布施では、頼まれて地元の校歌や青年団歌、『小布施音頭』などを作詞し、小布施村公民館の初代館長(図書館長も兼任)にもなりました。

東京に戻ってからは母校の明治薬科大学図書館長を22年間務め、同時に日本詩人連盟相談役、日本音楽著作権協会会員など多くの公職を歴任しました。

昭和47年勲四等瑞宝章を受章しましたが、昭和49年82歳でこの世を去りました。

「お六娘」「田植唄」など1000篇を数える作品があり、故郷の校歌の作詞を沼田小学校・升形小学校・利根商業高等学校としています。また、詩碑が母校の沼田小学校、生家隣の舒林寺に建てられています。

平成元年沼田市名誉市民となり、平成2年から4月29日を中心に「柳波まつり」が開催されています。また、平成11年から童謡詩を全国から募集する「柳波賞」を市教育委員会で実施しています。

一方、小布施町においては、平成21年開館した町立図書館の運営ビジョンに、柳波が遺した言葉である「公民館は肩の凝らない集合所であり、娯楽機関であり、修養機関であります」をコンセプトとして取り入れています。また、曾孫にあたるソプラノ歌手小林沙羅は小布施においてコンサートを開催するなど、小布施における柳波・きむ子夫妻の残した功績は現在も引き継がれています。

151

金子《かねこ》 刀水《とうすい》

村上鬼城の高弟

明治26年（1893）現在の沼田市中町の山田屋書店、金子健次郎の次男に生まれ、幼い時の名は国次郎で、大正3年成人とともに健次郎を襲名します。家業の筆、墨、本、文房具商を営み、傍ら俳句に親しみ、正岡子規に指導を受けた高崎の俳人、村上鬼城の門下となります。

俳句の号としては、刀の水と書いて「刀水」といい、利根川の別な呼び名と同じです。

大正11年、29歳の時、刀水は『みなかみ紀行』の旅で沼田の「鳴滝」に泊まっていた若山牧水を尋ねており、「四人連の青年たち」の一人が金子刀水でした。

昭和21年利根俳句作家協会初代会長となり、利根・沼田の俳人の指導に当たりました。

昭和24年には、鬼城門下であり、句友の愛知県西尾市の富田うしほ氏の庭に刀水の句碑が建立されています。

昭和27年、59歳の時、沼田の友人たちが発起人となり、沼田公園に金子刀水句碑が建てられましたが、その記念式典のあいさつの中で、鬼城との最初の出会いを思い出して、「竹馬の友、植村婉外君と、私の伯父の伝田専人と、私の三人して、それぞれ百句をたずさえ、鬼城先生をお訪ねしたところ、一句として見るべきものなしとやっつけられ、この風采の上がらぬ田舎じいさんを、いつか見返してやりたいという若気のいたりから、俳句に精進するようになりました」と述べています。

村上鬼城に対しては、生涯を通じて、弟子として尽くすことを続けました。『鬼城俳句俳論集』などは生涯の労作で、事実上の編集に心血を注いだのですが、編者の名前には刀水の名前は入っていません。このことが金子刀水の遺した業績を正しいものとして伝えていない大きな要因の一つです。

晩年には句作を通じ、高浜虚子、荻原井泉水、加藤楸邨などと交わり、また、画家の小川千甕、陶芸家の浜田庄司などとも親交がありました。

また俳句以外のこととしては、昭和23年から34年まで12年余りの間、利根郡信用金庫理事長に選ばれ、地元の文化、経済に多大の功績を残しました。

刀水は、元気な頃でも、商売の方は妻がとりしきるぐらいの、しっかりものだったので、あまり商売熱心とはいえなかったのですが、肝心の所は踏み外すようなことがなかったのか、商人の旦那としての顔を保っていました。信用金庫理事長になって、その経営に情熱を傾け、体が不自由になってからも出勤を続け、妻や息子が「もう、いい加減にして俳句三昧の日々を送ってもらいたい」と願っても辞めようとしませんでした。

昭和34年、67歳でその生を閉じました。

句作としては、奥利根の風景をうたったものや、旅行の句が多くありました。

平成13年、群馬県立土屋文明記念文学館が、『群馬文学全集・群馬の俳人』を編集するに当たり、金子刀水の足跡について、次男の英彦氏に調査を行ったことを機に、英彦氏が一念発起し、刀水が亡くなって43年後の平成14年、『金子刀水俳句集』が編集発行されました。

また、同じ年、市教育委員会主催による、「金子刀水遺作展」も開催され、偉大な文化人であった、刀水を知ることができた人も多かったと思います。

152

木《き》村《むら》 せき

利根郡連合婦人会初代会長

木村せきは明治26年（1893）、現在のみなかみ町小日向の木村政太郎の次女に生まれ、いとこの木村義一に嫁ぎました。夫を助けて、水上館の建設、経営の基礎を築いた後は、婦人会、社会事業に奉仕しました。

昭和8年、40歳には水上の方面委員（現在の民生委員）になり、次いで愛国婦人会水上支部長をはじめ、国防婦人会、大日本婦人会などの会長を務めました。

戦後は民生委員、司法保護委員、赤十字水上支部長、水上町教育委員など、多くの役職を務めながら、昭和29年から赤十字利根委員長、母子保護連盟利根支部長、昭和33年から更生保護利根沼田地区会長など利根郡の役職も務め、多くの表彰や感謝状を受けました。

婦人会としては、昭和20年52歳から38年70歳まで、水上町婦人会長を務めました。

また、昭和29年61歳の時、今まで利根郡内16町村の連合体として、利根郡婦人会はありましたが、町村合併により沼田市が誕生し、残りの11町村としての連合組織として沼田市とは別な運営をしていくべきとの声に、木村せきは中心となり、その取りまとめに奔走しました。そして、昭和30年4月には新たに利根郡地域婦人団体連合会の発足となり、木村せきは初代会長となりました。

その連合会の研修では、自分の水上館を会場とし、参加者が参加しやすい配慮を行い、多くの会員が参加しました。

実直な木村せきは、定例会で計画された大きな行事が近づくと、郡の社会教育主事や副会長3人や地元水上町婦人会の幹部に集まってもらい、微に入り、細にわたっての打ち合わせを行いました。

そのおかげもあり、利根郡内の各婦人会は多くの交流が図られ、各町村婦人会としての活動にも多くの示唆を与えました。

昭和35年3月67歳、健康を害し、会長職を降り、昭和40年4月73歳で、その生涯を閉じました。

自分に厳しく、人にはやさしく、多くの婦人たちの教養と、地位の向上のため、最善を尽くし、婦人会員の結束を図りながら、会のめざましい発展に貢献しました。

153

武《たけ》井《い》 武《ぶ》一《いち》

群馬のファーブル

武井武一は明治26年（1893）6月に、現在の沼田市上沼須町で生まれました。

小学校に通う頃、すでに昆虫と植物に物凄く興味をもち始め、中学校（前橋中学校利根分校）に入学してからは、本格的な研究を始め、植物、昆虫の採集、分類にと真剣に打ち込み、沼田中学校を卒業し、農業に従事した青年期になってますます採集に熱が入り出し、家業の傍ら採集に奔走しました。この頃は、まだ採集する専門的な用具がなかったため、ガラス管を常に持ち歩いていたもので、農作業に出掛けるときでさえも忘れることがなかったと語られています。時に珍しい植物や、昆虫を採集するとすぐにガラス管に入れたり、弁当風呂敷に包んだりして家に持ち帰り、せっせと標本の作製に励みました。

採集の好時季と農繁期とが同季節である関係で、とても苦労したが、余暇をみては郡内はもちろんのこと、赤城、榛名、妙義などから吉井、川原湯、館林方面など県内くまなく採集の旅を続けること70余年、この間コツコツと自分の足で集めた標本を、昆虫が五千種、植物が千八百種ほど、保有していました。木の下に行ってコウモリをひろげ、木をゆすっては虫を落としたり、誘蛾灯で蛾をしきりに集めたり、道を歩いていても道端の雑草に常に目を向けているという、全く日夜採集に余念のない人生を送っていました。これら、武井が採集した標本は、正確そのもので、疑問のあるものや不明のものがあるとすぐ現物を九州大学や愛知大学の調査室または東京の農業技術研究所、国立科学博物館の専門技官に調査を依頼し、正確を期したものであり、研究は慎重そのものでした。

こうした採集、研究の成果は還暦を迎える頃となってようやく表れました。

採集した昆虫から、多くの新種が誕生し、「タケイ　オオサクラ　ケブカ　ハムシ」と命名した蛾の雌や、「タケイ　キノコ　ゴミムシ　ダマシ」、「タケイ　ホソガタ　ムシ」など、武井のついた学名の昆虫を次々と誕生させ、英語、フランス語、ドイツ語によって国際学界にも発表されています。

今日では国際的学界に発表された「武井(なになに)」と呼ぶ、自分の名前のついた名称の昆虫が十数種類に及び、『原色昆虫図鑑』や専門誌などにこれらが掲載されています。

これら貴重な、採集された標本は、国立科学博物館をはじめ、地元沼田市公民館、沼田女子高校、利根農林高校の文化祭にも出品されたことがあり、昭和42年には県教育センターと沼田市公民館に植物標本三千点余りを寄贈しました。アメリカのマサチューセッツ大学にも寄贈し、広く教育のためにと役立っています。

85歳の時には老いた体をいたわる傍ら、気分の良いときは採集に出掛け、研究をするのが生き甲斐であるといわれました。昭和62年7月、95歳でその生を閉じましたが、まさに生涯を昆虫と植物にかけた、沼田の生んだ、すばらしい町学者でした。

昭和57年、利根生物談話会の編集責任で『武井武一自然の観察記』というB6版116Pを刊行し、生涯とその功績をあますところなく記載しています。編集した利根生物談話会長の小池渥氏は「学歴、博士号こそないが、武井氏こそ、真の科学者であろう。郷土のいや日本のファーブルといっても過言ではない」と絶賛しています。

154

真《ま》庭《にわ》　はま

映画「荷車の歌」生みの親

明治26年（1893）11月、沼田町に生まれて、月夜野町真庭の真庭武に嫁ぎました。

夫は小学校教員で長く校長を務め、はまは、古馬牧南実業補修学校裁縫科教師を務め、退職後は自宅で裁縫を教え、その弟子も広範囲にわたっていました。

また、各種社会事業にも尽力し、町の婦人会長、利根沼田婦人会副会長を務め、また顧問として、若い婦人会員には良き姑《しゅうとめ》として相談相手になっていました。

豊かな指導性と説得力を買われ、60歳過ぎてから農協に引っ張り出されました。

昭和29年から全国農協婦人部協議会幹事、32年には会長に推され、町と県の農協婦人部長、県新生活運動協議会常任委員、新農村振興対策審議会委員と、その他農村関係の役も多く兼任しました。

とくに、昭和32年全国農協婦人組織協議会の会長であった時、東京の九段会館で開かれた総会の席上、組合員から10円ずつのカンパを募り、農村婦人を描いた映画をつくろうという運動が決定されました。

この時、同じ壇上にいた三国連太郎は、「孫に与えるキャラメル1箱で映画がつくれます。出来上がれば大事な一つの記録として後々に残って、世の中のためになるはずです。よく話し合って映画づくりに投資する団体運動を起こしてもらえませんか」と訴えました。

当時の10円はキャラメル1箱の値段であり、このお金で農村婦人の生き方を広く訴える方法を選んだのでした。

賛同した組合員は320万人、3200万円のお金により、昭和34年1月、映画「荷車の歌」は完成しました。

その内容は、農村に生きる女の一生をテーマにしたもので、農家の若い嫁たちに大きな反響、感動を与え、1000万人を動員しました。

このカンパによる自主上映運動は、その後の映画の世界にとって、独立プロの先駆けとなったものでした。

テレビも上映機材も所有しない山奥の村へ、どこでも16ミリ機材を担いで出掛け、集落座談会を開き、映像文化を広める活動を地道に展開するという運動の記念碑的な作品として、現在も評価は高いものです。

真庭はまは、地元では夫とともに俳句短歌を行い、自宅を開放して「りんどう句会」の例月句会の会場に提供して、句会を盛り立てていました。

昭和39年5月、70歳で静かにその生涯を閉じました。

155

植《うえ》村《むら》 婉《えん》外《がい》

俳句・篆刻

植村婉外(本名:賢治)は、明治30年(1897)7月、現在の沼田市上之町の久仁《くに》屋という老舗《しにせ》に、植村右源太の長男として生まれました。

家は三百年来の歴史を誇る旧家でしたが、明治維新動乱の頃から悲運の一路をたどり、婉外5歳の時、財産を無くし、東倉内町へ移ります。

その後、7歳で父を亡くし、多くの苦労を経て、社会の荒波と闘ううち、15歳の時、初めて俳諧の世界があるのを知り、以来、俳句界の諸先輩を訪れ、むさぼるごとく、その薫陶を受けます。

やがて、同好の士、金子刀水、伝田専人らと親交を結び、大正8年、20歳の時、『ホトトギス』の重鎮として尊敬する高崎在住の村上鬼城の門に相携えて入門します。

金子刀水、横山楽水らと「茅の輪」句会を結成し、利根沼田地域俳壇に大きな影響を与えました。

才能があり、多感であったため、俳句のみならず、尺八、野球、テニス、ビリヤードと行くところ、かなわないものはなく活躍していましたが、大正10年、22歳の時、観ずるところがあって、篆刻を服部耕石《こうせき》に学び、雨石《うせき》と号しました。

篆刻では、日本書道作品展・上毛美術展などに入選を数度するほどの腕前であり、現在に遺された代表作として、舒林寺の懸額《かけがく》がありますが、これは30歳の時のものです。

自宅を、刀筆《とうひつ》堂と称して篆刻を仕事としました。二階造りの店先には色紙を並べる棚があり、俳画や篆刻が飾られていました。

昭和5年、33歳の時、村上鬼城の序文を得て句集『ゆけむり』を発刊します。序文には、「婉外君は沼田随一の才子だ、俳句を作っても篆刻をしても、絵を描いても何をしてもソツはない。飲むほうにかけてもお酌がよければ二日でも三日でもという剛の者《つわもの》だということだ……」と、紹介しています。また、巻末には「今度はひょっとしたら助からぬかも知れぬと、思った程の病気も……」と、すでに病魔にむしばまれていたことを本人は自覚していたようです。

この頃の利根沼田の文芸家たちは、中央の文芸家・画家を招いて飲んだり、騒いだりして歓迎会をよく行っていました。この席上、婉外は踊ったり、跳ねたり、全員の目を一身に受ける才気ぶりを発揮しました。鼻っぱしが強くて上州人まるだしの空っ風きっぷであり、酔うと中央の大家でも目の前でこき下ろし、バカ野郎呼ばわりする気概もありました。しかし、友情には厚く、いきなり訪れる知友たちに、妻共々あいそよくもてなしました。

39歳の時、病魔は勢いを増すところとなりますが、知友同志の来訪をうけると病状悪化も意とせず、全身全霊をもってこれを持てなし、互いに意見を述べて話し合い、夜を徹することもしばしばあったといいます。あえてわが身の病苦をいとわず人を愛し、芸術を愛し、また酒を愛した人でした。

結局、おのれ自身はそのために生命《いのち》の灯《ともしび》を燃焼し尽くして病状は悪化の一途をたどり、昭和12年11月、41歳で、その生涯を閉じてしまいました。

舒林寺本堂左手前に立つ句碑は、婉外の三周忌に、地元俳友グループの「茅の輪句会」が建てたもので、辞世の句【白雲《しらくも》のいく方《え》も知らず　秋の風】が刻まれています。

156 雲《くも》越《こし》 仙《せん》太《た》郎《ろう》

雲越仙太郎旧居主

雲越仙太郎は明治30年（1897）4月、現在のみなかみ町藤原の億松・ぬいの長男として生まれました。雲越家は仙太郎で第9代となる古い家柄でした。

10歳で父を亡くし、以来、母を助けて一家6人の生計の中心となって活躍しましたが、人一倍物を大事にし、自給自足の昔ながらの生活を頑固に貫き通し、生涯独身でもありました。

電気のある生活を拒み、電気の明かりは行灯を用い、食べ物の煮炊きは囲炉裏で行いました。

冬の暖房としてストーブはもちろんなく、代わりに石のカイロを用いました。

また物を非常に大切にする人で、生活必需品はすべて身近な材料を使い工夫を凝らしてつくりました。

使い捨てられた鍋釜や農具に至るまで、仙太郎の手にかかれば見違えるようになりました。

それにお金を出して安易に物を買うことを、とても嫌ったといわれています。

実際に、仙太郎旧居資料館の中には空き缶でつくられた、ひしゃくなども展示されています。

また仙太郎はとても親孝行で働きものでした。

幼い頃から亡き父に代わり、遊びたい盛りにもかかわらず、母を助けて一生懸命に働き、妹・弟の面倒を実によく見ました。

母が病に倒れてからも、15年間の長きにわたり、人手を借りずに寝たきりの母の看病をしました。

昭和55年4月、仙太郎はこの家で84歳の生涯を閉じましたが、遺産の一部を甥の林義明氏が相続し、以来、林義明氏によって雲越家の住居と生活用具類は、一括して保存・整理・管理されてきました。

昭和61年、「藤原の山村生活用具及び民家(雲越仙太郎旧居)」として群馬県指定重要有形民俗文化財の指定を受けました。

雲越家では代々、稲作や畑作の他に、副業として養蚕、ワラビ粉やクズ粉の生産、炭焼き、木挽き、杣、付け木の製作などを行い、自家用の生活物資を得るために麻・からむしなどの野生植物の採取やこれらの糸を紡いだり、布を織り、茣蓙《ござ》や・莚《むしろ》などの製作、蓑《みの》・下駄の製作、その他、藁《わら》細工、川魚漁などを営んできており、これらの用具や製品が残っています。

また、生産活動や日常生活に使用する用具の修理を自分で行うための、鍛冶用具や石臼の目立ての用具なども残っています。

雲越家の資料には、藤原の農家の実態が具体的に形に現されており、一軒の農家の明治期から昭和にかけての生活に関する用具がまとまって残されています。

そのため、生活の様相をよく示しているとともに、藤原という地域の生活体系とその変遷も知ることのできる重要な資料であるとともに、雲越仙太郎の生活のあり方や生涯について、この資料館で紹介されています。

157

森《もり》村《むら》 酉《とり》三《ぞう》

高崎白衣観音原型作者

森村酉三は明治30年（1897）現在の伊勢崎市連取町《つなとりまち》に、名主惣代を務めた豪農の家の三男として生まれました。

明治43年前橋中学（現在の県立前橋高等学校）に入学しますが、当時の前橋中学は校長を受け入れられないという生徒のストライキがあり、酉三もその先頭に立ったので、退学処分となってしまいました。

森村家では、兄鍋太が遠縁にあたる県会議員に頼み、県立沼田中学校の創設に功績のあった利根郡選出県会議員の今井今助の推薦を得て、酉三を沼田中学（現在の県立沼田高等学校）へ入学させることになりました。

大正6年20歳で卒業となっていますので、親元を離れ、青春を楽しんでいたようで、好んで絵を描いていました。

大正7年東京美術学校鋳造《ちゅうぞう》科に入学、在学中に農商務省美術展に入選。大正12年卒業後、鋳金研究科に一年在籍し、鋳金の道に突き進みました。

（鋳金とは、金属工芸の技術の一つで、溶かした金属を、湯口《ゆぐち》と呼ばれる入り口から鋳型に流し込むもので、削っていく彫刻とは、つくり方が違っているものです）

昭和2年第8回帝国美術院展覧会に鋳銅飾《いどうかざり》花瓶「燈《あかり》」が入選すると、以後の活躍はめざましく、多くの作品を遺しますが、中でも高崎の白衣観音の原型は、後世に森村酉三の名前を残す作品になります。

また、現在の沼田高校の三十周年記念の時には、新しくなった校舎の塔の上に「五常《ごじょう》の鐘」がつくられたのですが、この作品は森村酉三のものでした。

大変、残念なことにその作品は戦争で供出され、現在はその復刻が残るのみです。

森村酉三は、展覧会の開催にも大きな足跡を残しました。群馬県美術展覧会、現在の県展の生みの親といわれており、昭和16年第1回群馬美術協会展の開催に奔走《ほんそう》しました。

また、県内美術界の人脈を最大限に生かし、昭和20年10月に「利根美術協会」の創設にも森村酉三が大きく関わりました。

北村明道、野澤寥洲、横山楽水、岸大洞らが中核となり、創設されたのですが、県立沼田中学校の卒業生として、利根沼田地方を第二の故郷として、利根の風光を愛し、しばしば利根沼田を訪れていた森村酉三の大きな指導があったのでした。

昭和24年7月、52歳という若さでその生涯を閉じてしまいましたが、現在も高崎白衣大観音は見る機会が多いので、見るたびに、元沼田高校の卒業生が原型をつくったのだと思ってもらいたいものです。

158

神《かみ》尾《お》 貞《さだ》治《じ》

琵琶の名手

神尾貞治は明治31年（1898）1月、現在の沼田市東倉内町で生まれました。

大正時代中期、全国的に薩摩琵琶が大流行し、こうした時代の流れに便乗して琵琶映画なるものが製作されました。

そして映画館ではその伴奏に、琵琶の楽器による生の演奏が行われたりもしました。

沼田においても一時、薩摩琵琶が爆発的に流行しました。

こうした流行に興味を抱いた神尾貞治は、大正8年21歳の時、同じように琵琶に興味をもった南波由太郎と共に、鍛冶町で琵琶をたしなんでいた村沢寅之進の門を叩き、琵琶を初めて手にするようになりました。

しかし、習い始めると、もっと本格的にとの思いが強くなり、前橋の古橋《ふるはし》誉水《よすい》の弟子となり、本格的に琵琶の稽古に打ち込んでいくようになりました。

当時、前橋へ通うには、鍛冶町の発着所から利根軌道というゴトゴト電車で渋川まで行き、それから上越線の電車で三時間かけて通いました。

しかし、共に行動していた南波由太郎は、すこぶる美声で、どんどん上達し、やがては奥伝である水号をもらい、南波解水《かいすい》と名前を改め、プロの道へ進むことになりました。一緒に行動していた南波由太郎の上達ぶりに、どうしても我慢ができず、その対抗心からやがて意を決して上京することとなり、当時東京で琵琶奏者として有名であった清水総水の門に入りました。

ここでの精進がやがて師匠に認められて、奥伝《おくでん》を授けられるとともに、斬水《ざんすい》という号を与えられました。

そして大正12年2月、薩摩琵琶宗家《そうけ》の永田錦心《ながたきんしん》から錦心流琵琶の教師資格の免状が授与されました。

永田錦心は、薩摩琵琶の従来の剛健な語り的演奏様式にあきたらず、歌うことを強調した発声と表情豊かな節回しを特徴とする様式をつくりあげた人物で、その演奏によって全国的なレベルで活躍し、天皇の前での演奏をも、務めるほどの人物でした。

神尾貞治は、こうした琵琶奏者としての精進が実り、25歳で故郷沼田に錦を飾ることとなり、大正12年、馬喰町の大正座で盛大な披露演奏会が催されました。

神尾斬水や南波解水を中心に沼田の琵琶熱はさらに高まり、大正13年には東京から宗家の永田錦心を招いて演奏会を催すまでに至りました。

その後、まもなくライバルであった南波解水は若くして亡くなってしまい、以後沼田における薩摩琵琶の正統を継ぐものは神尾ただ一人となってしまいましたが、同じ趣味を持つ仲間や弟子の育成によって、沼田の薩摩琵琶の流れは保たれていきました。

薩摩琵琶の名手として、一時期華々しい活躍をした神尾貞治は、昭和59年11月、86歳でその人生に幕を閉じました。

159

櫛《くし》渕《ぶち》 真《ま》澄《すみ》

漫画家・文筆家

櫛渕真澄は明治31年（1898）9月、現在のみなかみ町後閑の製糸工場・養蚕業を営む櫛渕家の長男に生まれました。

幼い頃から絵が好きで、母には絶えず「絵を描いて」とせがんでいました。

県立沼田中学校（現在の沼田高等学校）に入学してからは創作活動に没頭し、仲間を集め、自宅を発行所「サープソン社」として同人誌を発行していました。

大正5年18歳、県立沼田中学校を卒業すると、本人は美術学校へ進学希望でしたが、家業が製糸工場・養蚕業であったため、長男ゆえに許されず、1～2年ほど、現在の沼田市川田小学校で助教諭となっていましたが、その後上京し、一時は東京の美術学校へ入学します。親の意見に反して美術学校へ入ったので学費が続かず、親の希望する京都高等蚕業学校本科へ大正9年に進学します。

大正14年27歳、京都高等蚕業学校（現在の京都工芸繊維大学）の助教授として蚕の研究を行い、『家蚕《かさん》（屋内で飼育される蚕のこと）の体温に就いての研究』という論文も残しています。

京都へ行ってから、画家岡村太郎の父・岡本一平《いっぺい》氏に弟子入りし、一平の平の字をもらい、「赤木杢平」というペンネームを使い、絵の腕を磨き、「京都高等蚕業学校漫画葉書」、同じく「創立二十五周年記念絵葉書」を残し、また京都市から頼まれ、市電の切符に漫画を書くなど、京都市には貢献度が高く、昭和3年11月の昭和天皇即位の礼における京都平安神宮での儀式には、名誉的市民として、その参列に加わっています。

その活動範囲は広く、単に漫画ばかりでなく、テレビやラジオなどにも造詣が深く、文筆でも科学雑誌など多くの新聞・雑誌に掲載していました。

また、昭和3年に夏目漱石全集刊行会発行の『漱石全集月報』が全集の付録として出版された時も、夏目漱石の娘婿、松岡譲《ゆずる》氏と親友でもあったので、原稿を書いたり、編集にも協力をしました。

さらに「文芸春秋」「毎日新聞」紙上などで活躍をしましたが、昭和8年8月、35歳の若さでその生涯を閉じてしまいました。

亡くなってから70年過ぎた平成15年8月、義理の弟である櫛渕達男が遺稿をまとめ、『漫画に見る大正・昭和』の遺作集を発行しました。

その内容は、校風漫画・風刺漫画・随筆・評論・掌編《しょうへん》小説・蚕の研究・取材記事等々、独特な切り口の絵と文が特徴の櫛渕真澄の生涯作品を鮮やかによみがえらせました。

160

笛《ふえ》木《き》 弥《や》一《いち》郎《ろう》

風土民俗をまとめあげた

笛木弥一郎は明治31年（1898）3月、現在のみなかみ町永井の笛木茂一郎の三男に生まれました。

父、茂一郎は、猿ヶ京関所番役の木村序輔《じょすけ》として家督を継いでいましたが、明治維新により、その職を失い、妻の実家である永井宿《じゅく》本陣の笛木四郎右衛門家に戻り、永井宿で米問屋を営みました。

弥一郎は、大正11年24歳で上京し、東京市隣接の三河島町（現在の荒川区）の役場職員として勤務しました。

昭和7年には東京都に合併され、豊島区教育課長であった昭和19年46歳のとき、戦争が激化し、一家で新治村永井へ疎開し、生家の山林の造林に着手しました。

昭和24年51歳、新治村の生井中学校へ勤務し、社会科、国語科を教えました。8年間勤務しましたが、子供たちの学業のため、一家で東京の家に戻りました。

しかし、弥一郎は春から秋にかけて、新治村へ入山して造林を行う他、上越国境の植物調査を行いました。

昭和33年60歳には、自分の所有している山林に小屋を建て、春から秋には一人で住み着き、植物調査に明け暮れました。

その調査した植物の記録は、昭和49年76歳の時、『上越風土記』としてまとめられ、出版されました。

この『上越風土記』には、当時の新治村を中心とした上越国境の山々の植物が網羅されており、高速道路開通後に運び込まれた外来種による生態系の変化の前の状況が、細かく記されており、現在、非常に貴重なものとなっています。

また、当時、群馬県内において民俗学という言葉が一般に知れ渡っていない頃、新治村での四季の移り変わりに応じた生き様を鮮やかに書き上げており、特に、植物による、おもちゃなどに関しては、これを基本に、植物玩具という一冊の新しい本がつくれそうなものであります。

これらの植物採集については、国立科学博物館の指導を受けた専門的なものであり、植物分類学に関して、国立科学博物館長表彰を受けたほどの内容でした。

また、この他の趣味である俳句や木彫、写真についても、それぞれ、その道の大家に弟子入りし、その道を究めました。

生まれ故郷の山々や自然を愛し、それらの調査を専門的な視点で調べ上げ、鮮やかに後世に残した、その生き様は、現在も学ぶべきものが多くあるものと思われます。

161

高《たか》橋《はし》 平《へい》三《ざぶ》郎《おう》

平三郎大根の歌人

高橋平三郎は明治32年(1899)、現在の昭和村入原に生まれました。

少年時代から文学を好み、短歌をつくりましたが、精農家で研究心に富み、赤城高原の西裾の軽い地質に適す特産作物、大根の品種改良を大正7、8年ごろから続け、大正13年に新品種をつくり上げました。

ときの利根郡長であった湯原直平は大いに推賞し、「平三郎大根」と名付けました。隣の糸之瀬村(現在の昭和村)には、特産糸井大根がありましたが、それに劣らず、タクアン漬けには好適と喜ばれました。

大根の形は首が細く、中ぶくれで尻が長く、煮くずれもしないし、甘みがあり、「三度びっくり」とも呼ばれました。

種苗会社は特約して、種子を全国へ販売しましたが、好評で、最盛期には1石5斗(約270L)の種としても販売しました。

戦時中には、農場からナスの一代交配を委嘱されたり、戦後は種無し西瓜づくりを研究し、一個の中に種が1、2粒のところまでいき、あと一年で完成にこぎつけるところまでいきました。

傍ら、土への愛情、生活譜を短歌にうたい、大正から昭和の初期にかけて、上毛新聞の上毛歌壇の常連でありました。

また、昭和村の雲昌寺住職で、文学者の中村一雄主宰の文芸誌『群麗』の同人や、大沢雅休の『野菊』の同人で、多くの作品を発表しました。

平三郎の歌は素直であり、水の流れるように淡々と農民生活を即興的にうたい、小手先の技巧がありませんでした。それだけに真実であり、底が深いものとなっていました。

常に土を愛し、土に親しみ、人間を愛しました。土に立脚して、自らを農民歌人として、高い誇りを持っていました。

平三郎は、けっして風流な歌詠みではありませんでした。青年団長をはじめ、消防部頭、区長、村会議員、煙草耕作組合長などを務め、村の農事改良や農政のためにもベストを尽くしました。

一方、あふれる人間愛から、常に酒を愛し、文学者仲間であった白沢村のおのちゅうこうが訪ねていく時などは、5合の酒をさがすのに骨が折れた時代であったにもかかわらず、10倍に当たる5升の酒を用意して待っていました。

このように人間愛にあふれ、村の役職もこなし、文学者としてもこれからという昭和27年2月、沼田からの帰り途、利根川原に墜落して、54歳という短い人生を閉じてしまいました。

残された短歌は約2千首ほどありましたので、おのちゅうこう、中村一雄をはじめ、地元の人たちや知人たちの努力で、自宅に文学碑の建設、並びに遺詠集『かくれ咲きの花』が昭和43年秋刊行され、高橋平三郎の文学への思いが形に残ることとなりました。

162

横《よこ》山《やま》 楽《らく》水《すい》

俳諧・画人

横山楽水は横山桂助の長男として、現在の沼田市中町に明治33年（1900）1月、生まれました。

本名は良輔といい、絵と俳句については、現在まで素晴らしい作品を残しています。

金子刀水、植村婉外などと「茅の輪」俳句会を結成し、句をつくるとともに、俳画を独自で習い、角田静竹、北村明道、野沢蓼洲、小川千甕、磯部草丘などの画人と親しく交わり、水墨淡彩、自在奔放の文人画を巧みに描き、伊東深水の肝いりで、東京丸善の5階で個展を行い、1点5万円で販売しましたが、2日目には、全部売れてしまったといいます。

また、昭和25年には旧沼田町が「沼田八景」を公募し、同年9月に選定を行い、旧沼田町関係の画家8人が描いて沼田駅に掲げましたが、この中の「滝坂《たきざか》の青嵐《せいらん》」を描いており、現在も駅舎内で気軽に見ることができます。

句碑としては、鍛冶町の正覚寺境内奥に「芋の露　儚きものは　美しく」と、子持山を望める絶景の地に建立されています。

また、利根俳句作家協会は、その功績をたたえ、材木町の長寿院境内に、村上鬼城、金子刀水と共に楽水の句を刻んだ師弟句碑を建立しました。

楽水は文武両道に精通しており、剣道3段、弓道4段、謡い、踊り、書と多芸人でありました。

逸話としては、常に画筆を携え、俳画に得意の句を添えて友人や飲み屋に与えました。筆の無い時は、手元にある割り箸の先を削り、即興の筆とする芸当をやってのける器用な人だったといいます。

また、沼田まつりの千人踊りの育ての親でもありました。

酒豪ではありませんでしたが、天真爛漫、無欲で蓄財は不得手だったといいます。

沼田城再建の思いが強く、永徳屋の藤野良平氏を説得して100万円を寄付させると、自分も高橋場町にあった所有地を昭和39年には処分し、100万円のお金を工面し、寄付をしました。当時の100万円は、現在の価値では、2600万円ほどになると思われますが、お二人の寄付金の2倍の額が集まれば、当時、お城は再建できたと思われます。

しかし、現実には、当時の200万円は、現在も200万円のままでしかないことは事実であります。

家業の呉服屋は、婦人のくのさんが一切を切り回し、生涯を豪快に生き抜いた明治の人間だったといえると思います。

「今日は金を拾ったからおごる」とおごってくれ、「どこで」と聞けば、「畳の上で拾った」と平然としていたといいます。

昭和42年3月、67歳でその生を閉じてしまいました。

163

星《ほし》野《の》宏《ひろし》

ボーイスカウト群馬県連盟理事長

戦後、群馬県で新たにスタートするボーイスカウトを語るとき、星野宏を抜きには語ることはできません。

「星野のおじいちゃん」「赤シャッポのおじさん」の愛称で親しまれた星野宏は明治35年（1902）、現在の沼田市戸鹿野町に生まれました。

母方の祖父は沼田貯蓄銀行の創設者で県会議員の星野銀治、その妹が津田塾大学長の星野あいです。

大正3年には沼田キリスト教会堂が新築され、祖父母一家共々、教会裏に移り住みます。

教会の日曜学校によく出席し、これにより星野宏の人生を貫いた一つの柱である、キリスト教信仰に導かれます。

大正10年19歳でイギリスに渡り、貿易関係の仕事に就きますが、現地でボーイスカウトの姿を見て感動し、入隊しました。

このことにより、人生を貫いたもう一つの柱であるボーイスカウト精神に魅入られました。

大正15年には帰国し、昭和2年24歳で結婚しますが、翌年には夫婦でイギリスを目指します。

昭和6年にはロンドン市内に自分の店を持ち、貿易、土産品、通訳案内など便利屋のようなことをして、夫婦でがむしゃらに働きました。

昭和10年にはロンドンの南東シドカップに家を買い、永住を考えたようですが、昭和15年には戦争が激化し始めたのを機に帰国し、沼田鍛冶町で木工所を始めます。

この工場は終戦まで火薬箱などをつくり、一時は80人の従業員がいました。

昭和20年、終戦と同時に工場は閉鎖します。それと同時に、海外生活が長く、英語に堪能だった星野宏は群馬県渉外課の通訳となり、沼田に続々と乗り込んできた進駐軍と町役場や群馬県との交渉をスムーズにやり遂げました。

このことは、終戦で不安におびえていた市民にとって、どれほどありがたかったことか分かりません。終戦時の沼田の混乱を平穏無事に乗り越えることができた功績はもっと知ってもらうべきことだと思います。

戦後は家業の傍ら、ボーイスカウト運動に精力的に取り組み、昭和24年群馬県最初の利根第1隊を発足させ、以後昭和30年までに利根・沼田に20隊を発足させました。

と、同時にボーイスカウト群馬県連盟副理事長、事務局長、理事長を歴任し、昭和41年には先達の称号を贈られていましたが、翌年の平成2年11月7日に88歳で、その生を閉じました。

最後までスカウト精神を忘れず、日々の善行を心掛けていました。

164

塩谷《しおや》 静樹《せいじ》

利根沼田俳句会長

塩谷静樹、本名塩谷省三は、明治36年（1903）1月、現在の沼田市東倉内町に生まれ、印判《いんばん》業（印鑑をつくる仕事）を営みながら、俳句の道を極めました。

昭和3年25歳の時には、木村柏好《はっこう》、角田耕人《こうじん》たちと「利根俳壇」を組織し、昭和15年37歳には、「利根俳句作家協会」設立に参画し、会計事務を担当して企画運営に尽力しました。

第2次世界大戦の前後に、多くの俳句仲間と親交を深め、金子刀水、横山楽水《らくすい》、勅使河原蛍草《けいそう》、楠部南崖《なんがい》といった人々とは特に親しく、互いに行き来し、俳句談義に花を咲かせました。

当時は、毎月俳句会を開催し、俳句仲間の家を持ち回りで会場として、毎回20人ほどの楽しい集まりでした。

句会が終わると、物資の乏しい時代であったので、参加者がそれぞれ何かしらの食材を持ち寄って一つの鍋で煮込むヤミジル会という、懇親会を行うことが楽しみの一つでもあったようです。

句会には、次回の句会の題と数と締め切り日を設けて、あらかじめ募るわけですが、事務局である静樹の元には、それらが集まり、一人で整理し、パソコンなどもなかった時代ですので、ガリ版に鉄筆を走らせ、謄写版で印刷するといった作業を行うとともに、出来上がった俳句集を何人かの選者（良い作品を選び出す審査員）に届けてお願いするといったことに奔走しました。

昭和44年66歳、「利根俳句作家協会」会長に就任し、俳句の普及に尽力し、利根沼田の俳諧奉行と呼ばれました。

晩年は、ゆとりもできてきて、各地に俳句教室なども開かれるようになり、その講師として招かれ、若い人たちに俳句を教えたり、添削などを行って充実した日々を送りました。

それらの活動に感謝した俳句仲間320人により、昭和54年、喜寿を記念して、菩提寺の舒林寺境内に句碑が建立されました。

また、昭和58年80歳には、国勢調査員として多年の功労が認められ、藍綬褒章《らんじゅほうしょう》を受章しました。

平成元年8月、86歳でその生涯に幕を閉じましたが、昭和の時代に利根沼田俳句界の中心的な存在として、60年以上活躍した功績は長く語り継がれるものと思われます。

165

原《はら》澤《さわ》 文《ぶん》彌《や》

宿場研究の第一人者

原澤文彌は明治36年（1903）6月、現在のみなかみ町月夜野に生まれました。

幼少時から、おじいさんに学んだという、漢詩が好きな子どもで、論語や孟子などを好んで読んだということで、記憶力の良さは抜群で、老人たちの好んだ浪花節や義太夫なども詠ってみせたということです。

大正12年には群馬師範学校（現在の群馬大学）を卒業し、群馬県の小学校訓導となりますが、東京都に出向を命ぜられ、東京で小学校勤務をしますが、さらに勉学を深めるため、日本大学高等師範部歴史地理科に入り、昭和6年に卒業。さらに東京高等師範学校研究科甲類（地理学専攻）を昭和10年に卒業と、小学校の先生をしながら、自らの勉学を同時に続けました。

日本大学文学部史学科（歴史地理学専攻）を昭和18年に卒業すると、東京第二師範学校の助教授となります。

その後、日本大学非常勤講師をしながら、昭和22年から3年間、東京大学文学部の聴講生として歴史地理学を専攻します、この時、すでに47歳となっています。

昭和24年49歳から、東京学芸大学助教授、教授と地理学講座を担当し、昭和35年57歳で、文学博士となり、昭和42年、定年退官となります。

昭和45年67歳で、日本大学豊山高等学校長を務め、昭和50年72歳で、順天学園順天高等学校長となり、昭和58年、80歳まで、その職を務めました。

地理学の研究業績としましては、昭和14年に、「北上州における交通路の変遷と戸口の変化」という論文をはじめ、江戸期の交通、地理の論文を多く、学界に発表し、特に群馬県内の中山道の宿場と助郷制度の研究について、多くの論文が残されております。

また、昭和48年には、国史大辞典の執筆に参加し、地理学においての第一人者であることを裏付けました。

その一方で、故郷の人たちや知人の面倒をよく見たことでも知られ、地元に残った弟には、町民などから、世話になったお礼や挨拶をよく受けたそうです。

どちらかといえば、晩成型の人間で、物事に時間をかけて長期に頑張るというところも並外れており、物事を決するのに、あせらず、じわりじわり努力する姿は、ときにすさまじいものがあったそうです。

持論として「青少年が教師の指導のまにまに、培われたヒューマニズムが、やがて、その人の人間としての終生の基盤をなすことは、 教育学の理論を待つまでもない。ここに教育の大切なる所以がある」

その目的とするところは人間形成であり、方法としては温情豊かな教育実践を行った、まさに教育に一生をささげた人生でした。

昭和58年12月、80歳で、その生涯を閉じ、同時に勲三等瑞宝章を賜っています。

166

毛利《もうり》 菊枝《きくえ》

新劇女優

毛利菊枝、本名森キクは明治36年（1903）、現在の沼田市上之町に生まれました。旧姓は小林で、海産物乾物商を行っていました。

小学生の頃から詩が好きで、女学生時代は北原白秋に憧れる文学少女でした。当時から、言葉については人一倍鋭い感受性の持ち主で、東京の叔母さんが芝居好きだったため、上京のたび、歌舞伎などを観る機会に恵まれました。

大正14年、旧制高崎女子高校2年の時、教師に反発して白紙答案を出し、中退。上京して、劇作家の岸田国士、岩田豊雄らが開設した新劇研究所へ一期生として入り、岸田に師事します。この研究所を母体に、岩田が結成した劇団、喜劇座に参加します。

昭和4年、ビランデッロ作「御意に召すまま」のフローラ夫人役で初舞台を踏みますが、本人の弁では「26歳の初舞台からして、もらった役がおばあさん。でもね、年輪のいる老けがやれるのは幸せ、と思って」と、これ以降おばあさん役を多く演じました。同年、NHKラジオ「こじきと夢」にラジオ初出演。また、この年、美術史家で大阪工業大学教授の森暢と結婚。

昭和7年、新劇俳優の友田恭助、田村秋子の築地座に参加しますが、夫の京都移住により築地座を退団します。

しかし、脚本家の八住利雄らと創作座を結成し、北林谷栄も加えて新劇を演じ、京都-東京間を往復しながら舞台を続けます。

昭和12年、創作座を退団しますが、新協劇団・前進座などに客演します。

また、映画にも進出し、後の東宝の木村荘十二監督「からゆきさん」に初出演します。

戦後の昭和21年、京都で『毛利菊枝演劇研究所』を創設し、毎日ホールで「第1回小さな劇場」と名付けて、チェーホフとクールトリーヌの作品を上演します。

昭和23年、『くるみ座』と名前を変え、京都における新劇の土壌づくりを志し、沼田曜一、中畑道子らを送り出しました。

劇作家の岸田国士が「毛利、日本一」と絶賛した明晰な口跡と確かな演技力で足跡を残し、昭和29年「肝っ玉おっ母とその子供たち」で毎日演劇賞を受賞します。

また、映画では木下恵介監督「女の園」の封建的な女子大学長の好演や、市川崑監督「ぼんち」における船場の旧家の祖母の妄執と女の業を表現して、忘れ難い印象を残しました。

テレビでは、昭和44年、NHK朝の連続テレビ小説「信子とおばあちゃん」平均視聴率37・8%、最高視聴率46・8%のおばあちゃん役で、茶の間に親しまれ、その他、「水戸黄門」「八つ墓村」「大岡越前」など出演作も多数あります。

昭和35年京都新聞文化賞、昭和50年京都市文化功労賞、昭和55年勲四等瑞宝章、昭和58年京都府文化賞。

平成13年、97歳でその生涯を閉じてしまいましたが、毛利菊枝がつくり上げた『くるみ座』は全国でも、文学座、俳優座に次ぐ歴史を誇る劇団となっています。

167

岸《きし》 大《だい》洞《どう》

郷土史・水墨画・詩吟

岸大洞（本名：岸虎尾）は明治37年（１９０４）８月、現在の沼田市白沢町高平の岸林治の長男として生まれました。昭和12年33歳、報知新聞社に奉職し、都新聞社を経て、昭和14年朝日新聞社に入社。以来25年間、沼田通信局長として勤務。さらに定年後４年間勤め退職。

岸大洞は新聞記者をしながら、別な３つの顔を持ち、生涯を精力的に生きました。

一つめは水墨画家の顔です。大正14年21歳で上京し、南画家の新井洞巌に弟子入りし、昭和５年（26歳）日本美術協会展に入選、昭和８年入賞します。昭和の初め、詩壇の長老である河合酔茗《すいめい》、島本久恵と交わり、雑誌『女性時代』に９年間挿絵を担当しました。これが縁で、川場村の歌人江口きち、月夜野の歌人石田マツが、現在も語り継がれている元となっています。

終戦後の昭和21年42歳、当時の利根沼田の画家たちと共に、利根沼田美術協会を発足させ、のち、会長として、50年の長きにわたり、その指導を行ってきました。同時に公民館の水墨画教室の講師としても活躍し、利根沼田の公共施設の多くに「谷川岳の水墨画」は飾られています。

二つめは、詩吟の指導者としての顔です。昭和32年53歳、大洞流沼田吟詠会が創立されます。この会は名前に大洞流と付いているように、岸大洞が家元になるもので、利根沼田の歴史・風景・人物などを漢詩にし、解説しながら吟詠したものです。昭和39年、群馬吟剣詩舞《ぎんけんしぶ》道総連盟に加盟し、会員の中には、県連での優勝・準優勝、さらに全国大会で入賞している者もいます。

三つ目は郷土史研究者の顔です。昭和初めから、白沢うつぶしの森が、新田義宗の戦死の地であることの調査研究を進め、やがてこれを突き止め、その遺跡保存に奔走します。昭和22年43歳で沼田町史編集委員に推され、調査編集に奔走するとともに、町史掲載の全写真を撮影しました。また、郷土史とか文化財とかの言葉をまだ多く聞かなかった頃、史跡遺跡保存は、まず一般に知ってもらうこと、郷土の歴史の面白さを見聞してもらうこととの思いから、昭和36年57歳から昭和43年64歳まで、「利根沼田を愛する会」の会長となり、機関誌『沼田城』を編集発行し、郷土史研究の進展に大きく貢献しました。昭和40年61歳には、今まで全く知られることのなかった、土岐氏の飛地領だった岡山県美作町に取材し、『沼田領代官覚え書』を発刊しました。さらに、沼田市発行の『市政だより』に昭和45年65歳、4月から昭和60年5月80歳まで191回にわたり、「郷土の歴史と文化財」を連載し、後に一冊の本にまとめ、『沼田の歴史と文化財』として発刊しました。昭和46年67歳から群馬歴史博物館資料調査員に、県内で10人のうちの1人として任命され、利根沼田に関する調査記録をまとめ上げました。

著書は紹介した他に、谷川岳遭難の記録『魔岳《まだけ》秘帖』や、『高平公益社沿革誌』『群馬人国記』『利根沼田史帖』『上毛書家列伝』『真田氏と上州』と多くの著作が残され、郷土の歴史を調べるものにとって、多くの示唆を与えてくれるものとなっています。

平成8年92歳から4年間、沼田市文化協会長を務め、平成16年、百歳記念として『漢詩集百歳を生きて』を発刊、平成17年、『続沼田の歴史と文化財土岐氏の時代』を発刊しました。

平成19年103歳で、その生涯を閉じましたが、多くの出来事に、年齢を全く感じさせないエネルギーと情熱で取り組み、多くの足跡を残しました。

168

米《よね》倉《くら》 大《たい》謙《けん》

日本の書道家

書道家の米倉大謙は、現在の沼田市白沢町平出の正眼寺《しょうがんじ》住職、米倉謙龍《けんりゅう》の次男として、明治37年(1904)2月に生まれました。

幼い時の名は文二《ぶんじ》といいました。

旧制沼田中学校(現在の県立沼田高等学校)から東洋大学に進み、昭和4年長野原小学校で訓導を拝命し、旧制前橋中学(現在の県立前橋高等学校)や、旧制師範学校(現在の群馬大学)教諭などを経て群馬大学教授となります。

書道の経歴は、大正9年、中学一年のとき、群馬県学芸品展覧会習字の部で二等銀牌を受賞しました。

昭和5年、川場小学校訓導時代、当時の国内有数の書道団体である秦東《しんとう》書道院の第1回展に入選し、以来、12回の入賞を果たしています。

昭和10年から、日展審査員、日本芸術院賞受賞、文化功労者となった鈴木翠軒《すいけん》に師事しています。

また、本人の書道としての研鑽はもちろんですが、書道教育振興のため、組織の創立や、権威ある展覧会の企画・運営に携わり、書道の研究・普及活動に精力的に取り組み、小学校・中学校用の教科書の執筆なども多く行っています。

関係門下生は三千人を超えるといわれ、旧白沢村内には、碑文や作品、手紙などが数多く残されています。

日本書道連盟参与・評議員や、日本書道美術院理事、群馬県書道協会会長などを歴任し、昭和52年には勲四等瑞宝章を受章しました。

また、平成元年には、白沢村名誉村民となっています。

主な著書としては、『たのしい習字』『小学書き方』『中学習字』などがあります。

平成6年10月、90歳で、その生涯を閉じました。

平成18年3月には、市教育委員会主催による遺作展が開催され、市村合併による新たな沼田市にとって、大変貴重な人物であったことが再認識されました。

平成28年には、長女の文子さんから、主だった遺作品200点余の寄贈が市にあり、それを記念した「米倉大謙展」が、白沢公民館で開催されました。

169

生《うぶ》方《かた》たつゑ

女流歌人の第一人者

生方たつゑは明治38年(1905)三重県宇治山田町(現在の伊勢市)に生まれ、日本女子大学家政科を卒業し、旧家の生方家(元沼田町長、初代国家公安委員の生方誠)に嫁ぎ、30歳ごろからアララギ派の今井邦子に師事して短歌の道へと進むことになります。

大学卒業と同時に、温暖な気候に恵まれた三重県伊勢市から、雪深い上越国境近くの沼田の旧家に嫁いだため、その風土の落差と旧家特有の家風や人間関係の違和感におびえ、その負を埋めるべく、歌作を始めたといいます。

結婚当初の事情について、『心の花ごよみ』に次のような一文を本人が書いています。

「華麗であるべき青春のゆめが、次第に私の胸の中で錯乱しはじめていた。今、私がゆられながら運ばれていこうとしている奥利根の上流地点は、峻厳な岸壁にせばめられ、その傾斜は墓標群のように白い雪を刷いて荒涼をむき出しにした風景であった」

厳しい環境の中で、幼少期を過ごした暖かい三重の海への回帰を願う心は強かったようです。ふるさとの海やそれを取り巻く風景の持っていた暖かな記憶は、たつゑの心の憧憬でありました。望郷の念を抱きながら、日常の些事に耐えて、たつゑは自分の存立を守りました。息苦しい日々は、やがてたつゑを文学にいざなうこととなりました。

昭和5年、叔父の紹介で出会ったアララギ派の歌人、今井邦子に師事し、月に1度上京して指導を受けるようになります。

昭和10年、最初の歌集『山花集』を上梓。戦後は松村英一門下にあり、多数の歌集を刊行。

昭和33年、歌集『白い風の中で』により第9回、読売文学賞を受賞。

昭和35年、『週刊文春』歌壇の選者になります。以降、『婦人公論』『毎日新聞』『淡交』などの選者を受けながら、歌集を次々に発表していきます。

昭和50年、沼田公園テニスコート北側に歌碑が建立。

昭和53年、NHK『婦人百科』で短歌入門を受け持ちます。

昭和54年、沼田市へ生方記念資料館建設費として2000万円を寄付し、公益のため私財を寄付し功績顕著なる者に授与される紺綬褒章を受賞します。

昭和55年、『野分のやうに』で短歌界では最も権威ある賞とされている迢空賞を受賞。同時に公共的な業務に功労のあった女性のみに与えられる、勲四等宝冠章を受賞します。

昭和61年、生方たつゑの著書などの展示・公開を中心に生方記念文庫が開館し、全国の短歌愛好者が集う場所として、また、短歌の発信基地として、その使命を果たしていましたが、中心市街地土地区画整理事業に伴い、平成26年7月から現在地に移転し、新たな生方記念文庫として、短歌を中心とした文化の発信基地となっています。

平成元年、沼田市名誉市民となり、平成4年、三重県が生んだ最大の女流歌人の歌碑として、伊勢市立図書館に建立されました。平成12年1月、95歳でその生を閉じました。

短歌の歌集や入門書など、その著作は40数冊を超えていますが、短歌以外の作品として、昭和23年に沼田中学校の校歌を作詞しています。

170

塩《しお》野《の》筍《じゅん》三《ぞう》

詩人であり、塩野七生の父

塩野筍三は明治38年(1905)4月、現在の沼田市下川田町の教育一家と呼ばれた家に生まれました。

大正14年群馬師範学校、現在の群馬大学を卒業し、沼田小学校教員として勤務しました。勤務の傍ら、文芸雑誌に投稿を続け、昭和3年、川場村に小学校教師として赴任してきた小野忠孝らと文芸グループ「詩泉社」を結成し、地域の作文教育、童話会などに力を注ぎました。

また、県内の詩人である、萩原恭次郎、草野心平らと交流を深め、「群馬県内の新しい詩人」として、いくつかの雑誌に推薦されています。

しかし、昭和4年、政治思想の一つであり、国家の存在を望ましくない、必要でない、有害であると考え、その代わりに国家のない社会を推進するという「無政府主義」者として、学校側から敵対視され、ついには教員規程に抵触する行為があったとして、教員を辞めさせせられてしまいます。

このとき、既に第一詩集としての『とんねる』の発行を準備していましたが、かえってこの行為が同じ思想の仲間を集めていると疑われ、首の原因となってしまいました。

学校を辞めさせられ、ふるさとを追われ、上京することになり、昭和5年には、東京市福井尋常小学校に代用教員として就職しました。

その間も、「詩」から離れることはなく、『詩文学』『犀』『弾道』『黒色戦線』『農民』などに「詩」を書き続け、雑誌『地上楽園』に「上州小唄に就いて」と、ふるさとの話題についても書いています。

昭和6年、詩集『隧道』を刊行。同時に子供社を興し、文学活動を本格化させます。

昭和8年、『詩律』創刊に小野忠孝らと参加し、いくつかの作品を書いています。

昭和11年、詩集『子供たちの唄』を刊行。昭和14年、『戦争詩集』へ「祖国」「手紙」といった詩を書き、昭和17年、『ファブル昆虫の大科学者』と続けて刊行しました。

昭和18年、38歳のとき、国内の当時の詩人と呼ばれた208人からなる、軍艦をつくるための国民献金運動のための『辻詩集』へ「建艦の賦」といった詩を書いており、詩人としての名前を残しています。

昭和30年50歳で、東京都足立区立宮城小学校の校長となり、定年までいくつかの校長を歴任しました
昭和59年、79歳で亡くなりました。

群馬大学の卒業生たちが小学校教員となり、地域の文学振興に果たした役割は非常に大きいものがあり、その人たちの文学活動によって、詩、短歌、俳句などの文学が郷土に広がっていったことは、現在も見習うべきかもしれません。

また、歴史小説家で、数々の文芸賞を受賞し、文化功労者でもある塩野七生《ななみ》は、ご存じの方が多いと思われますが、筍三の長女になります。

七生の経歴の中に、「父親は、神田神保町の古本屋から軒並み借金をするほどの読書好き」と、紹介されている父親は、塩野筍三であるわけです。

171

戸《と》部《べ》 素《そ》行《こう》

利根沼田短歌会初代会長

戸部素行、本名戸部久一《ひさかず》は明治38年（1905）7月、現在の沼田市佐山町の農家の戸部忠五郎の三男として生まれました。

池田尋常高等小学校を卒業すると、東京逓信講習所で学び、卒業後は沼田郵便局の電信係として勤務します。

昭和21年に退職した後は、東倉内町の自宅で、千代田海上火災保険の代理店を営みました。

10代の頃から文学に親しむようになり、若山牧水や阿部鳩雨をはじめ、村上鬼城、草野心平、おのちゅうこうなどの文人と交わりを持ち、地元においても金子刀水、横山楽水など利根沼田の文壇の先達《せんだつ》と親交を結び、頭角を現していきました。

『みなかみ紀行』を著した若山牧水が大正11年10月に沼田に訪れた時に、沼田郵便局に勤務していた素行は、来局していた牧水を見知り、宿の鳴滝館の名を聞き出すと、友人らに知らせ、早速その夜、金子刀水、植村婉外、植村祐三、真下年男の4人は日本の大歌人である若山牧水を訪ね、親交を深めることができたのでした。

昭和29年、戸部素行を中心として利根沼田短歌会が結成され、会長に就任しました。

以来、素行の指導力によって、県内でも例を見ない、一枚岩の団結を誇るほどの振興と隆盛をみるようになりました。

初心者をひきつけ、経験者をまとめてきた指導力と抱擁力が、短歌を趣味とする多くの人たちに愛されました。

常に和服を好み、夫婦とも和服で下駄履きで海外旅行をしたら、「サムライ」と言われたと笑わせるユーモラスな一面もありましたが、老いても自己研鑽は怠らない、明治生まれの特徴ともいわれる自分の信念を守って、どんな障害にも屈服しない強い意気を持ち続けながらも、反面非常な温情家でもありました。

こうした素行の功績に対し、昭和53年、利根沼田短歌会によって、素行の歌碑が老神温泉の大楊橋畔に建てられました。さらに昭和57年、材木町の長寿院境内にも歌碑が建てられ、利根沼田短歌会に大きな足跡を残しました。

群馬県歌人クラブ常任委員、群馬県俳句作家協会理事などを歴任し、平成7年6月91歳でその生涯を閉じました。

172

村《むら》上《かみ》 順《じゅん》子《こ》

苦労を背負った歌人

村上順子は明治39年（１９０６）１月、吾妻郡高山村の都築正《しょう》市郎、須美《すみ》の長女として生まれました。

大正９年、14歳の時、地元高山高等小学校を卒業後、尻高《しったか》補習学校に進学し、尻高処女会に入会します。

翌年、吾妻郡青年処女会主催の製作品展覧会で、出品物の中に短歌の書かれた便せんを見て、短歌に対する発奮の動機を得ました。

そして、補習の時間に「貴女方にはできないでしょうが、こういう御製《ぎょせい》（天皇が詠《よ》んだ和歌のこと）があります」と、先生が言われたことに、神業《かみわざ》ならできないかもしれないが、人間業ならできないことはない、という気持ちを強く持ち、短歌に興味を抱きました。

大正11年、16歳の時、親同士の意志で結婚を決められました。それは現在のみなかみ町下津の寺、三重院の村上良円でしたが、良円とは、いとこ同士の間柄でした。

親が決めた間柄ではありましたが、夫も順子と同様に短歌に趣味を求め、紙上に発表したり、同人に入会したりして、短歌の道にのめり込んでいきました。

結婚後は、8人の子供たちにも恵まれたのですが、いとこ同士という血族結婚のなせる業のため、4人は耳が聞こえませんでした。さらに夫も若いときの大手術の後が良くなく、村上家にとって、医者通いが絶えない日々が続きました。

山村の寺院は、どこも経営は苦しく、夫が病身のため、順子は田畑を耕し、養蚕を行い、寝る間も惜しんで働き続けました。そんな日々に追い打ちをかけるように、舅《しゅうと》や姑《しゅうとめ》が相次ぎ、この世を去り、順子は家計の中心となるわけですが、病弱な夫と耳が聞こえない子供を抱え、その苦労は並大抵のものではありませんでした。さらに、昭和13年32歳の時には、順子本人の過失により寺は火災になり、全焼という悲劇が襲いました。世の中は戦争へと突き進んでいき、食糧不足などが追い打ちをかける中、村上家では病気がちな家族と、生活のために働き続けた順子は、疲れ切っていました。そのような中、昭和20年、39歳の時、夫は病状が悪化し、ついにこの世を去ってしまいました。

昭和24年、43歳の時、大正8年に橋田東声《とうせい》が創刊しました短歌の同人「覇王樹《はおうじゅ》」が戦後、復刊されると聞いて、しばらく短歌をつくることを諦めていた自分から、死ぬ日まで一カ月も休まず、投稿することを心に誓い、短歌をつくり、東京での短歌講座などに参加するなどして、中央の世界と交流を進め、短歌専門誌への掲載をはじめ、数多くの作品賞を受賞しました。

昭和38年、57歳のとき、沼田市出身の歌人である生方たつゑさんの推薦で、日本で3人、関東で1人として、家の光協会から苦難の生活の記録が掲載されました。

昭和42年、61歳のとき、『毎日新聞』全国版に「短歌に生きた四十年」というテーマで苦難の人生記録が載せられ、続けて『主婦と生活』4月号に「哀しき運命に耐え、短歌を支えに生きた村上順子さんの四十年」というテーマで掲載され、日本中から山積みの手紙が送られてきました。

昭和50年、短歌の集大成として『村上順子歌集』が発刊されました。

短歌を支えに、力強く生きる道を選択した村上順子の生き方に大いに学ぶものがあります。

173

中《なか》町《まち》 蒼《そう》原《げん》

書道愛好家グループ刀波会の流祖

中町蒼原は明治40年（1907）6月、現在の沼田市東倉内町の県立沼田女子高等学校のすぐ隣で生まれました。

本名は与三郎といいます。昭和3年、群馬県師範学校（現在の群馬大学）を卒業し、利根郡内の小学校へ勤務しますが、昭和14年には教職を辞め、東京都中野区の三宅光学工業株式会社へ専務取締役として23年まで、10年間勤めます。

昭和24年には再び教職へ就き、利南中学校教諭となります。翌年41歳の時、そこで書道を志す出来事が起きました。

それは、たまたまある日、宿直室で同僚と碁を打っていたところ、校長が入ってきて、いきなり碁盤をひっくり返してしまいました。そして、校長から「40歳を過ぎて、こんな碁を習うより字の勉強でもしたらどうだ」と言い聞かされました。そのことが心に衝撃を与え、それから本格的に書道に取り組むことになりました。

幾多の書道誌の中から、大東文化大学教授で日展常務理事、日本芸術院会員であり、後の文化功労者、文化勲章受章の青山杉雨の門に入門することになりました。以来、毎年14、5回上京して、直接指導を受け、技量も上達し、師匠から蒼原の号が与えられました。

指導を受ける一方で、利南中学校勤務時代には、宿直の晩に村の青年たちが18人ほど勉強に来るなど書の手ほどきをするようになり、そうしたグループによって、「刀波会」という書の団体が結成され、これが現在まで利根沼田地域の書道界の主流をなしています。

刀波会とは、刀の波の会と書きますが、意味は3点ほどあるといいます。1点目は利根川、2点目は利南の外、3点目は先ほどの18人の青年たちの18から、という3点です。

蒼原は、毎日書道展委嘱作家、日展入選3回、県展審査員、運営委員などを歴任するとともに、中町一門による展覧会「蒼門展」を主宰し、後進の指導に力を注ぎました。

こうした功績に、社会のさまざまな分野における功績の内容に着目し、顕著な功績を上げた者を表彰する場合に授与される、勲六等旭日単光章を受賞しています。

利根沼田の書道界の巨匠として君臨しましたが、昭和62年6月に79歳で、その生を閉じました。

なお、権威ある文学賞の一つである江戸川乱歩賞に幾度となく候補となった推理作家の中町信は、蒼原の息子になります。

174

おの ちゅうこう

望郷の詩人

おのちゅうこうは明治41年（1908）、現在の沼田市白沢町高平に生まれました。祖父は雲谷寺の和尚であったのですが、父は運送店と雑貨店を行う商人でした。

7歳で母に死別し、伯母の家へ養子として引き取られます。

本名は小野忠孝《ただよし》といい、沼田中学、現在の県立沼田高等学校から群馬師範学校、現在の群馬大学教育学部に進み、卒業後、5カ月間高崎連隊へ入営し、昭和2年、川場尋常小学校へ教員として着任します。

小さいときからわんぱくであったのですが、文学も好きであり、雑誌『少年倶楽部』などへ作文と詩を投書しており、県内の文学者、特に草野心平とは友人として交際を深めていきました。

昭和7年、第一詩集の『牧歌的風景』を発表し、この年伊勢崎の小学校へ転任します。

昭和8年、勢多郡東村沢入へ転任となり、「桐生小唄」を作詞します。

昭和9年春上京し、大田区大森の小学校に勤める傍ら、詩作を続け、昭和15年、33歳で教職を辞め、ペン一筋の道に入ります。

以後『若き日』『日本の教室は明るい』などを出版し、昭和17年には、童話『氏神さま』が、文部省推薦図書となります。

昭和20年から25年まで故郷の白沢村へ疎開しますが、作品の出版を毎年行う一方、群馬児童文化協会などにも協力を惜しみませんでした。

昭和40年、『風は思い出をささやいた』で野間児童文芸賞推奨作品賞を受賞し、昭和41年故郷白沢村の椎坂峠に自作自筆の詩である「望郷」を、講談社の野間社長の題字で刻んだ文学碑が建立されます。

昭和45年、文化団体「タラの木文学会」を結成。雑誌『タラの木』を創刊し、詩と児童文学運動を推進します。また、郷土の小中学生を対象とした「おの文学賞」を創設し、以後30年にわたり郷土文化の振興に尽力します。

昭和47年、定本『おの・ちゅうこう詩集』を出版。昭和54年には、児童文化功労者表彰を受けます。昭和56年、『風にゆれる雑草』で日本児童文芸家協会賞受賞。平成元年には、白沢村の名誉村民第一号として顕彰されています。

平成2年、82歳で、生涯を閉じました。生涯を通じ、100冊を超える作品を遺すと同時に「望郷の詩人」と呼ばれ、心は常にふるさと、利根沼田にあり、また、酒を愛し、酒に生きただけに、酒にまつわるエピソードが数多く残されています。

千葉の流山の自宅で、酒を飲んで、突然タクシーに乗り、群馬の知り合いの家の玄関をたたき、その家主にタクシー代を支払わせたことなど、驚くような話があります。

平成13年、埼玉県本庄市の立岩寺境内に「おの・ちゅうこう文学資料館」が完成します。境内には「おのちゅうこう詩碑」もあります。前住職の宮崎氏とおのちゅうこうは、群馬県師範学校以来の親友であり、資料館には自筆の原稿や、著名人とやりとりした手紙、出版本、生い立ちなどが紹介されています。

175

左《さ》部《とり》　千《せん》馬《ば》

警察官俳人

左部千馬は明治41年（1908）1月、現在の沼田市奈良町の旧家である、左部春窓（本名善二）の四男として生まれました。

左部家は代々文学を好み、父春窓は正岡子規門下の俳人であり、かつ郷土史の研究家でもありました。

また、左部家は地域の名門であるため、千馬は何不自由のない農家の息子として育ちました。

沼田中学（現在の県立沼田高等学校）時代には、柔道のチャンピオンとなりましたが、それとは対照的に校友会雑誌などに、格調の整った立派な詩や歌が、ぞくぞくと巻頭を飾りました。

大正14年、沼田中学を卒業すると、第二早稲田高等学院より早稲田大学法学部に学びました。

昭和8年、警視庁に入り、警察講習所を主席で卒業後、内務省警保局に入り、昭和20年、満州国ハルビン駐在官となりました。

終戦後の昭和21年、岩手県監察官兼教養課長、翌年群馬県へ戻り、保安課長となり、群馬県自動車協会長、群馬県自動車学校長、消防会副会長、群馬県猟友会副会長などの役職を務めました。

その後、公安課長に転じて、警察制度改革により、昭和23年国家地方警察群馬県本部警備部長となりました。

昭和25年、東京管区警察学校の教頭兼教授へ転出して、昭和27年10月、国家地方警察千葉県本部総務部長となり、その後、警視正、警視長に任官となりました。

昭和37年、神奈川県警察学校長となり、昭和39年退官しますと、日本自動車連盟（ＪＡＦ）に入り、ロードサービス部、スポーツ部を担当しました。

学生時代から文学を愛好し、岩手県時代には岩手詩人集団を起こし、群馬県時代には詩歌誌「星座」を刊行主宰して、門下２００人を数え、昭和23年には詩集「若き日の歌」を刊行しています。

俳句の号としては、人日居《じんじつきょ》という号で、多くの俳句雑誌を飾りました。

昭和48年には、詩集『海の砦《とりで》』を刊行します。

趣味は詩歌文学の他、囲碁は2段、麻雀、卓球など室内遊戯なら何でもやるといい、柔道は5段の武道家でもありました。

抱負は「明朗で教養の高い警察をつくりたい」と、その一端を挙げ、警察組織の中にありながら、常に文化人としての発信を続けた人でした。

176

藤《ふじ》本《もと》 水《すい》丁《ちょう》

郷土玩具制作

藤本水丁（本名：義晴）は明治41年（１９０８）熊本市寺原町に生まれ、昭和10年8月27歳で満州に渡り、新京市曙町に住み、新京旅館組合主事新京市立観光協会、宣伝土産物の部嘱託、満州酒造ＫＫ宣伝部主任、新京市立婦人病院の売店賄食堂経営などを経て、昭和21年9月38歳で日本へ引き揚げてきました。

佐世保へ上陸しましたが、本籍の熊本の家が戦火で失われたことを知ると、妻の本籍地である沼田の下川田へ、ひとまず帰ることとし、そのまま沼田に住み着くこととなりました。

昭和22年2月39歳から、川田村内引揚者一同で下川田町横子の薪山《たきぎやま》をすることになり、苦労しました。その時、山椒の木が威勢良く育っていますが、人々に嫌われていることを知り、これを何とか生かせないかと考え始め、まずスリコギをつくり、売り出すと言ったら、笑いものにされましたが、現実には結構、良く売れました。

この山椒でつくったスリコギは、迦葉山口の大天狗面の下で三宝《さんぼう》に載せてお守りとして売られ、昭和23年には７００本納入しましたが、原木を集めるのに困るほどの売れ行きでした。

また、取り組みの一例として、利根河原の白土石《しらつちせき》の加工を試み、それに彫刻着色し、学校教材に適していると考えました。この試みは、川田中学校に出品したものが毎日新聞に取り上げられ、昭和25年10月3日の紙上に写真入りで掲載されましたが、いろいろな点で断念することになりました。

この当時の藤本水丁は、何しろ、資本金が無くてする仕事ゆえ、生活費を稼ぐために、工事場の帳付《ちょうづけ》や古着屋、家屋調査などを行ったり、宝川温泉主人の小野喜与三の秘書などをしながら、土産物の研究にも取り組んでいました。

昭和27年44歳から、思い切って土産品の製作に取り組み、生活と工芸の板挟みになり、実に苦労しました。

奥利根民芸研究所を立ち上げ、山椒天狗、金精《こんせい》だるま、道祖人形、上州河童《かっぱ》、山精《さんせい》、とげの木地蔵など、多くの奥利根郷土人形を製作しました。その製作に当たっては、迦葉山天狗のいわれや、山精の製作に当たっては十二様のいわれなどの教えに忠実で、そのことを胸に秘めて製作に従事していました。そのため、作品に対する評価は高く、群馬県農村工業副業展の第3回、第5回、第6回と協会長賞を受賞し、第4回では知事賞を受賞しました。

また、第9回全国農村工業副業輸出振興展では、兵庫県知事賞を受賞するなど、昭和25年から35年までの間、五大新聞及び上毛新聞などに掲載されること27回、日本交通公社発行の旅行誌、他いくつかの雑誌に群馬県名物として掲載され、また、ＮＨＫ早起鳥の時間に放送されたことなどもありました。

『日本の郷土玩具』という本に、群馬県の郷土玩具の代表として、高崎だるまと山椒天狗の二つが掲載され、まさに群馬を代表する郷土玩具の一つに評価されることとなりました。

一時期、沼田市役所合い向かいに、その工房兼売店が設けられていましたが、昭和58年3月74歳で、その生涯を閉じてしまうと、その技も引き継がれることなく、沼田の地から消えてしまったのですが、遺された山精や山椒天狗を求める人は、現在も時々いるようです。

177

桒原《くわばら》 健次郎《けんじろう》

退職後に大きな文化の華

桒原健次郎は明治43年（1910）8月、現在の沼田市上之町のえびすや旅館の四男として生まれました。

昭和3年18歳で、旧制沼田中学校（現在の県立沼田高等学校）を卒業すると、糸之瀬尋常高等小学校の代用教員として勤め、昭和11年26歳で正教員となり、以後利根沼田の小中学校を異動し、昭和45年60歳、南郷小学校校長を最後に教員生活を終えました。

昭和47年62歳で、沼田市教育委員会の社会教育指導員に任命され、郷土史研究への道が大きく開かれました。市で初めての社会教育指導員の導入であり、その職務について定められていなかったため、通常であれば前任者から仕事を引き継ぐわけだが、それがないので、新しい分野を自分で見つけなければならなかったわけです。桒原健次郎は、そこで市内に残されている歴史・文化・民俗に目を向け、今まで市で手付かずであった地域の民俗史を発掘することに没頭しました。その集大成は『沼田の民俗と伝承』という報告書となり、沼田市における民俗調査の原点といえるものができました。これ以降、その職を辞めてから同志を募り、「沼田郷土研究会」を立ち上げ、郷土史『沼田万華鏡』の発刊に努力しました。

『沼田万華鏡』は、それまで見落とされていた民衆の歴史に目を向け、多くの郷土史ファンをつくり、その内容は現在でも貴重な内容であふれており、利根沼田地域を語る上で欠かせないものとなっています。

この郷土史研究と同時に桒原健次郎が行った文化活動が大きく二つあります。

一つは大正琴であり、昭和48年63歳の時、西原新町婦人会への指導を始め、以降利根沼田地域内に27カ所にできていった大正琴愛好会の指導を行いました。会は現在も180人ほどの会員を数え、月2回、グループごとに演奏を楽しんでいます。

もう一つは、やはり昭和48年惜春《せきしゅん》会の結成と指導です。惜春会とは月1回童謡、唱歌を楽しむ合唱グループとして発足し、現在も会員数120人で活動が続けられていますが、桒原健次郎はその歌唱指導などをアコーディオンを交え、楽しく行っていました。

この二つの大きな文化活動の指導に当たっての口癖は「腕より和が大事」といい、その楽しさを求めて、多くの人が桒原健次郎の指導に酔いしれました。

桒原健次郎の生き方は、権力に媚びることなく、ありのままの感情で飾らない性格、そしてそれを支えていたのが秘められた情熱とエネルギッシュな行動力でした。その生き方を象徴するように、滝坂エレベーターの必要性や、市文化財の勝軍地蔵雨宝殿の移転問題などを「沼田の街づくりを考える会」などを通し、市民に訴えました。

昭和61年76歳の時、群馬県文化奨励賞。平成元年79歳の時、勲五等瑞宝章を受章しましたが、平成14年9月、93歳でその生涯を閉じてしまいました。平成16年4月、遺族から教育委員会へ写真・冊子資料など約1,350点、郷土関係図書・一般図書類約2,500点が寄贈されました。

桒原健次郎の座右の銘は、「夢なき者に目標なし、目標なき者に計画なし、計画なき者に行動なし、行動なき者に成果なし、成果に反省なき者に進歩なし」。

178

籾《もみ》山《やま》 三《さん》穀《こく》

市内に多くの作品を遺した彫刻家

籾山三穀、本名もみやまみよしは明治44年（1911）、現在の沼田市柳町の旧家、籾山家の五男として生まれました。

旧制沼田中学校（現在の県立沼田高等学校）を卒業後、昭和4年に東京美術学校（現東京芸大）彫刻科木彫部に入学しました。

長崎平和祈念像の作者である北村西望、また、高村光雲の弟子であった関野聖雲に師事し、在学中の昭和9年、第14回帝展（現日展）に『秋』が初入選しました。卒業後も北村西望江古田研究所で技量を磨き続け、昭和17年第5回新文展（現日展）に『進發前』が特選となり、李王家（朝鮮国）の買い上げとなりました。

昭和19年から4年間、沼田に疎開し、郷里で創作活動を行う傍ら群馬美術協会創立に尽力しました。また、帝展、日展、文展に連続入選、特選、無鑑査を経て、日展審査員、評議員に就任し、平成4年には日展参与となるなど、生涯を木彫主体にささげた人生でした。

木彫作品は、まず粘土像をつくり、テーマを煮詰め、実際に木を彫り始めるまでに早くて半年を費やします。そのため、大きな作品は1年に多くて2点が限界であり、そのほとんどが、日展、日彫展への出品作品づくりでした。

昭和50年までは、その作品の多くは男子学生をモデルにしたものです。

造形家の多くは裸婦をモデルにした作品が必ずあるものですが、籾山氏の作品にそれらは見当たりません。そればかりか、昭和49年からは「美しい仏像」といった表現が合っているかのような作品へと移り変わっていき、昭和61年から再び男子像へと戻っていっています。

この「美しい仏像」の作品として、沼田市立図書館玄関にある『浄』は秀逸です。

平成8年1月、84歳の生涯を静かに閉じました。

80歳時の渾身の作『朝』が沼田市中央公民館3階ロビーに展示されていますが、解説がないため、知る人は少ないようです。

その他、市内には次のように多くの作品が遺されています。

沼田小学校『秋』、沼田東小学校『力』、沼田高校『はらから』、『求道』、沼田市役所『颪』、沼田市民体育館『静』、沼田市中央公民館『望洋』、沼田病院（旧国立）『赤誠』、さらに県内には、県生涯学習センター『希望』、県立近代美術館『若い人』、旧月夜野町役場『思惟』、住居地である、神奈川県大和市の市立図書館に『黎明』があります。

また、ブロンズ作品ですが、沼田市役所玄関入り口前にある元沼田市長細谷浅松像もそうです。

このように、多くの作品が市などの公共施設へ残されていますが、これらの作品の多くに解説板などがないことが多く、せっかくの素晴らしい作品が、十分生かされていないように思えます。作者の概略で良いので、ぜひ表示されることを望みたいものです。また、木彫作品は二つと同じ作品はできませんので、その大切さも含めて表示されることを望むものです。

平成8年10月、市教育委員会主催の沼田市芸術文化振興事業として、『籾山三穀遺作展』が開催され、その功績を市民が再認識できました。

179

伊《い》藤《とう》 武《たけし》

沼田郷土研究会代表

伊藤武は明治の終わりとともに、現在の沼田市上之町に生まれ、男の子1人のお坊ちゃんとして、何一つ不自由なことがない少年として育ちました。

昭和5年18歳で現在の沼田高校を卒業すると、早稲田大学高等師範部（現在の早稲田大学）国語漢文科へ行き、卒業すると高校の教師となります。

しかし、時代は戦時色一色であり、出征《しゅっせい》兵士として大陸で戦争を体験します。

終戦により再び教職に戻り、昭和23年36歳から42年55歳まで、沼田高校定時制の教諭並びに教頭となり、昭和42年から46年まで沼田女子高校教頭、昭和46年から48年まで武尊高校校長を務めました。

退職後、2歳下の桑原健次郎から、終わりなき郷土の発展過程記録という難事業を共に推進していくことを働き掛けられ、昭和50年63歳、「沼田郷土研究会」の誕生に関わり、その代表となり、機関誌『沼田万華鏡』の発刊を見ました。

創刊号から、沼田万華鏡の『巻頭のことば』を書き表し、その内容は沼田万華鏡を通じての利根沼田文化の発展を考えさせられる内容であふれていました。

また、会の代表として、編集する立場の人間と各会員と深く関係する役員との人間模様を伊藤武の人望でまとめ上げました。それは16年間にわたる代表としての時の流れと、33冊の機関誌『沼田万華鏡』が全てを物語っています。

さらに、研究者としての一面も、古典及び漢文についての素養は並々ならぬものがあり、各地に散在する石碑の、難しい漢文調の碑文も簡単に読み下し、さらにその中の誤字まで指摘する実力は、常人の及ぶところではありませんでした。読み下した石碑などは、沼田公園にある『寿楽園碑』、鍛冶町正覚寺にある『久米民之助の恵乃《めぐみの》子孫』、町田町にある『沼田平公祠《へいこうほこら》碑』、須賀神社にある『庚申講の碑』、『沼田城の鐘』、沼田高校にある『中山先生像の台座銘』、坊新田町金剛院の『慈豪《じごう》塔』、天桂寺にある『月岡修理の墓碑銘』、正覚寺にある『久米民之助の宝篋《ほうきょう》印塔』などですが、これらを読み下し、多くの読者に問いかけたその実績は、決して真似のできるものではありません。読み下すためには、実に多くの時間と知識と労力とを要することであり、基本を大切にし、妥協を許さぬ真実の追究に邁進する姿勢には、ただただ頭が下がるばかりです。

また、『沼高70年史』を常任編纂委員の中心として50歳から6年間かけてまとめ上げたことや、沼田市中央公民館の「古典文学教室」を指導するなど万葉集には造詣が深く、古典を学びたい人たちのために「澪標《みおつくし》会」をつくり、月2回『源氏物語』を主に読み続ける活動を行いました。

生方記念文庫や関口コオきり絵美術館の運営にも中心人物として関わり、とにかく、何が必要なのかを決断しました。

沼田市史編纂にも近代現代部会長として活躍しましたが、平成7年6月、82歳でその生涯を閉じてしまいました。

こうと決めると、周りのことばかり気にして決断をためらうということなどなく、極めて固い決意で物事を行う人でした。

180

江《え》口《ぐち》 きち

女啄木と呼ばれた歌人

江口きちは大正2年(1913)11月23日に江口熊吉・ユワの長女として、武尊山の麓、川場村谷地に生まれました。きちは幼少時から学業優秀であり、昭和2年5月にはアメリカから川場小学校に寄贈された「青い目の人形」を学校代表として受け取り、また高等科の卒業式では答辞を読み、表彰も受けました。高等科卒業後は、東倉内町の「中田屋裁縫所」で和裁を習ったり、川場に戻り、川場小学校の補習科に通ったりもしました。

昭和5年2月「沼田郵便局」に勤めることになり再び沼田に出ますが、同年6月母の急死により川場に戻り「栃木屋」を継ぎ、父・兄・妹の面倒を見ることになります。

貧しい暮らしの中、必死に働く一方、河井酔茗・島本久恵の雑誌「女性時代」の誌友となり、双木恵・飯田章子・涼子のペンネームで投稿を続けました。

当初は評価が低かったのですが、日々の生活感情を素朴ながら気魄のこもった歌風にまとめ、徐々に頭角を現しました。

昭和6年には妹のたきが美容院への年季奉公のため上京、昭和10、11年にはそれぞれ親友の矢島けい・小林なを子が相次いで上京しました。その寂しさを癒やすかのように、昭和11年ごろからきちは、18歳年長で妻子もある村の有力者と相思相愛の間柄となり、そのことに苦悶することになります。その心の痛みを詠んだ短歌を多く残しています。

昭和12年11月には、沼田の「長寿院」で行われた「群馬県歌人協会秋季大会」に参加したり、昭和13年には『新万葉集』（改造社刊）に短歌が掲載されたり、『昭和一三年版年刊歌集』（群馬県歌人協会）にも短歌が掲載されました。

無能の父、病弱の兄を抱えての苦しい生活、生来の厭世観（悲観主義）、実らない恋への苦悩、そうしたものが入り交じり、きちは死を決意します。

友人に出した書簡を回収し、日記と一緒に焼き捨てたり、それまでつくった歌を「歌稿ノート」にまとめたり、日記を新たに書き始めたり、父母の墓碑を建立、開眼供養をするなどして死の準備を整えました。

薬（青酸カリ）を入手し、その効き目を実験し、また、自分が死んだときの友人たちの反応を確かめたりもしていました。

妹の年季の明けを見届けた昭和13年12月2日未明、歌人江口きちは精神薄弱の兄を道連れに、服毒自殺を遂げました。

自分で仕立てた純白のドレスを身に着け、胸には真っ赤なバラの花が着けられていたといいます。25年でその生を自ら閉じてしまいました。

翌年、歌集『武尊の麓』が婦女界社から発刊され、歌人江口きちは広く紹介され、その後、80年経つ現在まで、江口きちを題材とした書籍は発行され続け、20数冊を数えており、江口きちの歌人としての人気は衰えることを知りません。

また、川場村歴史民俗資料館には江口きち展示室があり、豊富な資料が展示されていますので、ぜひ、ご覧ください。

181

松田《まつだ》 杢《もく》平《へい》

日本の三大絵具会社を創業

松田油絵具《えのぐ》株式会社の創業者、松田杢平は大正2年（1913）川場村に生まれ、川場尋常小学校では、群馬が生んだ女啄木といわれた歌人「江口きち」と机を並べました。

昭和7年19歳で画商を目指し上京するも、経済状況が悪化し断念します。

しかし、錫《すず》が高い値で取引できるのに目を付け、全国の画家を訪ねては古チューブを集め始めました。その時、知り合った画家の先生方は、大きな、大きな財産となったそうです。また、その錫の売買で得た利益は、後年「絵具をつくるより、儲かってたナア」と笑っていました。

当時、東京中野に作家の林ふみ子さんが住んでおり、絵描きのご主人とお茶を飲んだことや、牛島憲之先生（明治16年文化勲章）が、まだ芸大の学生であった時、帝展（現日展）出品の搬入を手伝うも落選が続き、絵を積んだリヤカーで、九段の坂をトボトボと歩いたことなどがありました。

昭和18年30歳で、フィリピンミンダナオ島に出征、九死に一生を得て無事帰還。戦後、亡き戦友の慰霊と遺骨収集に何度か行っていましたが、あまりにも辛い思い出であったためか、それについては口を閉ざしがちでした。

復員後、昭和23年35歳の時、油絵の大家であり権威者としても知られていた山下新太郎（昭和30年文化功労者）、岡鹿之助（昭和47年文化勲章）両先生の指導の下、株式会社松田画壮《がそう》を立ち上げ、油絵具の製造を始めました。その時に岡鹿之助先生から、「松田さん、油絵具をつくるのだったら世界一の絵具をつくりなさい」、曰く「できるだけ色の粉(顔料)だけでつくることが世界一の絵具になる」と言葉をいただきました。

昭和27年39歳、それをヒントに〝マツダスーパー油絵具〞が生まれ、多くの先生方に最高の絵具との評価をいただくまでになりました。

松田画壮の代理店を始め、お客との親睦会「パレットクラブ」をつくり、その活動として旅行などを企画し、親睦を深める努力を怠りませんでした。特に三越劇場を貸し切り、皆素人ながら本格的に「白波五人男」「切られ与三郎」等々、歌舞伎に挑戦し、業界の話題になったものです。

また、故郷、川場村の山々、川を愛しており、「川場村村人会」を立ち上げ、毎年、東京で頑張っている人を中心に、川場村からも村長夫妻や、婦人会の人たちなど、バス数台で参加し、芸人さんを呼んだりして、NHKのテレビ、ラジオにも取り上げられるような、盛大な楽しい会を催しました。

釣りも趣味の一つで、故郷の川で、イワナ、ヤマメ釣りにシーズン中は何度も通い、うれしそうに「俺だけの秘密の場所があるんだヨ」と話していました。

昭和36年ごろ、川場中学校へ大量の油絵の具、油絵額、油絵筆などの寄贈が松田杢平からありました。これにより美術部として、油絵の制作に取り組み、見事「全国学童絵画コンクール」に群馬県内で1校の優秀賞となりました。この当時の人たちが社会人となり、現在、川場村文化祭などに出品するなど、川場村民の絵画への関心の深さを芽生えさせた功績は大きいものがあります。

平成元年76歳には、長年、全日本画材協議会の会長を務めた功績などから、「勲五等瑞宝章」を賜り、平成10年85歳でその生涯を閉じてしまいましたが、その葬儀は、道楽の域を超えて、こよなく愛した小唄を流し、小唄葬としました。仕事、趣味全てのことに、一生懸命の人でした。

182

大《おお》平《ひら》 良《りょう》之《の》助《すけ》

「週間利根」の創設

大平良之助は大正3年（1914）11月、現在の沼田市東倉内町の菓子屋、だるませんべいの長男として生まれました。少年剣士で、尋常高等小学校を首席で卒業し、家業を継ぎ、趣味として都々《どど》逸《いつ》を学び、東京街歌会同人として長く関わりを持ち続けました。都々逸は七・七・七・五による定型詩であり、これが後の週間利根の文化確立の基礎となり、非常に役立ちました。

戦後は露天商を一時経験しましたが、これによりいかに裏経済があるかを知ると同時に怒りがこみ上げ、正義を貫くには報道だ、と立ち上がり、NHK沼田通信部の記者をしていましたが、昭和26年6月36歳の時、利根沼田地域限定の週間新聞である「週間利根」を創刊しました。その主旨は「その地方の政治の啓蒙、教育文化の振興、あるいは体育の向上にあるいは、また郷土産業の開発に意をそそいで、郷土の繁栄に資せんとする郷土新聞は、時に郷土民の福祉のための代弁者であり、時には郷土民の幸福のための世論を喚起する指導者であり、代表でもなければならないと信ずるものであります」と創刊号に掲載し、常に郷土利根沼田の出来事を、市民に伝え続けました。

当初は買い手もなく、タダで50部、100部と配ることから始めました。当時、利根郡には新聞と名乗るものが十紙近くあったため競争は激しく、妻も子供を背負いながら、配達を手伝うといった生活が続きました。時には生活に苦しく質屋通いもしましたが、週間利根の発行は休むことなく、一週も欠かすことはしませんでした。

やがて、多くの人たちに理解され、特に文化の薫りを好む人たちから強い支持を得て、「利根のことば」「芭蕉句碑」「知られざる文化財」などのシリーズが次々と展開され、興味深い内容が、実に深く研究されたものとなっております。また、都々逸などによる格調の高さが感じられます。

さらに、政治的な面では、監視役としての機能が大きくクローズアップされます。政治家の不正などには大きく紙面を割き、大新聞では取り上げなかった内容に深く切り込み、読者は引き込まれ、同時に政治に携わる者にとっては、大きなプレッシャーを感じたものでありました。

しかし、週間利根を改めて読み直してみると、いかに大平良之助が利根沼田を深く愛し、利根沼田のことを誰よりも真剣に考えていたことに気づかされます。そのことは紙面を通じた活動だけでなく、実際の活動としても多くの実績が残されています。

沼田市下田市姉妹都市提携の仲人役。沼田まつりの最大の目玉である天狗みこし発足に尽力。市長旗野球大会の準優勝チームの表彰。県少年学童軟式野球大会の地区予選の決勝で敗れた各支部チーム招待による近郷《きんごう》選抜少年野球大会主催。都市対抗テニス大会尽力。利根沼田職場対抗柔剣道大会主催。さらに、庶民の立場から歴史を綴り続けた「週間利根」ならではの内容が市史などをつくる上では不可欠な内容に満ちあふれ、特に町村合併や沼田ダム問題などについて大平良之助の鋭い視線がうかがえるものであります。

昭和57年9月、68歳の時に週間利根は1200号を迎え、その記念として創刊号から1200号までを製本し、県立図書館、市公民館、市役所などに寄贈しました。

平成10年10月、83歳でその生涯を閉じ、1938号でその筆は終わることとなってしまいましたが、週間利根は、息子幸助に引き継がれ、現在も発行が継続されています。

183 高沢《たかざわ》 圭一《けいいち》

「婦人公論」の表紙絵を7年担当

高沢圭一は大正3年（1914）、現在の沼田市西倉内町に生まれました。

昭和11年22歳、日本大学芸術学科を中退し、翌年陸軍上海報道部に勤務して戦争画を描きました。

昭和14年、陸軍美術協会が創立され、「第一回聖戦美術展」が開催され、「突撃路」（100号）を出品します。これが朝日新聞社賞を受賞し、現在もフランスにおいて最も有名な日本人画家の、「世界のフジタ」と呼ばれる藤田嗣治の目に留まり、師事することになりました。

戦後は小説や童話などの挿絵を描く傍ら、一貫して美人画を描き続け、全国各地で個展を開催しました。また、藤田と引き続き親交を重ねて指導を仰ぎましたが、藤田のたびたびのフランスへの誘いを断り、再会を果たせず、弔問で訪れたことが契機で、パリ画壇に紹介されました。そして、昭和49年、フランス・パリのヴァンドーム画廊で個展「花と蝶」を開催します。ここで、東洋の魅惑的な女性像に、パリジャンヌも魅了され絶賛されました。

その翌年には、フランス国際公募展に「紅」を出品し、ル・サロン賞を受賞しました。

また、国内においては、昭和50年から57年までの8年間、『婦人公論』の表紙画を担当し、大衆に支持され、銀座美術館で毎年開催された個展で、絶大な人気を誇りました。

さらに、自由奔放な人柄で人脈の広かった高沢は、本田宗一郎と交流して、初期のオートバイのデザインを手掛けることや、伊勢丹のイメージ・アーティストであったり、県内においては、かつて前橋にあった前三百貨店の包装紙の柄も手掛けるなど、多方面で活躍しました。

昭和59年、69歳でその生を閉じました。

女性のヌード作品が多いため、その評価が分かれるところではありますが、昭和51年当時の東京国立近代美術館長の安達健二が絶賛した画家として、評価も高いので、故郷利根沼田においても、遺作展などを開催し、再認識するべき画家の一人といえると思います。

184

塚《つか》越《ごし》 岳《がく》

画家グループ岳美会の祖

塚越岳（本名：善三郎）は大正3年（1914）、太田市の若井吉三郎の長男として生まれました。昭和7年に群馬県立太田中学校（現在の太田高等学校）を卒業した後、川端画学校日本画科を経て、昭和10年に東京美術学校（現在の東京芸大）日本画科に入学しました。

昭和12年に、第1回大日美術院展に初出品し、初入選を果たしました。

昭和14年3月に東京美術学校を卒業し、朝鮮の公立中学校の図画教師となります。

その年の11月に塚越徳子と結婚し、塚越の姓となります。

そして1カ月後には、高崎の東部第38部隊に入営し、以後終戦に至るまで、軍隊生活を送ることとなります。

終戦時には、赤城部隊中隊長として九州へ赴任していました。

終戦後、復員し、東倉内町に住居を定め、昭和20年9月に利根美術協会が発足すると同時に副会長となり、以降、毎年、協会が行う展覧会に出品を続けました。

昭和22年6月に、旧制沼田中学校の教諭となり、新制渋川高校、沼田女子高校と教員生活を送ることとなりました。

昭和24年第2回県展で、「思い出」という作品が知事賞となります。

昭和43年には、アトリエの完成とともに、画号を「岳《がく》」とし、昭和45年全群馬日本画協会展創立に参画し、副会長となり、また、日本美術家連盟会員となり、以後の活動は主に新美術協会展を中心に行われました。

昭和44年第16回新美術協会展で、「岳」という作品が作家賞となり、この展覧会の審査員となります。以降、毎年出品し、日本美術家連盟の会員となります。

昭和47年第19回新美術協会展では、「残像」という作品が、光琳賞となります。

昭和48年に、塚越岳に師事する利根沼田の日本画愛好者によって、「岳美会」が組織され、岳が主宰となって、第一回岳美展が開かれました。以後、毎年、岳美会展が開かれています。

岳は、生来酒を好み、釣りを趣味とする一方、家族にも愛情を注ぎ、令嬢の画像や自画像を多く描きました。また、利根沼田の大自然の美しさに心を惹かれ、赤城山を好んで画題としました。

昭和53年11月、心筋梗塞で、64歳で、その生涯を閉じました。

185

鶴《つる》沢《さわ》鬼《き》七《しち》

盲目の芸人

明治末期から大正時代にかけて義太夫は大変人気があり、物日や祭り日には、必ずといってよいほど、どこかの町内で、素人による義太夫大会が催されていました。

素人による義太夫熱とともに、玄人として芸風を守り、後継者もないまま、芸人としての風格を最後まで保っていた鶴沢鬼七、本名曽田春次は、大正3年（1914）4月、現在の沼田市下之町の曽田助次郎の長男として生まれました。

春次は生まれながらにして、視力が全くなく、盲目でした。よその子供に比べて、何も知らないままに育っていくわが子を母親はことのほか慈《いつく》しみました。

ある時、わが家の裏通りにさしかかったところ、その頃、そこで義太夫稽古所を開いていた初代鶴沢鬼七師匠の家の前を通ると、中から聞こえてくる義太夫三味線の音色が、背中の春次の耳に入りました。

今まで、機嫌が悪く、泣いたりすねたりしていた春次は、ぴたりとおとなしくなり、じっとその音色に聞き入っていました。その頃、わずか3歳であった春次に義太夫が何か分かるはずもないのですが、もれてくる節回しと三味線の音《ね》に興味を抱いたのでした。

これがきっかけとなり、稽古所の前で立ち聞きし、いつしか春次は、まわらぬ口で義太夫の節回しを語るようになっていきました。

現在のように障害者に対する周りの理解も施設もない時代であったので、盲目で生活するには、按摩の道しかないと両親は考えていたのですが、義太夫への異常なまでの熱心さと抜群の記憶力を義太夫に寄せている様子に、春次の将来を考えぬき、義太夫への道へ進ませることを選びました。

初代鶴沢鬼七師匠は、盲目で女の独り身でありながら沼田で稽古所を開き、当時ブームに乗った沼田義太夫愛好者たちの指導に努めていました。

師匠への弟子入りを志願した春次は時に5歳、師匠の前での面接では、少しも臆することなく、「太閤記十段目」「寺子屋」の段のさわりを語り出し、それを聞いた師匠は、この子の天分に思わず舌を巻きました。

昔からの習わしにより、6歳の6月6日より正式に入門し、本式の修業が始まりました。師匠も弟子も、目が見えない中、三味線の手ほどきが行われたわけですが、お互い見えぬ目のまどろこしさに、泣き泣き稽古に励んだこともありました。

やがて師匠の手ほどきと春次の努力が実を結び、技量はめきめきと上達し、昭和8年、春次21歳の時、師匠から、鬼七の名跡を譲りたいと話がありました。

師匠は隠居の身となると、翌年6月には安心したようにその生涯を閉じてしまいました。

二代目鬼七を襲名後は、あけぼの通りに稽古所を設け、同好の人たちに指導する傍ら、各種義太夫大会に出場したり、義太夫の道の発展に貢献を続け、昭和56年8月67歳でその生涯を閉じました。

186

永《なが》井《い》一《いち》路《ろ》

台湾と民間交流

永井一路、本名永井市郎は、大正3年（1914）、長崎県福江市に生まれました。

小学校の頃から習字が得意で、日本大学文学科を卒業すると、兵役《へいえき》や工場勤務を経て、終戦とともに、現在のみなかみ町新巻に住みました。

昭和24年35歳には、教員免許を生かし、新巻中学校の教員となると、その後、須川中学校、新治中学校と、24年間にわたり、主に国語を教えました。

新治村から離れることなく、地元の人々に慕われ、退職した後は村文化協会理事などを歴任しました。

そのような中、義理の父が台北の税関に勤務していたため、台湾の話をよく聞かされ、特に最高指導者であった蒋介石の考え方に深く共鳴しました。

それは、日中戦争で日本軍と戦ったが、日本の敗戦後は、報復を企んではいけない、敵国の罪のない人民を辱《はずかし》めてもいけない、恨みに報《むく》いるに徳をもってしたい、との考えでありました。

これは、人にひどい仕打ちを受けても怨んで報復するのではなく、逆に恩恵を与えるほどの温かい心で接すること、との考え方です。

この考え方に感銘を受けた永井一路は、昭和48年59歳、日華友交協会を設立し、書道を中心として交流の輪を広げ、日本全国の学校書道教師を引率し、昭和52年63歳から昭和57年68歳にかけて、団長として、述べ700人の書道家らと共に、17回に及び台湾を訪ね、現地の書道家などとの交流活動、表敬訪問を行いました。

また、書道家としての一路は、楷書、行書、草書にとどまらず、隷書や篆刻にも優れており、高齢になっても、色を使った作品を創作するようになるなど、最後まで新しい境地を切り開こうとしていました。

平成17年、91歳でその生涯を閉じましたが、日華友交協会は、毎年、台湾の大学生をみなかみ町に招き、茶道などの日本文化を体験しており、日本と台湾の民間交流は続いています。

187

中島《なかじま》 喜代志《きよし》

谷川岳の主

中島喜代志は大正3年（1914）、現在のみなかみ町藤原に生まれました。

昭和6年、谷川岳の登山口に「土合山の家」を設立し、自ら登山ルートを開拓しました。

昭和24年、上信越高原国立公園指定後は公園管理人を兼ねることになりました。

昭和26年、水上山岳会会長となりました。

昭和29年、利根川水源調査団30人による利根川水源調査を行い、この時は群馬岳連が主力となって実施していますが、主要メンバーの中島喜代志はこの探検的調査隊に猟銃を持って行き、沢の奥ではボートに乗ってさかのぼり、一週間ほどかけて大水上山直下の雪渓に達したといいます。

若い登山者から「おやじさん」と呼ばれて親しまれ、昭和30年代に巻き起こった登山ブームでは、登山者の案内や指導、遭難者の救助などで活躍し、「人命の尊さと自然の大切さ」を常に訴えました。

相次ぐ遭難には、真っ先に現場に駆け付けたり、貴重な高山植物などを守るための自然保護にも尽力しました。

昭和33年、谷川岳登山指導センター委員及び指導員になり、昭和36年、群馬県山岳連盟常任理事になりました。

昭和37年、水上町議会議員を三期務め、その間に議長も務めました。

昭和40年、群馬県山岳連盟副会長となり、昭和42年、内閣総理大臣表彰を、昭和60年、勲五等瑞宝章を受賞しました。

半世紀以上にわたって登山者の指導や環境保護に当たり、「谷川岳の主」と呼ばれました。

平成8年、82歳でその生を閉じました。

土合に到着するとまず見えてくるのが「白毛門」。主峰である谷川岳に負けず劣らず目立った存在ですが、この白毛門の名前の由来は「積雪期の白毛門の山のかたちからきている。冬、ジジ岩、ババ岩が雪で氷の門のようになり、山頂付近が白髪頭のように見える。そうした光景を見て土合山の家の・中島喜代志氏が命名した」ということです。

また、土合駅から谷川岳ロープウェイ方面に向い、スノーシェッドを出てすぐ、右手に碑の集まった広場がありますが、ここに平成9年、「谷川の雪より喜代志」碑が建立されており、谷川岳の開拓者を偲ぶことができます。

188

金《かね》子《こ》 真《しん》珠《じ》郎《ろう》

画家

金子真珠郎は大正4年（1915）、現在の沼田市中町の山田屋書店社長の金子健次郎・くめの長男として生まれました。本名は真次郎といいますが、絵画で使う雅号は真珠郎と名乗っていました。

父の健次郎は、利根郡信用金庫理事長などを兼ねていましたが、なんといっても俳句で名前を残した「金子刀水」です。そのため、子供たちも幼いときから芸術に興味を持つ家庭環境が影響したと思われ、東京美術学校（現在の東京芸術大学）油絵科へ進み、卒業。引き続き研究科に在籍し、昭和14年には「新日展」に出品しています。

昭和17年27歳の時、新文展に入選しますが、兵役召集のため東京美術学校を中退し、制作活動を中断、ニューギニア、パラオなどを転戦します。

昭和21年31歳の時、台湾から復員しますが、失明状態の負傷であったため、入院生活を送ります。その間、戦争のため疎開していた北村明道、野沢寥洲、籾山三穀などと共に「利根美術協会」を結成し、研究会などを開催しています。

昭和22年、再び制作を開始し、洋画の任意団体の東光会会員となり、「日展」「東光展」に出品を行っていました。

昭和26年には、沼田駅に現在も掲げられている『沼田八景』の一つ、「赤城の夕映」を描いています。

昭和27年37歳ころから、作風の進展により、既成美術団体を辞めて無所属となり、現代美術に進み、46人展・集団30展などグループ活動に取り組みます。

また、読売新聞社の主催で行われた無審査出品制の美術展覧会である読売アンデパンダン展（読売新聞という巨大メディアによる新人発掘の場ということで人気を呼び、野心的な若手作家たちがこぞって出品した展覧会）や、日美アンデパンダン展に主要作品を発表。委員を委嘱されること10年。朝日新聞選抜秀作美術展に出品します。

また、この頃から、出品者名を金子真珠郎と改名します。「真珠」はスペインの天才画家のサルバドール・ダリの絵から発想したものだそうです。

昭和28年には、東京へ住まいを移し、活動の主軸を東京に置きます。

昭和29年39歳から銀座養清堂画廊で第1回個展を開き、昭和41年までに11回の個展を開いています。また、この頃、群馬県美術会常任理事や群馬県美術展審査員などを行っています。

昭和34年から国際アートクラブ会員となり、昭和35年、45歳からフランス、アメリカ、メキシコ留学。アメリカで個展を開き、サンフランシスコ・ロシクルシアン美術館日本現代作家招待展に出品しています。

昭和37年からファーズ連作。昭和44年54歳で、群馬県美術展20周年記念功労賞を受賞。スイス、プチパレ国立美術館で現代日本美術を紹介し、作品を寄贈しています。

また、群馬県立近代美術館、沼田高校、沼田女子高校などに作品を納めています。

平成7年80歳でその生を閉じました。

189

倉《くら》田《た》隆《たか》夫《お》

ガラス芸術の開拓者

倉田隆夫は大正4年（1915）、東京本郷に生まれ、昭和5年旧制明治中学校を卒業すると、父の昌三《しょうぞう》が経営する理化学硝子（温度・計量器）の製造を行う東洋計器に入社します。

昭和19年29歳の時、豊島区池袋に倉田硝子製造所として化学用硝子器の製造を始めましたが、渋川の関東電化工場が軍の協力工場だったため、ガラス製造の仕事で来ており、渋川で終戦を迎えました。

昭和22年3月、月夜野町に工場を建て、照明器具のカサや体温計や注射器をつくりましたが、その燃料に使うため、上牧にあった上越炭砿の発掘に手を出して失敗しました。

昭和30年、上越クリスタル硝子会社を起こし、工芸ガラス製品をつくり、特に色彩硝子の研究に乗り出しました。

その頃から、当時としては洒落た2DKの暖房付き社宅をつくったり、従業員を沼田高校の定時制に通わせたり、美術大学の通信教育を受けさせるなど、若い工芸家を育てるための努力を惜しみませんでした。

「借金に行くと、自分のケツも始末できないのに、そんなに社員の面倒を見ることはない」と言われたそうです。

企業は人なりで発展、教育に借金も度外視、人使いのうまい経営者との評判となり、「貴社の自慢は？」と聞かれたら、即座に「若い社員が多いことです。だから、デパートに言うんです。5年先、10年先を見込んでウチと取り引きしないと損ですよ、と若い工芸作家をつくるのが私の夢なんです。彼らに、オレより余計に給料を取れ、と言うんです」

まだ会社がどん底の時から、社員教育に力を入れてきたのが、語り草になっています。

「ウチの会社、手づくりが命ですし、資力もなかったから、人手だけが頼りで」。その言葉を裏付けるように、昭和43年には、総職長の河口馬次郎が第1回卓越技能章を受賞し、「硝子職人の名人」として労働大臣から認定され、以降、労働省認定の卓越技能章「現代の名工」に入沢省司《しょうじ》、栗原豊《とよ》生《お》、さらには平成11年、総職長の宮田高志が「群馬県ふるさと伝統工芸師」に認定され、以来7人が続々と認定され続けています。

そうした人材がつくり出した製品は、昭和43年、平泉中尊寺金色堂の照明用特殊硝子を納入し、それ以来、皇居新宮殿照明用硝子、帝国ホテルシャンデリア、須崎御用邸の硝子壁面、赤坂迎賓館の特殊照明用硝子、さらには昭和51年大相撲の優勝力士に大優勝カップを寄贈するなど、花器、建材、インテリア製品へと幅を広げていきました。

倉田隆夫はクラタ・クラフト・グラスなどクラタグループ4社の会長となり、日本硝子界の重鎮といわれるまでになりました。

クラタグループは、平成9年、月夜野びーどろパークを開業し、平成10年には、その製品が群馬県ふるさと伝統工芸品に認定されるなど、順調な発展を遂げています。

190

小《お》野《の》 伊《い》喜《き》雄《お》

利根川源流の自然を愛す

大正10年（1921）、現在の沼田市に生まれ、昭和12年16歳で旧制沼田中学校（現在の県立沼田高等学校）を卒業すると、父が経営していた宝川温泉「汪泉閣《おうせんかく》」を引き継ぎます。

そして、利根川の源流域である藤原地区を庭のように歩き回りました。温泉から往復9時間ほどの朝日岳へ登るのに「おい、行くぞ」とだけ言って出掛ける。散歩のようなもので「登山」という意識無く歩き回っていました。クマも自然の一部と感じ、遠くにある木に付いたクマの爪痕《つめあと》をすぐに見つけました。

昭和25年29歳の時、猟師から預けられたのを機に、子熊を育て始めました。人間の子にするように自らミルクを与え、抱いて育てました。これにより、宝川温泉は「クマと露天風呂に入れる」と、一躍有名になりました。

同じ頃、藤原地区の住民を中心にした「奥利根山岳会」を設立し、遭難者の救助や、登山道・道標《みちしるべ》の整備に尽力しました。

ダム建設が続き、ダムで故郷が水底に沈むことを憂え、群馬県最北の山あいの風土を伝える活動に情熱を注ぎ、藤原地区の風習や文化の保存のため、住民らが地域の風習を記した文章をまとめた『藤原風土記』を昭和38年42歳のとき出版しました。また、沈む家から道具類を集め、展示もしました。

昭和48年52歳、群馬県が行った奥利根の学術調査では会員らをまとめ、険しい滝がいくつもある「秘境」源流域の案内や荷上げをする協力隊の責任者を務め、テントやザイル、食料など、必要な資材をそろえる資金も援助しました。

ある年の調査では川が増水したため、一時遭難し、雪が大きな音を立てて隊員を驚かせ、動揺させましたが、小野伊喜雄が「大丈夫だ」と周りを落ち着かせました。奥利根を知り尽くした小野に隊員は助けられました。また、ある時は、小野伊喜雄が滑落《かつらく》して足を強打したが、歩き続けました。代わりに荷物を持つからと周りのメンバーが気遣っても、「背負わせるくらいなら山に捨てる」と譲りませんでした。

昭和50年54歳、奥利根物産研究会をつくり、自ら会長となり、奥利根に訪れる観光客などへの土産として、奥利根仙人などの地域に根ざした物産づくりに尽力します。

晩年は、奥利根の自然を大切に思う心を伝える「奥利根水源憲章」「奥利根水源憲章の歌」の制定に会長として深く関わり、平成2年林朝子さんにより、『源流をみた小野伊喜雄、利根川のはじまり探検』として、生き様がまとめ上げられました。

善人の中の善人、極め付きの善人としか言い表しようのない男、お大尽の家に生まれたお坊ちゃま、山男だろうと、遭難者だろうと、はたまた水源探検隊だろうと、登山道づくりだろうと、村の物産展だろうと、とにかくなんでもかんでも面倒見てしまう。たぐい稀なる面倒見の良さ、いつになっても少年の心を持っている。

このように、周りの人々に愛され続け、平成23年2月、90歳でその生涯を閉じましたが、その生き方は奥利根の自然そのものであり、とにかく山を愛し、自然を愛した人でした。

191

根《ね》岸《ぎし》 謙《けん》之《の》助《すけ》

民俗学者

根岸謙之助は大正14年（1925）6月、現在の昭和村貝野瀬の弥之助、きぬの長男として生まれました。子供の頃は、小柄で身体も弱かったため、遊び仲間からはいじめられる立場でした。

小学校時代は家業の農作業を手伝わされたのですが、父が発電所勤務をしていたため、安定した収入が得られ、謙之助は旧制沼田中学校（現在の県立沼田高等学校）へ進学することができました。沼田中学校を卒業すると、國學院大學の予科に入学し、文学を希望しました。当時は軍国主義全盛期でしたので、周りからは後ろ指をさされるような思いでした。

大学進学後、軍隊に召集されましたが、復員し、復学し、昭和25年、25歳で卒業することができました。卒業後は、前橋工業高校の国語教師となりました。

昭和30年から群馬県高等学校教職員組合書記次長となり、組合活動に専念し、昭和36、37年度と副執行委員長となっています。

しかし、この多忙な時期にも、國學院時代から始めた万葉集を中心とした国文学の研究は怠りなく、組合活動の一線を離れるとすぐの昭和41年に『伊香保の嶺呂《ねろ》―万葉集上野国歌《こうずけのくにうた》』、昭和45年には『東歌《あずまうた》の世界』と、研究成果を出版しました。そして、研究に裏付けられた万葉集の講読会を昭和41年から28年間にわたり、休まず指導を続けました。

また、「群馬文学集団」の創立に参画し、文学の創作活動に関心のある人たちの雑誌を目指し、同人誌『ちょぼくれ』を昭和39年に発刊しており、謙之助はこの事務局を引き受け、会合を自宅で行っていました。

このように万葉集の研究者、文学者でありながら、民俗学にもその研究の目は注がれ、昭和32年、『群馬文化』へ「糸之瀬民俗誌」を7回にわたり連載しました。昭和48年には、藪塚本町の民俗調査に初めて参加し、民俗学研究へと突き進むとともに、研究と仕事の両立に悩み、高校教師を辞めてしまいたいと思いました。

昭和53年、53歳で群馬大学医療技術短期大学助教授に就任し、民俗学研究に専念できる環境が整いました。

昭和55年『しつけと遊びの民俗』しつけ研究と並んで、職人の技術伝承についても活発に調査研究を行い、昭和62年には『群馬の職人』を刊行し、昭和63年には『医療民俗学論』を刊行し、第30回柳田国男賞を受賞しました。

「どのような学問でもそうであるが、新しい学問を創造するためには、研究の単なる量的蓄積ではなくて、収集された資料を、まったく新しい視点で組みかえることであると思う」と、豊富な民俗資料から新たな視点による医療民俗学という新しい学問を体系化しました。

平成3年、群馬大学を定年退官後、上武大学商学部教授として迎え入れられ、商学部の科目の中に民俗学を取り入れました。

平成7年3月、上武大学の卒業式を済ませ、生涯を閉じてしまいました。享年70歳でした。

多くの著書を残すと同時に、蔵書5230冊は群馬県立図書館へ寄贈され、「根岸文庫」として、大切に所蔵されており、研究者たちの貴重な資料となっています。

192

桑《くわ》原《ばら》 三《さぶ》郎《ろう》

走れトーマス児童文学者

桑原三郎は大正15年(1926)12月、現在の沼田市奈良町の桑原武一郎、志げの三男として生まれました。

父は誕生4カ月前に腹膜炎で急死、母も生後8カ月足らずで脳溢血で死亡、祖母そめと共に乳母杉野そうの下で育ちました。

12歳年上の兄真一郎を父親代わりに、5歳年上の姉富子が教育係になって幼少期を過ごすこととなりましたが、その姉も18歳の時、災害死して兄1人と、もう1人の姉朝子が記憶に残る兄弟となったためか、兄弟愛は強かったといいます。

県立沼田中学校(現在の沼田高等学校)を卒業後、上京し、昭和23年、慶應義塾大学文学部心理学科を卒業します。

卒業後、慶應義塾幼稚舎教諭、慶應義塾大学文学部講師、日本児童文芸家協会理事などを務め、平成2年、64歳で白百合女子大学児童文学学科教授を務めます。

平成10年、72歳で退職し、平成21年1月、83歳で、その生涯を閉じます。

その閉じ方は、「戒名はいらない、葬式はしなくてよい、何も頂かなくてよい」という故人の遺志でご家族に静かに見送られました。

著書としては、『イギリスの義務教育』『「赤い鳥」の時代―大正の児童文学』『福沢諭吉おもしろ百科―西洋思想を普及させた明治の偉人』『福沢先生百話』『福沢諭吉―その重層的人間観と人間愛』など、福沢諭吉を深く篤く敬愛しており、多くの福沢諭吉を題材とした作品があります。

また、編集としては、『鈴木三重吉童話全集』全10巻『日本児童文学大系』『日本児童文学名作集』など、児童文学についての作品も多く残されています。

また、何といっても、翻訳書として、人形劇『きかんしゃトーマス』の原作となった絵本『汽車のえほん』があり、この作品により、桑原三郎の知名度は一気に高まりました。

進退をはじめ、万事に潔い生き方で、人に威張ることなく、人の平等自由を信条とした生き方を貫いた人でもありました。

193

桑《くわ》原《はら》 巨《ひろ》守《もり》

渋川市に美術館・沼田市にゾンネの会

桑原巨守（本名は昭夫）は昭和2年（1927）、沼田市東倉内町の桑原家具店の次男として生まれました。

旧制沼田中学校を卒業し、東京美術学校（現東京芸大）彫刻科に進み、在学中から高村光雲の高弟である関野聖雲に師事します。在学中の昭和24年第4回日展に「裸婦立像」が入選しました。昭和36年、34歳で本名の昭夫から巨守へ改名しています。昭和38年、二紀展初入選。同人に推挙されます。

昭和46年、女子美術大学教授となります。昭和50年、第29回二紀展で菊華賞受賞。昭和52年、第1回彫刻日動展招待出品。昭和54年、「花と少女」など5点がブルガリア政府に買い上げとなります。

昭和57年、第2回高村光太郎大賞展で国内招待部門作家に選ばれ、美ヶ原高原美術館賞受賞。昭和58年、二紀展文部大臣賞受賞。平成5年、女子美術大学定年退職、同大学名誉教授となりますが、8月66歳でその生を閉じました。勲四等瑞宝章を受章しています。

昭和52年に渋川市に彫刻設置が行われた時、「沼田市でも」という運動が起きましたが、平成元年にようやく利根沼田文化会館へ設置されました。

平成9年、沼田市中央公民館で市芸術文化振興事業として、『遺作展』が開催されました。

平成12年、渋川市に「渋川市美術館・桑原巨守彫刻美術館」が開館しました。

渋川市民・沼田市民、共に、なぜに渋川市に開館されたのかといいますと、巨守氏の旧制沼田中学校における渋川市在住の同窓生の働き掛けもあって実現したとなっています。渋川市に住んでいる同窓生が桑原氏の無名時代から応援してきたということです。

利根沼田では、桑原作品を通して芸術への理解を深め、地域文化の向上を目指そうと、桑原さんと親交があった初代会長の故角田勤さんを中心に平成13年に「ゾンネの会」が設立され、桑原作品設置運動に取り組んでいます。

沼田市内へこれまで設置された作品を紹介します。平成元年利根沼田文化会館「新頌麗陽」。平成元年関口コオ切り絵美術館に「風」、現在は恵泉幼稚園。平成6年舒林寺に「大空に」。平成8年沼田小学校に「花と少女」。平成9年市保健祉センターに「風と遊ぶ」。平成10年市役所に「海へのことづて」、現在は市立図書館。平成14年玉原ダム展望台に「それいゆ」。平成22年白沢望郷の湯に「暉花酔」「森の花」。

渋川市内への設置作品としては、昭和52年市民会館に「野の花」、昭和62年平沢川緑道橋上広場に「讃太陽」、昭和63年駅前広場に「風と花」、平成6年渋川市金島ふれあい公園に「麗陽」があります。

設置や収蔵された作品は、箱根彫刻の森美術館4点、落合博満野球記念館3点をはじめ、東京都内16点、福岡、山口、栃木、広島、岡山、大阪、兵庫、茨城、北海道、神奈川、富山、埼玉、宮崎、長野、静岡、鹿児島へ34点、国外としてブルガリアへ5点と、その活躍の足跡は全国区であったことを改めて知るものです。

194

飯《いい》塚《づか》 芳《よし》太《た》郎《ろう》

文武両道・竹と共に

飯塚芳太郎は昭和3年（1928）5月に生まれ、まずはスポーツマンとしての活躍が始まります。小学校5年から剣道の手ほどきを受け、現在の沼田高校へ進学するや1年で初段、2年で2段と進み、3年の時には、日本武徳会沼田支部結成大会において優勝しています。

その後、昭和28年に六段、昭和36年33歳の時には七段教士となり、昭和47年、44歳、自宅に隣接して独力で剣道場洗心洞を建設し、後進の指導に当たりました。

昭和48年には、居合道5段を取得。

昭和49年、茨城国体の剣道競技40歳の部において、チーム優勝の栄冠を勝ち得ています。

55歳の時、昭和58年のあかぎ国体は、剣道競技会が沼田市民体育館で開かれたわけですが、成年男子の部で、群馬県チームの副将を務め、見事、準優勝を成し遂げています。

役職としては、利根沼田剣道連盟常任理事、監査、審議員と利根沼田の剣道の発展に尽力しました。

文化人としての飯塚芳太郎は、中学2年の時、当時竣工したばかりの高崎白衣観音の道すがら、山門の傍らで尺八の演奏に聞き入り、深く感動し、帰宅するや直ちに尺八を購入し、独学でこれに挑戦しました。

やがて、同じような仲間との交流が始まると、「やはり正式に習うには師匠に就かなければならない」と相談がまとまり、見晴館に出張教授していたところへ入門しますが、さらに著名な先生を求め、百瀬芳童先生へ入門します。

しばらく、そこで演奏に興じていましたが、ある時、中央の演奏会に参加したところ、中央の芸との差を嫌というほど痛感させられました。そこで初心に返り、一流の先生に師事しようと踏み切りました。

新たなる師匠として、佐賀県出身の人間国宝、納富寿童《のうとみじゅどう》に的を絞り、入門を懇請しましたが、許しは出ず、1年の月日を経て、ようやく入門することができると、それからは、東京への週1回の練習通いが始まりました。

あくまで、趣味の尺八でしたが、この東京通いは5年間続き、3年半を過ぎたころ、教師の免状を与えられ、昭和51年には、東京国立劇場で独奏するまでになりました。

その後、全国で25の支部の一つ、童門会沼田支部の主宰者として、後進の指導に当たりました。

この他、昭和40年から沼田邦楽協会会長、昭和53年から平成7年まで18年間、沼田市文化協会会長、昭和50年利根沼田文化会館新築に併せてできた、利根沼田郷土の芸能祭実行委員長など文化関係の要職を務めました。

剣道と尺八、共に竹と縁が深いわけですが、この他にも釣りや麻雀という趣味も竹に関連し、竹を極めた人生といえるものと思われます。

文武両道を極めただけでなく、多くの人に好かれ、多くの人をリードし、まとめ上げていく、その人望は多くの人に慕われていました。

平成7年11月、その多彩、多芸な人生に67歳で幕を降ろしました。

195

佐《さ》藤《とう》信《しん》一《いち》

化石資料館を遺す

佐藤信一は昭和4年(1929)6月、現在のみなかみ町藤原の佐藤家の三男として生まれました。幼い頃から藤原の野山を駆け回り、図鑑にある動物の名前は全て覚えてしまう、好奇心旺盛な少年でした。

昭和24年、群馬師範学校(現在の群馬大学)を卒業すると教職の道へ進み、藤原中学校を振り出しに利根沼田の中学校へ体育、理科、社会の教師として勤務しました。

昭和42年38歳、群馬県教育センター特別研修員として、『赤谷泥岩層《あかやでいがんそう》の化石について』を主題に、県下各地の化石を調査研究するようになりました。2年後には教育センターの長期研修員となり、化石の調査研究をさらに深めることとなり、研究報告書『群馬の化石』『赤谷頁岩層《あかやけつがんそう》について』『利根沼田地域に生息する淡水魚の研究』などを自費出版します。

昭和47年43歳、海外派遣教員として、インド、カルカッタの日本人学校へ校長として3年間、赴任します。昭和50年には須川小学校教頭となり、昭和61年には利根村立東中学校校長となり、平成2年には教職を退職します。

こうした教職を務めながらも多くの化石採集と調査研究を続け、その成果は専門家も認めるものとなり、昭和57年富岡市にあった県立自然化学資料館の開館時に発行された『群馬の化石』で紹介されている297点の化石のうち58点が、佐藤信一所有のものであったことからも、県内第一人者であったことが立証されます。

退職後は、その化石研究を認められ、群馬大学非常勤講師となり、4年間学生に教えながら、国内各地にも多く出掛け、多くの珍しい化石蒐集を行いました。

平成7年66歳、サンゴ礁の化石で有名なスウェーデンのゴットランド島へ1カ月余り、さらに翌年も訪問し、日本国内でも屈指のサンゴ化石採集家となりました。

平成10年1月、68歳で病気のため 志《こころざし》半ばで、その生涯を閉じてしまいましたが、群馬古生物研究会の仲間や妻千代子さんにより、その蒐集された多くの化石と一つ一つの解説付き資料が整理され、49日《しじゅうくにち》忌法要には、『この道より生きる道なし、この道をゆく　化石採集写真集　スエーデン・ゴトランド島にて調査』が出版され、10月には、沼田市上原町に『佐藤信一化石資料館』が開館しました。資料館建設は、佐藤信一が生前から、「古生物に興味を持つ方々への良きアドバイスとして資料館をつくり公開したい」との思いに応えたものでした。

現在、富岡市にある群馬県立自然史博物館には、利根沼田地方の化石が多くありますが、そのほとんどは、佐藤信一と一緒に採集を続けた布施仲男所有のものでありますが、佐藤信一は、「一緒に集めた物だから、自然史博物館に布施さんの物、私の物は沼田に」という言葉どおり、佐藤信一化石資料館にも、多くの化石が所蔵されています。

また、研究書に遺された言葉として、

「化石は人間に何をうったえるのか、ひとかけらの化石を手に私は彼らの生きた世界に夢をはせる。何のために、何故こんなことを探求するのか。誰かが研究した、そして私もする。地球の歴史が、生命の不思議が少しでも、ひもとけたら幸いである。私は歴史を、さかのぼる道を歩んでいく」。

196

角《つの》田《だ》勤《つとむ》

沼田の文化レベルを引き上げた

角田勤というよりも、坊新田町の角田医院の先生といった方が、分かりが早いのかもしれません。角田勤は昭和４年（１９２９）、沼田に生まれました。

昭和17年、旧制武蔵高等学校高等科を卒業し、日本医科大学を昭和33年に卒業します。その後、大学付属病院の勤務を経て、昭和38年には小児科内科として、角田医院を継承します。

角田医院は、祖父の登茂造が明治20年に創設し、父の茂雄から引き継がれたものです。

弟の角田隆は現在角田外科を開き、まさに、利根沼田の医療を引き受けてきた一家であります。

角田勤は昭和48年、県下初の「休日急患診療所」の開設に尽力し、初代の休日急患診療所長となります。

昭和60年には、群馬県赤十字有功会常任委員となります。

平成９年には、住民に密着した医療活動に従事し、優れた功績を上げ、地域住民の保健衛生の向上のために著しく貢献された医師会会員の先生方を顕彰する「ノバルティス地域医療賞」を受章します。

平成12年には、沼田市地区赤十字有功会会長となり、平成13年には群馬県赤十字有功副会長となります。

医師としての顔とは別に、大きく二つの顔を持っています。

その一つは、沼田教会での活躍です。昭和22年には沼田教会で受洗し、昭和44年から平成8年まで27年間、役員となっています。

もう一つの顔は、利根沼田の文化振興に尽くした顔です。

昭和53年には「沼田ドイツ語会」を設立し、昭和58年には「沼田第九をうたう会」を主宰し、昭和62年には「沼田クラシック音楽鑑賞会」を主宰、昭和63年には「沼田群響を応援する会」を主宰します。

また、昭和63年、「ぐんま日独協会」の副会長を務めるとともに、「日本基督教団沼田教会紀念会堂」を移築し、「関口コオきり絵美術館」として開館します。

平成13年には、彫刻家の桑原巨守作品を沼田にという集まりである「ゾンネの会」を設立します。

このように、音楽関係では群馬交響楽団、群響を応援する会、沼田クラシック音楽鑑賞会、沼田第九をうたう会などを主宰し、美術関係では関口コオきり絵美術館、桑原巨守のゾンネの会、登山関係では山田昇・三枝照雄などの登山家に関する活躍を紹介し、国際交流関係では、ドイツ語研修とぐんま日独協会、日本ロマンチック街道利根沼田友の会などの役員として活躍するなど、利根沼田の文化振興に大きく貢献した功績は、とても表しきれるものではありません。

このように、利根沼田の文化振興に欠かすことのできなかった角田勤も、その生涯を平成15年、73歳で閉じてしまいました。

197

高《たか》橋《はし》 繁《しげ》男《お》

映画監督

高橋繁男は昭和6年（1931）1月、沼田市内で映画館を2つ、水上温泉で旅館を経営する資産家に生まれ、幼い頃から映画を観て育ちました。

沼田高校を卒業すると、日本大学芸術学部へ進み、ますます映画青年に磨きがかかり、大学卒業の昭和28年には、映画会社の新東宝に入社します。

新東宝では、助監督として渡辺邦男監督に弟子入りし、面白い映画を現場で効率よく撮り上げる勉強をしました。

これにより、エンターテインメントの基本と早撮りの技法を身に付けたことが、条件の悪いテレビ映画製作の中で、生き抜けた秘策となりました。

記念すべき作品としては、7億円という空前の収益を上げ、「明治天皇と日露戦争」の予告編を撮ったことです。予告編は普通1分程度のところ、全力を投入して10分にもなる予告編を撮ってしまいましたが、職人気質の残っていた時代でしたので、社長から金一封をいただくという結果となりました。

しかし、テレビの攻勢に遭い、会社は倒産し、昭和37年31歳には国際放映に移り、テレビ映画の世界に入りました。

テレビ映画の世界では、存分に腕を振るい、その製作本数は、他の監督を寄せ付けないほどでした。

昼メロと呼ばれる映画が放映されだした頃、昭和38年ＴＢＳで「すずらんの誓い」を放映し、ライバルをしのぎ、高視聴率を獲得し、以来、矢継ぎ早に作品を制作し、トップ監督の座を確保しました。

主な作品としては、「渥美清の泣いてたまるか」「遠山の金さん」「岸壁の母」など、お茶の間で親しまれるものが多くありました。

渥美清がスターダムにのしあがったのは、昭和42年の「泣いてたまるか」の好評があったからであり、杉良太郎もまた「一心太助」や「新吾捕物帖」などの高橋作品によって、人気を集めていったことによります。

また、映像の仕事ばかりでなく、明治座や大阪歌舞伎座での杉良太郎の舞台演出も手掛けました。

50歳を超えたとき、急性心筋梗塞で倒れ、心臓に入る血管が詰まってしまい、手術が必要となりました。

しかし、手術をしても助かる保証がないものなら、手術なしで病気を克服しようと誓い、病床で再起を確信し続けました。

苦痛を伴うカテーテル検査に耐えたとき、レントゲン写真にどうしたことか、新たな血管が生まれ、正常に血液を心臓に送っていることが認められ、手術は無用となり、撮影所へ戻ることができ、エネルギッシュに仕事に取り組みましたが、平成7年5月、64歳で、その生涯を閉じることになってしまいました。

198

石《いし》田《だ》 マツ

薄幸の歌人

「どこにいても真面目に働けば　青空と人の情けはわれに美し」

23歳8カ月という若さで、生涯を閉じた石田マツが残した歌です。

マツは昭和9年（1934）1月、現在のみなかみ町真沢の小作農家の長女として生まれました。五反百姓の貧しい中、5人の弟妹の世話や畑仕事、農閑期には土方や女中、季節労務者など苦しい少女期を過ごしました。

一方で、石川啄木の歌にひかれ、文学に目覚め、自らの苦しい生活をありのまま歌に表し、昭和30年ごろから、雑誌『葦』に投稿。選者である信夫澄子に認められ師事、指導を受けるようになります。

「いつの日か電気をひかんと思いつつ　野良より帰りランプをともす」

「食べつげぬ百姓ゆえに農閑期を　土方で暮らす二十一のわれ」

マツが『葦』に、初めて投稿した歌ですが、信夫澄子は、21歳の農家の娘の厳しい生活ぶりの歌に胸がたたきつけられた思いであったといいます。

それから、月に10首から30首の作品がマツの亡くなるまで投稿され続けました。

日々の重労働の中で作歌する努力、苦しい生活に押し潰されまいとする気力、ひねくれない清純な心、父母弟妹に寄せる愛情、信夫澄子はマツの思いに熱い心を寄せていきます。

昭和31年の暮、澄子はそんなマツに自由日記帳と1冊の歌稿ノート(歌の下書きをするノート)をプレゼントしました。

マツは喜びひとしおで、昭和32年元旦から、日々の手紙文と歌を綴りました。季節のこと、生活のこと、友人のこと、家族のこと、日記はマツの思いの丈がぶつけられました。しかし、日記は246日間、9月4日で終わっています。

「私の手元に3つの薬があります。これで私が常に願っていた最大の幸福をつかめるかと思うと本当にうれしいのです」

マツは、日記帳と歌稿ノート、親しい人からの手紙の束を9月5日、敬愛する信夫澄子に小包にして送り、その足で高崎市の観音山に向かい、秋草の中、山頂付近で服毒死しました。

生家の近く、石田家墓地、竹林を背にマツは静かに眠っています。

墓のそばに父貞重郎さんによる「感思之碑」が建てられており、マツの短い生涯への父の無念さが碑に託されています。

マツの碑の側面、そして義民礫茂左衛門の千日堂にある碑に冒頭の歌が刻まれています。

信夫澄子に送られた日記は、自殺した乙女の日記『道なくて』として、昭和33年、光和堂から出版されました。

以降、昭和36年には、同じ内容で文理書院から出版を重ね、恵まれた現代社会における自殺問題を幾度となく、世の中に問い続けています。

199

楠部《くすべ》 大吉郎《だいきちろう》

ドラえもんのアニメーター

アニメーターとは、漫画がテレビや映画などで見られるために、止まっている画像に動きを付けるアニメーションの仕事のことで、楠部大吉郎は、このアニメーターとして、シンエイ動画という会社の創立者でした。昭和9年（１９３４）12月、満州（現在の中国東北部）に生まれ、戦後引き揚げてきて、沼田東倉内町に住みます。

昭和29年、県立沼田高等学校を卒業すると上京し、彫刻家を目指していましたが、挫折し、昭和32年、漫画を書き、出版社の光文社の『少年』に持ち込みます。光文社との打ち合わせで、東映動画設立の話を聞き、出来たばかりの東映動画の大泉スタジオを訪ねます。そこで、アニメーター募集の話を聞き、応募することを決めました。光文社の第1回の一般公募で入社したところ、養成期間中の成績が高く、養成が終わると、東映動画の長編第1作であり、中国古代の四大民間伝説の一つとされている『白蛇伝《はくじゃでん》』で早くもセカンド動画を任されました。

順調なスタートを切ったのですが、スタッフと衝突し、仕事がこなくなってしまいました。暇なところを、後に「アニメーションの神様」と呼ばれるようになった森康二《やすじ》の絵コンテ（各カットの画面構成を絵で表す）を見て「ここをやらせてください」と提案し、これが受け入れられ、原画に大抜擢されました。その後もアニメ映画を多く手掛け、得意なアクションシーンで腕を振るいました。

手塚治虫の「鉄腕アトム」でテレビアニメ時代を迎えると、東映動画では「少年忍者風のフジ丸」

の作画監督を担当しますが、アニメ演出を行うものが楠部以外はいないため、制作が遅れ気味であったので、楠部に原画にも参加するように要請しました。楠部が断ると作画料を上げ、「少年忍者風のフジ丸」のスケジュールが逼迫するたびに、楠部の収入は上がり続け、大卒初任給が2万円だった時代に月収150万円になりました。さらに東映動画から移籍が相次いだため、正社員の10倍の報酬を得る契約社員5人のうちの1人にまで上り詰めました。しかし、楠部の給料が東映動画の社長よりも高いことが判明し、昭和40年退社を余儀なくされました。

東映動画が若手スタッフでテレビアニメ時代を乗り切る方針を選択したため、楠部は制作部門を請け負うことを決め、アニメ制作会社Aプロダクションを昭和40年に設立。社長として経営に当たる一方、作画監督として、その確かなデッサン力と骨太なタッチでテレビアニメ「巨人の星」で不可能といわれていた劇画タッチのアニメへの導入に成功し、以降、多くの優秀なアニメーターを養成しました。昭和49年40歳の時、作画監督中に病に倒れ、1年間の療養生活を送ることになると、その間に制作本数は激減し、経営危機を迎え、制作のみの体制に限界を感じ、新たに企画と製作も行う「シンエイ動画」として、昭和51年再出発しました。

代表作としては、作画として「オバケのQ太郎」「パーマン」、作画監督として「巨人の星」「空手バカ一代」、監修として「劇画版ドラえもん」シリーズを19年間行いました。

昭和62年4月53歳、利根沼田文化会館において、沼高美術部同級生の根岸君夫、金井貞夫と共に「三人展」を行い、地元にその活躍を広めました。平成17年8月、70歳でその生涯を閉じてしまいましたが、シンエイ動画は、現在も多くのアニメを世界に送り届けています。

200

中《なか》町《まち》信《しん》

推理作家

中町信、本名中町信《あきら》は、昭和10年（1935）現在の沼田市東倉内町の書道家の中町蒼原の息子として生まれました。

早稲田大学第一文学部を卒業すると、教科書出版社を4年間経て、医学書院出版部へ勤務します。そこでは、後に推理作家となる津村秀介と机を並べる傍ら、推理作家のアガサ・クリスティや鮎川哲也に触発され、ミステリーを書き始めます。

昭和42年、雑誌『推理ストーリー』に「偽りの群像」を発表して、作家デビューをします。

昭和44年に『急行しろやま』で第4回双葉推理賞を受賞。

昭和47年、『そして死が訪れる』で第17回江戸川乱歩賞候補となります。この年の乱歩賞は受賞作はなしで、『そして死が訪れる』は翌年『模倣の殺意』と改題され、双葉社の雑誌『推理』に連載されます。さらに翌年『新人賞殺人事件』と改題、出版され、一時期、幻の名作となりました。そのため、この作品は昭和62年徳間文庫から『新人文学賞殺人事件』と改題され、平成16年、創元推理文庫から『模倣の殺意』と2回目の作品名に戻り、発売されています。また、昭和49年、『殺された女』で第18回江戸川乱歩賞候補。

昭和55年、『自動車教習所殺人事件』で第25回江戸川乱歩賞候補となり、平成元年から54歳で、専業作家となっています。

専業作家になって、何よりもうれしいのは、サラリーマン時代と違って、取材に充分な時間をかけ、字句や文章を十分に吟味して、練り直した作品を読者に提供できることだといっていました。サラリーマン時代同様、執筆時間は朝の9時から夕方5時までと決めていました。

作風は本格もの一本槍で、地味ながら堅実で丁寧な作品が多く、根強いファン層を持つ半面、その凝った作風は一般受けが難しいらしく、絶版となっている作品が多いのも事実です。

また、中町信の作品は、作品名が改題されていることが多く、単純に作品名だけで判断することはできません。特に、文庫版は改題されていることがほとんどですので、中町作品を読まれる場合、注意が必要ですが、いわゆる名探偵が登場する作品ではないため、多くのファンがいることもうれしい限りです。

故郷の地名を盛り込んだ作品名として、『榛名湖殺人事件』『草津・冬景色の女客』『新特急「草津」の女』『奥利根殺人行』『老神温泉殺人事件』とあり、その他多くの作品が出版されています。

プロ野球の巨人ファンで、またストレス解消は、気の合った飲み仲間とカラオケをバックに演歌を歌いまくることだといっていました。

埼玉県岩槻市に住んでいましたが、54歳まではサラリーマンをしながら、作家活動を行い、サラリーマンを辞めてからは、作家活動に専念しながらも、サラリーマン卒業生の多くが経験する、家庭菜園などにも興味を持ったという一面もあったようです。

平成21年6月、74歳で病気のため、その生涯を閉じました。

主要参考文献

【全般】

『上毛紳士録』上毛と京浜社編輯部編・大正二年・
『立太子式記念利根郡有志小照録』角田北陽編・大正六年
『上毛人物略誌第一輯』群馬青年団編纂部・大正八年
『上野人物志』岡部福蔵・大正十四年・上毛郷土史研究会
『御大典記念利根人物名鑑』鶴淵龍洲編・昭和四年
『群馬県人士名鑑』昭交社・昭和五年
『新上毛外史』毎日新聞前橋支局・昭和十八年・煥乎堂
『新上毛名士録』関東興信所・昭和三十年
『躍進群馬県誌』栗原新水・昭和三十年・群馬信交会
『講和条約記念利根名士録』角田不二男・昭和三十年
『群馬を背負う人びと』茂木近之助・昭和三十七年・上毛時報社
『上毛人物めぐり』萩原進・昭和三十八年・上毛警友編集部
『郷土史にかがやく人々①～④』群馬県青少年室・昭和四十三年
『利根・沼田の文化財』県教育委員会・昭和四十九年
『群馬の顔』朝日新聞前橋支局・昭和四十九年・煥乎堂
『沼田の民俗と伝承』桑原健次郎・昭和五十年・沼田市教育委員会
『外史上州の女』小西敬次郎・昭和五十一年・上毛新聞社出版局
『群馬人国記　利根沼田吾妻の巻』岸大洞・昭和五十四年
『群馬県百科事典』上毛新聞社・昭和五十四年
『沼田の歴史と文化財』岸大洞・昭和五十五年・歴史図書社
『歳時記上州の顔』東京新聞前橋支局・昭和五十六年
『現代日本の顔ぐんまの人』五十嵐公一・昭和五十七年・大洋出版
『群馬県人名大事典』上毛新聞社・昭和五十七年
『新人国記　宮城・群馬・岐阜・岡山』朝日新聞社・昭和五十八年
『痛快ぐんまの人物伝』浅田晃彦・昭和六十年・あかぎ出版
『上州奇人伝』浅田晃彦・昭和六十年・あかぎ出版
『三十年のあゆみ』利根郡地域婦人団体連合会・昭和六十年
『郷土に光をかかげた人々①②』県教育委員会・昭和六十年
『群馬県を築いた人びと』県小中学校教育研究会・昭和六十一年
『群馬の若き群像』政界往来社・昭和六十一年
『群馬県人名鑑』上毛新聞社出版局・昭和六十一年
『群馬県姓氏家系大辞典』角川書店・平成六年
『上州人物異聞』野口武久・平成九年・みやま文庫
『ぐんまの顔』島崎浩・平成十四年・平成出版
『写真集日本の顔百年』群馬銀行・平成十五年
『時代の鼓動を駆け抜けた人たち』石村澄江・平成二十年・あさを
『群馬新百科事典』上毛新聞社・平成二十年
『上州を彩った女たち』石村澄江・平成二十六年・群馬出版センタ

【信仰】

『沼田教会史料集』日本キリスト教団沼田教会・昭和四十八年
『群馬の先駆者』角田儀平治・昭和五十七年・カトリック平和協議
『星野光多と群馬のキリスト教』星野達雄・昭和六十二年
『群馬のキリスト者たち』山下智子・平成二十四年・聖公会出版

【スポーツ】

『上毛剣客史』下島すえかず・昭和三十三年・高城書店

『沼田利根の柔道史』左部賢・昭和四十三年・柔道連盟沼田利根
『上毛剣豪史・上下』小西敬次郎・昭和四十四年・みやま文庫
『利根沼田の野球史』横山兼雄・昭和四十八年
『上毛剣術史　上』諸田政治・昭和五十四年・煥乎堂
『上州剣客列伝』永岡慶之助・昭和五十六年・上毛新聞出版局
『上州スポーツ人国記』読売新聞前橋支局・昭和五十七年・煥乎堂
『沼田市体育史』市体育協会・昭和六十年
『上州力士伝』小西敬次郎・平成五年・上毛新聞社
『プロ野球人国記関東編②』ベースボールマガジン社・平成十六年

【教育】
『群馬県教育史別巻人物編』県教育委員会・昭和五十六年

【産業】
『上州人事業家列伝』萩原進・昭和六十三年・群馬経済研究所
『ぐんま経済図鑑』群馬経済新聞社・平成二年
『素顔の企業人』上毛新聞社編集局経済部・平成十三年

【政治】
『群馬県議会議員名鑑』県議会図書室・昭和四十一年
『群馬県議会議員名館現代編』県議会図書室・昭和五十六年
『県政風雲録①②』自由民主党群馬県支部連合会・昭和六十年

【文化】
『上毛女人』小瀧和子・昭和二十五年・群馬文化協会
『上州の文学紀行』朝日新聞前橋支局・昭和四十四年・煥乎堂
『上毛の文人』本多夏彦・昭和四十七年・朝日印刷
『明治生まれの洋画家・彫刻家』群馬県近代美術館・昭和五十二年
『わが群馬の文学者たち』おのちゅうこう・昭和五十四年
『奥利根句碑』木村柏好・昭和五十五年・あさを社
『群馬短歌事典』内田紀満・昭和五十七年・現代書房新社
『群馬の書道』群馬書道協会・昭和五十八年
『上毛書家列伝　上下』井田金次郎・昭和五十九年・みやま文庫
『上毛の俳諧』田村夙夢・平成元年
『上州の俳諧』清水寥人・平成四年・あかぎ出版
『群馬の作家たち』土屋文明記念文学館・平成十年・塙書房
『上毛南画史』加部進・平成十二年・上毛新聞社
『群馬の昭和の歌人』大井恵夫・平成十二年・みやま文庫
『上毛文雅人名録』しの木弘明・平成十三年・俳山亭
『利根沼田の文学碑』沼田エフエム放送・平成十三年

この他、利根沼田地域内の市町村史・町発行の町誌、逐次刊行物の『週間利根』『沼田城』『沼田万華鏡』『群馬文化』『群馬歴史散歩』『上州路』『群馬評論』『群馬歴史民俗』『群馬風土記』『ぐんま地域文化』などを主軸に、個人の伝記類多数。

索引

あ行

か行

さ行

た行

あとがき

利根沼田の人物伝は、平成21年6月号の利根沼田地域ボランティアセンターの機関誌『ごったく広場ニュース』の「利根沼田人物伝」コーナーを金井竹徳先生から引き継いだことに始まっている。そして、しばらく掲載が続いた後、FM-OZEの千明公男局長との雑談から、FM放送のひとコーナーとして、平成22年4月から毎週水曜日18時30分から放送が始まった。

数えること200人、平成26年2月をもって、いったん放送を中断した。ラジオ放送の恐ろしいところである、見えない聴取者の声に、一時は悩んだりもしたが、紹介した方々の多くの親族から、お誉めの言葉などをいただいて、何とか200人を達成できたというのが、実感である。

紹介させていただいた方々の親族の皆さまには、多くのご協力をいただいたことを深く感謝申し上げたい。そして、そこまでたどり着けなかった紹介者も多くいたので、ここにその無礼をお詫び申し上げたい。

紹介内容は、書籍からの引用や新たに得た情報、また新たな取材などを通したものであり、その選定にあたっては全くの独断であることをご了解いただきたい。また、一部記述については人物伝特有のボヤカシがあることもご理解いただきたい。身近な親族などがいる以上、ある程度気遣いの記述で表現すべきだと理解したためである。さらに、全国的に著名な人物伝作者から「親族に近づき過ぎず、離れ過ぎず」と人物伝の難しさをご指南いただき、このこともやはり守るべきことだと理解した。人の生き様は、身近な人から見た場合と世間から見た目は、必ずしも一致しない。同じ人間であるはずだが、やはり人の評価は違うということである。

ＦＭ-ＯＺＥの放送は、この人物伝の他にも多くの収録をさせていただき、郷土史研究の成果を発表させていただけたことに感謝するばかりである。そして、その緊張の収録による慣れが、ＮＨＫ「ブラタモリ」の案内人という大役を何とか果たすことができたことにつながったと思われる。

この大きな出来事により郷土史研究に弾みがつくと思われたが、なかなか仕事の忙しさという言い訳により、ほとんど新しい調べごとに取り組むことができなかった。今回、出版という大きな足跡を残せることは、多くの方々の協力があって初めて実現できたことである。

今後は、比較的自由な時間がつくれる環境になると思われるので、少しずつ、少しずつで良いので、郷土の歴史に関する出来事の調査・研究を深め、それを文字として記録する作業を行うとともに、一人でも多くの方々と触れ合い、郷土の歴史を共に調べ、楽しみ、理解を深めることによって、郷土の歴史・文化を創り上げていけるよう、努力を続けたい。

本書を通し、「利根沼田にこのように素晴らしい人たちがいたのだから、私も頑張らねば」と、思っていただければ存外の喜びである。

本書の出版に際し、金井竹徳先生はじめ、ＦＭ-ＯＺＥの役職員の皆さまの深いご理解をいただき、上毛新聞社からの出版となりました。また、上毛新聞社出版部富澤隆夫さまをはじめ、関係者の深いご理解ご協力に御礼を申し上げます。

「さて、２０１人目は誰にしようか～」

平成三十年三月　著者

著者紹介

高山　正(たかやま　まさし)

昭和32年(1957)年生
平成30年(2018年)3月　沼田市役所退職

所属団体役職

群馬歴史散歩の会本部運営委員・利根沼田支部事務局長
富岡製糸場世界遺産伝道師
利根沼田33番観音札所復活の会事務局長
沼田の水を考える会事務局長
沼田エフエム放送「FM-OZE」コーナーパーソナリティー

主な著作

『利根沼田の文学碑』(分担執筆)2001年
『水栓ジャーナル　No.430』「偉大なる先祖の遺した飲み水」2003年
『目で見る沼田・渋川の100年』(分担執筆)2006年
『月刊上州路　No.395』「童謡作詞家林柳波の生涯」2007年
『群馬歴史散歩　No.220・221』「沼田から土耳古へ山田寅次郎の軌跡」2011年
『群馬歴史散歩　No.223』「マッサージ医療の開拓者富岡兵吉」2012年
『群馬歴史散歩　No.228～230』「片品の生んだ偉大な書家萩原賢和の碑を訪ね歩く」2013年
『ぐんま地域文化　No.43』「足尾銅山裏山史(根利山)」2014年
『振興ぐんま　No.111』「真田の街づくりの一端を沼田で知る」2015年
『群馬文化　No.324』「真田丸」放送開始に向けて今私の周りでは」2015年
『戦後七十二年の証言「生の声」』「毒ガス部隊が駐留した沼田の街」2017年

利根沼田の人物伝

平成30年(2018) 3月26日　初版第1刷発行

著者　髙山　正

発行　上毛新聞社事業局出版部
〒371-8666　前橋市古市町1-50-21
TEL 027-254-9966　FAX 027-254-9906

ISBN978-4-86352-205-3